GÜTERSDIE
LOHERVISION
VERLAGSEINER
HAUSNEUENWELT

Franz Alt

Lust auf Zukunft

Wie unsere Gesellschaft
die Wende schaffen wird

GÜTERSLOHER VERLAGSHAUS
DIE VISION EINER NEUEN WELT

Für Bigi und für den Solarpionier Hermann Scheer

»Was die Zukunft betrifft, so ist unsere Aufgabe nicht, sie vorauszusehen, sondern sie zu ermöglichen.«

Antoine de Saint-Exupéry

»Die Erde ist nur ein Land und alle Menschen sind seine Bürger.«

Baha'ullah, Gründer der Bahai-Religion

»Das Feuer der Innovation – es brennt überall auf unserem Planeten.«

Ranga Yogeshwar

INHALT

20 Jahre lang moderierte und leitete Franz Alt das ARD-Politmagazin REPORT aus Baden-Baden.

I.

LUST
AUF
ENERGIEWENDE

1. Alles dreht sich um die Sonne

Wie wird die Zukunft aussehen? Niemand weiß es. Und genau das macht sie so reizvoll. Fest steht: Sie ist nicht vorherbestimmt, und nichts an ihr ist selbstverständlich. Sie kommt also nicht wirklich »auf uns zu«, wie es so schön heißt. Sie wird geformt. Von uns. Wir können sie lenken. Niemand ist der Zukunft hilflos ausgeliefert. Jede und jeder hat die Macht, etwas zu verändern. Wir können den Lauf der Dinge beeinflussen. Wir müssen freilich von dem, was wir wollen, überzeugt sein. Die Zukunft gehört denen, die sie gestalten wollen, vor allem denen, die sie mit Lust und Begeisterung, mit Ausdauer und Kreativität verbessern wollen. Welchen Weg wollen Sie, liebe Leserin, lieber Leser, gehen? Welche Schritte wählt eine Gesellschaft? Welche Entscheidung trifft die Politik für unsere Zukunft? Die Geringschätzung der Zukunft ist das größte Problem in Politik und Gesellschaft.

Deshalb gleich am Anfang dieses Buches eine überraschende Meldung aus Saudiarabien: Prinz Mohammad bin Salman und Japans Softbank-Chef Masayoshi Son wollen den Durchbruch zur solaren Weltrevolution schaffen. Der noch größte Öl-Exporteur der Welt will ab 2030 alle Energie zu 100 Prozent über die Sonne gewinnen. Dafür plant das Land die größte Photovoltaik-Anlage der Welt, 100mal größer als die bisher größten geplanten Solarprojekte. Die Mega-Anlage soll in der saudischen Wüste 100 000 neue Arbeitsplätze schaffen und 200 Milliarden Dollar kosten. Sie soll eine Leistung von 200 Gigawatt erbringen – das entspricht etwa der Leistung von 200 Atomkraftwerken. Die geplante Anlage kann Solarstrom für einen Cent je Kilowattstunde produzieren. Weltrekord: Solar besiegt Atom! In Deutschland kostet der herkömmliche Atom- und Kohlestrom aus der Steckdose 26-30 Cent. Der japanische Multimillionär Son verfolgt seit der Fukushima-Katastrophe das

Ziel, weltweit allen Atomstrom durch Solarstrom zu ersetzen. Zweite Überraschung: An der Michigan Technological University (MTU) haben Wissenschaftler um Professor Joshua Pearce im Januar 2018 vorgeschlagen, Tabakfelder in Solarfarmen umzuwandeln. Das ergäbe einen doppelten Gewinn: Weniger Kranke und Tote durch Rauchen und mehr Strom aus erneuerbaren Energien! Professor Pearce hat errechnet, dass auf den Tabakfeldern des Staates North Carolina 30 Gigawatt Solarstrom erzeugt werden könnten – so viel, wie alle Bewohner des Landes im Sommer verbrauchen. Und dadurch würden im bisherigen Kohlestaat North Carolina viele Kohlekraftwerke überflüssig. Solarstrom statt Tabak! Landwirte zu Energiewirten! Die Welt ist voller Alternativen zu dem, was wir heute treiben. Der gesellschaftliche Trend spielt uns in die Hand: Noch vor wenigen Jahren schien Rauchen eine Art Menschenrecht zu sein. Jetzt ist es out.

Warum haben wir so oft Angst vor Neuem? Weil wir das Neue mit unseren alten Augen betrachten, die aber zu kurzsichtig sind. Doch die Welt wandelt sich und wir selbst auch.

Nächste überraschende Meldung: Norwegen hat 2015 weltweit die erste Elektrofähre im Sognefjord in Betrieb genommen. Sie kann 120 Autos und 300 Passagiere befördern. Ergebnis nach drei Jahren Betrieb: Die CO_2-Emissionen wurden um 95 Prozent gesenkt und die Betriebskosten um 80 Prozent reduziert. Die Folge dieser ökologischen und ökonomischen Erfolgsgeschichte: Der Schiffsbauer Fjellstrand hat bis 2018 Aufträge für 53 weitere Elektrofähren erhalten. Die E-Mobilität wird eine Erfolgsgeschichte, nicht nur beim E-Auto – flüsterleise und emissionslos.

Eine gute Zukunft werden wir nur haben, wenn wir endlich aufhören, den Planeten zu ruinieren. Die Zukunft wird denen gehören, die gegen den Wahnsinn der Gegenwart

Widerstand leisten. Widerstand zu leisten kann man lernen wie Skifahren oder Radfahren. Wer widersteht, muss auch Widerstand aushalten können – beides gehört zu unserem Lebensauftrag. Es ist einfach nicht wahr, dass – wie es die Neoliberalen propagieren – der Markt von selbst alles regelt. Der Markt ist in ökologischer, ethischer und kultureller Hinsicht blind. Unser Auftrag ist nicht, die Demokratie marktkonform zu machen, sondern den Markt demokratiekonform. Drei fundamentale Trends müssen zuerst gestoppt und dann umgekehrt werden:

1. Atomare Abrüstung statt erneuter Aufrüstung: Ein Atomkrieg darf nicht länger möglich sein, denn er wäre der letzte Krieg in der Menschheitsgeschichte. Danach gäbe es niemanden mehr, der Krieg führen könnte. Und: Schluss mit Waffenexporten.
2. Anerkennung der Begrenztheit des Prinzips »Wachstum«: Nur so vermeiden wir den schmerzhaften Zusammenprall mit den endlichen Ressourcen unseres Planeten.
3. Das Diktat der Finanzmärkte überwinden, um den Abstand zwischen Arm und Reich nicht noch weiter zu vergrößern.

Alle Probleme, die Menschen verursacht haben, können auch von Menschen gelöst werden. Diese Einsicht wurde häufig ausgesprochen: als »Yes we can« von Barack Obama oder als »Wir schaffen das!« von Angela Merkel. Daraus folgt:

- Frieden ist möglich!
- Liebe ist möglich!
- Gerechtigkeit ist möglich!
- Umweltschutz und Klimaschutz sind möglich!
- Nachhaltiges Wirtschaften ist möglich!

Skeptiker könnten sagen: Das sind doch alles schöne Märchen, zu schön, um wahr zu sein oder wahr zu werden. Liebe Freundinnen und Freunde: Das liegt einzig an uns. Wenn wir wirklich, wirklich wollen, dann bleiben das keine

Märchen. Im Gegenteil. Wir verfügen heute über genügend Wissen, um die notwendigen Veränderungen zum Erhalt unserer Mitwelt zu organisieren.

Bis 2030 ist das Solarzeitalter in Europa machbar und bis 2040 weltweit. Der Kohleabbau hat seinen Höhepunkt bereits überschritten. Ebenso die Ölförderung. Seit 2006 geht die Ölförderung weltweit zurück. Der Marktwert von Kohleunternehmen ist 2017 auf nahe null geschrumpft. Atomenergie ist seit der Fukushima-Katastrophe global auf dem Sinkflug. In über 60 Ländern sind Solarstrom und Windkraft bereits die preiswerteste Energiequelle. Bis 2022 in allen Ländern der Welt.

Schönen Worten müssen konkrete Taten folgen, denn nur Taten sind der Wahrheitsbeweis unserer Worte. Wir sollten besser werden im Erkennen von Möglichkeiten, noch besser sollten wir aber werden im Verwirklichen von neuen Möglichkeiten. Dann werden aus Utopien konkrete und realisierbare Visionen. Aber nur dann. Erich Kästner hatte recht: »Es gibt nichts Gutes, außer man tut es.« Wir Deutschen stellen mit etwa 82 Millionen Menschen nur ein Prozent der Weltbevölkerung, emittieren aber drei Prozent der weltweiten Klimagase. Wir gehören damit zu den größten Klimasündern der Welt.

Die heutigen Trends sind global noch nicht nachhaltig. Alle Religionen, fast alle Wirtschaftstheorien, alle gültigen Politiktheorien, die prägenden Philosophien stammen aus der noch beinahe »leeren Welt« vor dem 19. Jahrhundert mit weniger als einer Milliarde Menschen. Heute aber leben wir in einer »vollen Welt« mit über 7,5 und bald zehn Milliarden.

Zu Beginn des Jahres 2018 erklärt der UNO-Generalsekretär António Guterres: »Ich rufe Alarmstufe Rot für unsere Erde aus.« Er hat leider recht. Alarm schlagen auch Forscher des Potsdam-Instituts für Klimafolgenforschung.

Sie sagen voraus, dass allein in Deutschland die Hochwasserschäden bis zum Jahr 2040 auf das Siebenfache ansteigen werden. All diejenigen, die immer wieder behaupten, Klimaschutz sei zu teuer, müssen sich die Frage gefallen lassen: Wie teuer wird unterlassener Klimaschutz?

In den letzten 150 Jahren ist nahezu die Hälfte der fruchtbaren Böden der Erde verschwunden. Die Klimastabilität ist in großer Gefahr. Fast 90 Prozent der Fischbestände sind bereits weg oder zumindest überfischt. Wir erleben das sechste große Artensterben in der Evolutionsgeschichte. Wir essen zu viel Fleisch. Wir holzen die Regenwälder ab. Wir vergiften unser Trinkwasser. Und zum Bräunen fliegen wir auch noch in den Süden.

Wir müssen und können diese Trends ändern. Noch! Wir haben dafür noch ein Zeitfenster von etwa zwei Jahrzehnten. Wir sollten dieses Zeitfenster nutzen. Bei exponentiellem Wachstum der erneuerbaren Energien ist in dieser Zeit die 100-prozentige Energiewende zu schaffen! Und damit die Voraussetzung für eine bessere Welt.

Die solare Energieerzeugung ist Bürgerrecht und Bürgerfreiheit. Wie das geht und dass es geht, wurde oben schon angedeutet: Über Sonne, Wind, Wasserkraft, Bio-Energie, Erdwärme sowie Wellen- und Meeresenergie – also über die ganze Symphonie der erneuerbaren Energieträger.

Vor der Weltklimakonferenz Ende 2017 schlug die UNO Alarm, und zwar besonders schrill: Wenn die Menschheit noch eine Überlebenschance haben will, dann muss sie jetzt die Klimaerhitzung endlich ernster nehmen als bisher: Unser Planet wird aufgeheizt, ganze Länder versinken im Meer, Landstriche werden unbewohnbar, Wetterextreme werden normal. Das Gemeingut Klima betrifft alle. Also müssen auch alle Verantwortung übernehmen.

Der Alarm der UNO ist klar und laut und unüberhörbar. Bisher haben Staats- und Regierungschefs wohlklingende

Klimaversprechen abgegeben, aber selten danach gehandelt. Auch Angela Merkel hat eher so gehandelt, wie Donald Trump spricht: Kohlepolitik statt Klimaschutz. Die Kanzlerin sagt ständig, dass es Deutschland gutgehe. Aber wie kann es Deutschland gut gehen, wenn es dem Planeten schlechtgeht?

Noch im Januar 2018 lässt die Kulturnation Deutschland, das Land der Dichter und Denker, es zu, dass der Energiekonzern RWE den Immerather Dom abreißt. Bisher wurde hier gebetet, gesungen, geheiratet und getrauert. Doch jetzt kam der Abrissbagger von RWE. Der Grund für diese Kulturbarbarei: das Vorhaben, bis 2045 den Klimakiller Nummer eins, Braunkohle, abbaggern zu können. Hier, östlich von Aachen, werden seit Jahrzehnten trostlose Mondlandschaften produziert und Menschen, Kirchen, Höfe, Häuser und Kultur vertrieben, obwohl es längst Alternativen gibt. Es ist unglaublich, dass sich eine CDU-geführte Landesregierung diesem Frevel nicht entgegenstellt. Sie redet von Heimat und schändet sie zugleich. Hat denn das Land der Dichter und Denker, vor gar nichts mehr Respekt? Exakt deshalb stockt auch in Deutschland die Reduktion der Treibhausgase seit dem Jahr 2009.

Dass Kohle keine Zukunft hat, beweist die traurige Geschichte der 60 000-Einwohner Stadt Herten im Ruhrgebiet. Die Zeche Ewald machte die Stadt einst zum reichsten Bergwerksort Europas, heute ist Herten pleite und wird vom Land Nordrhein-Westfalen mitverwaltet. Je länger die Bundesregierung mit dem Kohleausstieg wartet, desto mehr »Herten« wird es geben. Wer zu spät kommt, den bestraft das Leben.

Auch wenn es viele Sozialdemokraten nicht gerne hören: Ökologie und Klimaschutz sind Fragen der Gerechtigkeit. Es ist nicht gerecht, dass ein Deutscher jedes Jahr zehn Tonnen CO_2 in die Luft bläst, aber ein Inder nur zwei und ein Zentralafrikaner nur eine Tonne. Und es ist nicht gerecht, dass große Konzerne niedrigere Strompreise bezahlen als kleinere Firmen. Ökologische Grundrechte müssen endlich den gleichen Stellenwert erhalten wie soziale und individuelle.

Nicht mehr Deutschland, sondern China ist das neue Klima-Musterland. Fahrverbote für Autos? Hierzulande noch immer umstritten, in China seit Langem Realität. 2017 fuhren auf Chinas Straßen 200 Millionen Elektroroller. Im Winter 2017/2018 wurden Hundertausende chinesischer Arbeiter aus Klimaschutzgründen in den Zwangsurlaub geschickt. China ist Weltmeister bei Sonnen- und Windenergie. Das Reich der Mitte hat mit seinem derzeitigen »Fünfjahresplan« das aggressivste ökologische Programm aller Zeiten. Kann uns nur noch eine Ökodiktatur retten, oder schaffen wir die notwendige Transformation auf demokratischem Weg?

2. Wie Papst und Dalai Lama die Energiewende powern

In seiner historischen Enzyklika »Laudato si« nennt Papst Franziskus 2015 die heutigen Trends ein Selbstmordprogramm: »Diese Wirtschaft tötet«. Kritisch weist der Papst auf den Hunger, die Wegwerfkultur, die Klimaerhitzung, das Artensterben und die Verschwendung hin. Zur Lösung dieser Probleme fordert Franziskus eine »kühne Kulturrevolution« und entwickelt eine Vision von der »universellen Geschwisterlichkeit« zwischen Mensch und Natur und stellt dabei die Armen ins Zentrum. Diese Enzyklika hat das Zeug zu einer Magna Charta der sozialen Ökologie und ist eine globale Inspirationsquelle für alle Suchenden unserer Zeit, die an einer lebenswerten Zukunft mitarbeiten wollen. Das Problem, das wir dabei haben, ist dieses: Das

Leben kann nur rückwärtsgewandt verstanden, muss aber nach vorne gewandt gelebt werden.

Franziskus fordert eine globale, grüne Revolution von Wirtschaft und Gesellschaft. Nach Schätzungen der Schweizer Caritas hat der Klimawandel schon vor 2009 jährlich 300 000 Menschen das Leben gekostet, 300 Millionen Menschen in Mitleidenschaft gezogen und 125 Milliarden Dollar wirtschaftlichen Schaden verursacht. Und das bei einer relativ geringen Klimaerwärmung von einem Grad. Seither wurde die Situation Jahr um Jahr dramatischer. Die größten Schäden verursacht der Klimawandel in den ärmsten Regionen und bei den ärmsten Menschen.

Der Papst wendet sich an alle Menschen, auch an Agnostiker und Atheisten, und ruft zu einem globalen Dialog und zu raschem weltweitem Handeln auf. Diese Enzyklika ist die erste eines Papstes, die nicht mehr in Abgrenzung zur Wissenschaft, sondern in enger Zusammenarbeit mit ihr geschrieben wurde. Vielsagend ist, dass Franziskus den deutschen Naturwissenschaftler Professor Hans Joachim Schellnhuber, Chef des Potsdam-Instituts für Klimafolgenforschung, bat, diese Enzyklika der internationalen Presse vorzustellen. Wir wissen heute: Ohne diese Enzyklika wäre ein halbes Jahr später das Pariser Weltklimaabkommen nicht einstimmig von 195 Regierungen, also von allen, von der ganzen Welt, verabschiedet worden.

Der Papst fordert in »Laudato si« die Dekarbonisierung, den raschen Ausstieg aus fossilen Energien. Diese Forderung übernahm kurz danach auch der Pariser Klimagipfel.

Im selben Jahr 2015 heißt es in der »Islamischen Erklärung zum Globalen Klimawandel«: »Unsere Spezies ist, obwohl sie zum Verwalter auf der Erde erwählt wurde, die Ursache solcher Verwüstung, sodass wir Gefahr laufen, das Leben auf unserer Erde zu zerstören.« Die spirituelle Dimension der heutigen Krisen verlangt

Respekt vor Mutter Erde, die Bewahrung der Schöpfung, eine geschwisterliche Einstellung zu Tieren und Pflanzen, Verantwortung für künftige Generationen und für die Armen sowie die Erkenntnis, dass sich niemand selbst erschaffen hat, sondern dass unser Leben ein einzigartiges Geschenk ist. In Verbindung mit einer ökologischen Technik brauchen wir heute eine ökologische Ethik und eine ethische Ökologie.

Die Technik allein wird uns nicht retten. Die Welt braucht ein neues ethisch-ökologisches Fundament, das sagt auch der Dalai Lama in vielen seiner öffentlichen Auftritte, bei denen er ganze Stadien und große Hallen füllt. In diesem Sinne schrieben der Dalai Lama und ich gemeinsam 2015 das kleine Buch »Ethik ist wichtiger als Religion«, das inzwischen ein Weltbestseller ist und in 21 Sprachen übersetzt wurde.

Wie der gesamte Kosmos, so war, ist und bleibt das Leben ein Wandlungs- und Veränderungsprozess. Es behindert die Lebensfreude, wenn wir uns gegen Veränderung und Wandel, gegen Werden, Sein und Vergehen wehren. Alle Transformation dient dem Erhalt der Schöpfung.

Es geht im Leben immer um Veränderung. Veränderung ist schiere Lebendigkeit. Lebendigkeit heißt, offen zu sein für Veränderungen bis zum letzten Atemzug. Dann sind wir angekommen in unserer ewigen Heimat. Dort wartet die ewige Liebe auf uns, bedingungslose Liebe.

Der wunderbare junge Mann aus Nazareth setzt auf Heilungs- und Wandlungswillen derer, die heil und gesund werden wollen. Ohne unser wirkliches Wollen und unseren festen Willen geht gar nichts. Dass Zukunft möglich wird, das sind wir uns und unseren Kindern und Enkeln schuldig. Vorhersagen können wir Zukunft also nicht, aber sie ermöglichen schon. Zukunft ist grundsätzlich möglich. Dafür muss aber auch die heutige junge Generation endlich aufwachen und weit mehr als bisher für ihre Zukunft kämpfen. Kämpfen heißt zivilisiert streiten. Die Energiewende ist machbar, die Verkehrswende ist machbar, ökologische Landwirtschaft ist machbar, und die modernen Informationstechnologien helfen uns dabei.

3. Was steht auf dem Spiel? Alles!

Unsere gesamte Zivilisation steht auf dem Fundament ausgegrabener Kohlenstoffablagerungen aus der Vorzeit. Doch die auf Kohle, Gas, Öl und Uran basierte Infrastruktur hat ausgedient. Die Folgen sind Massenarbeitslosigkeit auf der ganzen Welt, ein marodes Finanzsystem sowie die globale Klimaerhitzung. Ein neues Energiesystem – kombiniert mit einem parallelen Kommunikationssystem, der Digitalisierung – ermöglicht Millionen neuer Arbeitsplätze, das Abschwächen des Klimawandels und eine weltweite sichere Energieversorgung ohne Kriegsrisiken. Künftig werden Hunderte Millionen Menschen zu Hause und im Büro grüne Energie produzieren und sie über das Energie-Internet an andere verteilen, so, wie sie Informationen teilen. Das bestehende Stromnetz wird zu einem Info-Energienetz so umgerüstet, dass Millionen kleiner Energieerzeuger ihre Energie anderen zur Verfügung stellen können. Das heißt: Verbraucher werden ihren Stromverbrauch billigen Angeboten anpassen. Dieses intelligente Stromnetz wird das Rückgrat einer nachhaltigen, digitalisierten Weltwirtschaft.

Die Demokratisierung der Energie kann zu einer fundamentalen Neuordnung der menschlichen und politischen Beziehungen führen. Im Gegensatz zu fossil-atomaren Energieträgern sind Sonne, Wind, Wasserkraft und Bioenergie überall zu finden. Deshalb können wir die Erneuerbaren dezentral einsammeln – hauptsächlich über unsere Häuser und Fabriken. Gebäude werden Kraftwerke. Das erhöht den Wert von Immobilien.

Wahrscheinlich ist unsere Zukunft gar nicht so gefährdet, wie sie von Apokalypse-Propheten und Zukunftsgurus beschrieben wird. Durch schnellen Wandel, vor dem sich so viele fürchten, entsteht ja auch eine dynamische Stabilität. Die jetzt anstehende grüne Revolution wird auch immense ökonomische, politische, kulturelle und wissenschaftliche Energien freisetzen.

Leider gilt im Journalismus noch immer die überholte Regel, wonach nur »bad news good news« seien, also nur negative Meldungen die Leser, Hörer oder Zuschauer interessieren würden. Ich habe in der ARD elf Jahre lang drei Zukunftsmagazine über meist positive Entwicklungen in der Gesellschaft und Wirtschaft geleitet und moderiert und hatte gute Einschaltquoten, was die meisten Kollegen zuvor bezweifelt hatten. Zur journalistischen Aufklärung gehört beides: Nicht nur Probleme, sondern auch die Lösungen für Probleme sollten gezeigt werden. Nur dann kann auch Hoffnung auf Veränderung und Fortschritt entstehen. Und diese Fortschritte gibt es: Wir haben heute weniger Hunger als noch vor 50 Jahren, weltweit weniger Krankheiten, weniger Kindersterblichkeit und wesentlich mehr Bildung. Fortschritt beginnt, wenn Stillstand endet. Während meiner Lebenszeit hat sich die Zahl der Demokratien global vervierfacht.

Zehn faktenbasierte Beispiele für riesige Fortschritte:

1. Vor 60 Jahren gab es in Malaysia fast keine Schulen, kein Gymnasium und keine einzige Universität. Das damals bettelarme Land setzte voll auf Bildung, ist heute ein Land mit einem der höchsten Bildungsgrade der Welt, und seine Wirtschaftskraft hat sich in dieser Zeit verhundertfacht. Bildung ermöglicht die Entfaltung unseres Potenzials. Der Malaysia-Effekt kann über-

all verwirklicht werden. Das ist auch nötig, denn weltweit gehen noch immer 264 Millionen Kinder und Jugendliche nicht zur Schule.

2. 1980 lebten noch 90 Prozent aller Chinesen unter der absoluten Armutsgrenze von 1,90 Dollar am Tag, 2017 waren es noch drei Prozent. Diese Fundamentalverwandlung geschah in drei starken Jahrzehnten. Ich habe als Fernsehreporter und Referent diese unglaubliche Transformation im Reich der Mitte miterlebt. China ist heute Weltmeister bei der Solar- und Windenergie. Hunderte Millionen Chinesen sind der kommunistischen Partei dafür dankbar und nehmen für diese positive Entwicklung viele Menschenrechtsverletzungen und Freiheitsentzug in Kauf.
3. 1820 lebten global 90 Prozent der Menschen unter der Armutsgrenze, heute sind es 14 Prozent. Freilich: Im 18. Jahrhundert lebten eine Milliarde Menschen auf der noch relativ leeren Erde, heute sind wir 7,5 Milliarden auf einer vollen Erde.
4. Um 1955 bekam eine Frau weltweit durchschnittlich über sechs Kinder, heute zwischen zwei und drei.
5. Zwischen 1920 und 1970 starben 529 Menschen von 100 000 an Hunger, heute noch drei von 100 000 – 176-mal weniger.
6. Vergleichen wir die ökonomische Entwicklung Ägyptens mit Südkorea: Ägypten hat sich nach 1955 abgeschottet gegenüber Ausländern, Südkorea hat sich geöffnet mit dem Ergebnis, dass es sich zehnmal erfolgreicher entwickelt hat als Ägypten. Es lohnt sich grundsätzlich, Flüchtlinge und Vertriebene aufzunehmen, wie es Südkorea tat. Das gilt für viele andere Länder auch. Westdeutschland hat nach 1945 zwölf Millionen Ostflüchtlinge integriert, die mit den Westdeutschen zusammen das von der ganzen Welt bestaunte Wirtschaftswunder organisiert haben. Das hat sich später mit den Millionen Gastarbeitern wiederholt, ohne die es uns heute ökonomisch nicht so gutgehen würde. Und es wird sich wiederholen mit der einen Million Flüchtlinge, die Deutschland in den Jahren 2015 und 2016 aufgenommen hat: eine Win-win-Situation für die Flüchtlinge und für die Deutschen.
7. Die radikale Reform der globalen Energiesysteme ist nicht nur möglich, sie hat längst begonnen. Die Entwicklung der Öko-

energien heute ist vergleichbar mit der des Mobiltelefons in den Achtzigern. Damals sagte McKinsey im Auftrag des US-Telekommunikationskonzerns AT&T voraus, dass es im Jahr 2000 in den USA etwa 900 000 Handys geben werde. Es waren tatsächlich 120-mal mehr. Das heißt: Eine neue Technologie taucht auf, wird eine Zeit lang verlacht, dann bekämpft und – wumms! – hat sie sich ganz rasch durchgesetzt. Heute sind wir 7,5 Milliarden Menschen mit 7,8 Milliarden Handys. Sie sind in Afrika ein Motor des gesellschaftlichen und wirtschaftlichen Fortschritts. Daher gilt: Die Welt kann bis 2030/2040 zu 100 Prozent auf erneuerbare Energien umsteigen. In Deutschland war der Start ins Jahr 2018 schon mal sehr gut: Der 1. Januar war sehr windreich. Deshalb wurden an diesem Tag hierzulande 95 Prozent des Stromverbrauchs aus erneuerbaren Energien gewonnen. Rekord! Das Land Schleswig-Holstein produziert über Windräder schon heute mehr Strom, als es selbst verbraucht. Ab 2020 geht der Überschuss nach Norwegen und bald auch nach Süddeutschland.

8. Weltweit versorgen sich bereits 42 Städte zu 100 Prozent mit Ökostrom, darunter die isländische Hauptstadt Reykjavik, Basel und Burlington im US-Staat Vermont. Mehr als 70 Prozent Ökostrom erreichen 2018 bereits die Städte Oslo, Seattle in den USA, das kanadische Vancouver und Auckland in Neuseeland, aber auch Nairobi in Kenia und Daressalam in Tansania.
9. Im Jahr 2000 hatten 27 Prozent der Weltbevölkerung keinen elektrischen Strom zu Hause, 2016 waren es nur noch 14 Prozent.
10. Als Bertrand Piccard und André Borschberg vom Projekt ihres Jahrhundertflugs erzählten, erklärte man sie für verrückt. Sie wollten mit ihrem selbst gebauten Flugzeug »Solarimpulse« 43 000 Kilometer zurücklegen, ohne einen Tropfen Treibstoff zu verbrauchen. Sie wollten mit der Sonne um die Welt fliegen. Im Juli 2016 war ihr Traum Wirklichkeit geworden: Die erste komplette Weltumrundung im Solarflugzeug. Der Flieger wurde von der Kraft der Sonne und sauberer Technologie getragen. Die beiden Pioniere bewiesen: Eine bessere Welt mit hoher Lebensqualität ist möglich.

Es gibt Lösungen mit nachhaltigen Technologien, die Millionen neue Arbeitsplätze schaffen, die die Umwelt schonen und gleichzeitig Gewinne erzielen. Was häufig noch fehlt, ist die Förderung durch die Politik. Leider gibt es zu viele Menschen, die sich die Zukunft nur als die Fortsetzung ihrer eigenen Gegenwart vorstellen können. Es war aber schon immer möglich, durch Fantasie, Vertrauen, Ausdauer, Mut und Entschlossenheit neue Lebenserfahrung zu gewinnen. Das Wichtigste für Veränderung ist ein unbeugsamer Wille dazu. Den oben erwähnten Solarpionier Piccard trug ein solcher Wille auf 900 Meter Höhe. Die Sonne wies ihm den Weg über den Atlantik. Und 15 Wale zeigten sich ihm unten im Wasser. Sein Mut hat historische Bedeutung wie der erste Transatlantik-Flug von Charles Lindbergh 90 Jahre zuvor. Wenn ich daran denke, strahlen meine Augen wie die eines Kindes vor dem Weihnachtsbaum, und mein Herz jubelt.

Die aufgezeigten disruptiven – die alten Technologien rasch verdrängenden – Veränderungen vollziehen sich weit schneller, als selbst Zukunftsexperten vorausgesagt haben. Das war bisher bei allen bedeutenden technischen Innovationen so. Das wird erst recht im noch wichtigeren Bereich der Energie und des Verkehrs so sein. Solarenergien, Elektroautos, Flugzeuge mit alternativen Antrieben und selbstfahrende Automobile werden die alte Mobilität rasch verdrängen. Es hat zwölf Jahre gedauert, bis 50 Millionen Laptops verkauft waren, sieben Jahre für 50 Millionen Smartphones und nur noch zwei Jahre für 50 Millionen Tablets. Beim Bedenken dieser Entwicklung werden Sie verstehen, warum ich davon ausgehe, dass in etwa zwei bis drei Jahrzehnten die solare Weltrevolution zu schaffen ist.

4. Die günstigste Energiequelle: Solarstrom

Und wie teuer kommt uns der ganze solare Disruptionsspaß? Die Produktion einer Kilowattstunde Solarstrom hat im Jahr 2000 in Deutschland noch 70 Cent gekostet, heute etwa sieben Cent, im Jahr 2025 werden es vielleicht noch vier Cent sein. Für den Kohle- und Atomstrom aus der Steckdose berechnen die alten Stromkonzerne etwa das Sechs- bis Siebenfache. Und nun dürfen Sie dreimal raten, wem die Energiezukunft gehört. In sonnenreichen Ländern wie Saudi-Arabien, Zentralafrika oder Chile kann schon heute – wie gesagt – Solarstrom für zwei Cent je Kilowattstunde produziert werden.

Solarstrom für zwei Cent macht mehr Sinn als Atomstrom für zwölf Cent. Die Batteriepreise purzeln 2018 so rasch wie in den letzten Jahren die Preise für Solarstrom. Nachdem aber die Bundesregierung die Solarbranche in Deutschland – ganz im Interesse der alten Energiekonzerne – mutwillig ausgebremst hatte, stieg zuerst Siemens aus, dann Bosch, und First Solar gab den Standort Deutschland auf. Aber ohne einen dynamischen Markt zu Hause kann weder die deutsche Solarindustrie noch die E-Mobilität noch die Batterieindustrie weltweit Technologieführerschaft entwickeln.

Hätte sich Deutschland in der Solarentwicklung nicht selbst ein Bein gestellt, wären wir heute Weltmarktführer und nicht China. Aber es ist noch immer nicht zu spät. Die neue Bundesregierung kann noch umsteuern. Denn heute werden pro Jahr 400 Gigawatt Photovoltaik (PV) installiert, 2030 werden es nach Prognosen des Fraunhofer-Instituts ISE 3 000 bis 5 000 Gigawatt sein. Das große PV-Wachstum liegt noch vor uns.

Wir stehen vor einer sauberen Revolution 2030/2040. Es ist eine unvermeidliche, zunächst technisch-ökonomische Revolution mit starken ökologischen und gesellschaftlichen Konsequenzen. Diese Revolution kann zwar – wie zurzeit in Deutschland – noch kurzzeitig verzögert, aber nicht mehr grundsätzlich verhindert werden. Die Natur bietet uns alles, was wir für diese Revolution brauchen. Die Welt ist nämlich voller Energie.

Allein die Sonne schickt uns jede Sekunde etwa 15 000-mal mehr Energie auf unseren Planeten, als heute alle 7,5 Milliarden Menschen verbrauchen. Das macht sie umweltfreundlich, kostenlos für alle, und zwar für noch einige Milliarden Jahre lang. Worauf warten wir eigentlich noch? Warum stehen die meisten Gebäude noch immer dermaßen ungenutzt in der Gegend herum? Denn auch ein bewohntes Gebäude vergeudet die Chance, mit Solarzellen ausgestattet zu werden. Warum holen wir auch heute noch Öl aus Arabien, Gas aus Sibirien, Uran aus Australien und Kohle aus Südafrika nach Deutschland, aber nutzen viel zu wenig die heimische Sonne, die kostenlos auf jedes Dach scheint?

Wandlung – oder religiös gesprochen »Umkehr« – ist immer und grundsätzlich möglich. Menschen können lernen, wenn sie es nur wollen. Unser Wille ist zwar oft blind, aber blöd ist er nicht. Nur deshalb ist im Laufe der Geschichte scheinbar Unmögliches immer wieder möglich geworden: Die Abschaffung der Sklaverei und der Kinderarbeit, die Emanzipation der Frau und die Trennung von Staat und Kirche, die Menschenrechte und die Demokratie, die Überwindung des Hungers und die Ausrottung von Seuchen. All das hatte am Beginn des Befreiungskampfes wenig Aussicht auf Erfolg.

Fast die gesamte Umweltbewegung und die Umweltpolitik haben zwei Dimensionen einer gelingenden Energiewende vernachlässigt: Die solare Ethik und die solare Ästhetik. Solares Bauen muss schön sein und zugleich »enkelgerecht«.

Der beste und erfolgreichste Solarpolitiker der Welt, Hermann Scheer, nannte sein letztes Buch, bevor er starb: »Der energ*ethische* Imperativ – 100 Prozent jetzt«. Ener*gethisch* mit th, um deutlich zu machen: Nur einer intelligenten Verbindung von Technik und Ethik wird es gelingen, die Energiewende rasch zu organisieren. Auch Scheer prognostizierte die mögliche solare Energiewende bis 2030.

5. Vom Homo oeconomicus zum Homo oecologicus

Dieses Buch ist ein Buch der Wandlung von Menschen vom Homo oeconomicus zum Homo oecologicus. Wandlungsprozesse bereiten den Weg vom Frust über die Gegenwart zur Lust auf Zukunft. Dieser Weg ist ein Prozess. Das heißt: Die Wandlung kann und wird dauern. Und sie wird Rückschläge erfahren – oben wie unten in der Gesellschaft. Unten: Weil wir alle Meister im Verdrängen von Gefahren und Katastrophen sind. Die Tschernobyl-Katastrophe hat nicht ausgereicht, um in Deutschland eine Mehrheit der Wähler von der Gefahr eines AKW zu überzeugen. Es hat erst eine zweite große Katastrophe in Fukushima gebraucht. Und für die Mehrheit der Franzosen reichte selbst diese Katastrophe noch nicht. Sie werden vielleicht erst einen GAU im eigenen Land brauchen, um wirklich aufzuwachen.

Umdenken, neu denken, ist nicht das, was unser Gehirn am liebsten macht. Deshalb halten wir uns eher an das Bewährte und Bekannte, das lehrt uns die moderne Gehirnforschung.

Und Wandlung braucht Geduld: Erst der Herbst kann zeigen, was der Frühling gezeugt hat, und erst am Abend wird deutlich, was am Morgen wirklich begonnen hat.

Dennoch hier ein Beispiel dafür, wie Klimaschutz von unten funktionieren kann: Als nach der Fukushima-Katastrophe in Japan von heute auf morgen 48 AKW abgeschaltet werden mussten und ein Stromengpass drohte, kamen Millionen Japaner im Sommer ohne Krawatten in ihre Büros und im Winter mit Pullover. Das half, Energie zu sparen: Millionen Klimaanlagen und Heizungen mussten nicht mehr auf Hochtouren laufen. Allein Verhaltensänderungen können viel erreichen. Die größte Dynamik für die Energiewende kommt von unten: von engagierten Bürgermeistern und Landräten, von Energiegenossenschaften und Stadtwerken, von Bauern, Handwerkern und Hausbesitzern.

Der Sozialreformer und Kommunalpolitiker Friedrich Wilhelm Raiffeisen hat in der Mitte des 19. Jahrhunderts – als in Deutschland Hungersnot und Massenarbeitslosigkeit herrschten – die Genossenschaftsidee entwickelt und realisiert. Sein Motto hieß: »Das Geld des Dorfes bleibt im Dorf« – was einer allein nicht schafft, schaffen viele zusammen. Analog dazu lernen wir heute, dass die Energie für die Region aus der Region kommt. Das Geld bleibt dann in der Region, die Steuern fließen in die Gemeindekassen und die Arbeitsplätze entstehen ebenfalls in der Region. Die Idee der Allmende, die Idee des gemeinsamen regionalen Reichtums, ist in den europäischen Gesellschaften noch lebendig. Klimaschutz und gemeinsame, gute Geschäfte passen gut zusammen – durch Bürgerwindanlagen, Solarparks, Biogasanlagen, oft organisiert und betrieben von Energiegenossenschaften. Wir werden in den nächsten Jahrzehnten eine Renaissance von Genossenschaften erleben. In Deutschland gab es im Jahr 2007 147 Energiegenossenschaften, 2016 bereits 1 024. So schafft sich die Gesellschaft ein robustes, wirkmächtiges Ökosystem.

Riesige Konzerne zerstören oft Wettbewerb und Demokratie. Das französische Wort für »Aktiengesellschaft« beschreibt den Unterschied treffend: Société Anonyme –

anonyme Gesellschaft. Großkonzerne haben die besten Anwälte, die dafür sorgen, wenig Steuern zahlen zu müssen. Das Geld fließt aus der Gemeinde zu den Aktionären ins Nirgendwo.

Beispiele für Wandlungsrückschläge von oben: Vom Klimaschützer Obama zum Klima-Ignoranten Trump. Die Wähler wollten es halt so. US-Präsident Jimmy Carter erzählte mir, dass er am Beginn seiner Amtszeit Solaranlagen am Weißen Haus in Washington installieren ließ, um den Durchbruch der Solarenergie symbolisch zu beschleunigen, dass aber sein Nachfolger Ronald Reagan diese an seinem ersten Amtstag 1981 demonstrativ wieder entfernen ließ.

Vor 60 Jahren war selbst ich noch ein Kohlefreund, weil mein Vater Kohlehändler war, heute ein Freund der Solarenergie. Bis 1986 zur Tschernobyl-Katastrophe war ich ein Anhänger der Atomenergie, seither habe ich weltweit um die 300 Windräder und Windparks mit eingeweiht, elf Bücher über die Energiewende geschrieben, etwa 40 Fernsehsendungen dazu produziert und über 4 000 Vorträge zu diesem Thema in allen Erdteilen gehalten. Vor 40 Jahren habe ich noch viel Fleisch gegessen, heute bin ich ein 80-prozentiger Vegetarier. Noch vor zwanzig Jahren war ich Autofahrer, heute bin ich begeisterter Bahnfahrer. Mit Verzicht und Opfer hat dies alles gar nichts zu tun. Es geht mir um mehr Lebensqualität, um bessere Gesundheit, um mehr Sicherheit und natürlich auch um Klimaschutz und um Lust auf Zukunft. Muss ich unbedingt zu den jährlich Tausenden Verkehrstoten auf unseren Straßen gehören, wenn ich bei einer Bahnfahrt um den Faktor 100 sicherer bin?

Man muss sich nur diese Zahl verinnerlichen, um umkehrfähig zu werden: Seit 1945 sind auf den Straßen unserer Welt 120 Millionen Menschen durch Autos getötet worden. 120 Millionen! Das sind mehr als doppelt so viele Tote wie im Zweiten Weltkrieg. Also weit mehr Tote durch

Autos als durch alle Kriege zusammen. Wir haben die Kriege mit bestem Gewissen auf die Straße verlagert. Und jedes Jahr »produzieren« wir weltweit weitere drei Millionen Verkehrstote mehr. Das halten die meisten von uns für alternativlos. Entschuldigung, aber was für ein reaktionäres, menschenverachtendes Menschenbild steckt hinter dieser »Alternativlosigkeit«?

Warum die Energiewende so rasch wie möglich notwendig ist? Im Jahr 2013 verloren 22 Millionen Menschen durch Stürme, Erdbeben und Schlammlawinen ihre Heimat, dreimal so viele wie durch Kriege. Klimapolitik ist Friedenspolitik. Frieden ist weit mehr als nur das Schweigen der Waffen.

6. »Wir werden getoastet, geröstet und gegrillt«

Es geht um nichts weniger als um die Überlebensfrage der Menschheit. »Was mit der Klimaerhitzung auf die Welt zukommt, hat es seit 30 Millionen Jahren nicht gegeben«, sagt der ehemalige Chefökonom der Weltbank, Nicolas Stern. Das ist ein radikaler Wandel jenseits aller menschlichen Erfahrungen. Schon bei einer globalen Erwärmung von drei Grad müssen wir mit einem Anstieg des Meeresspiegels um 20 Meter rechnen. In Afrika leben etwa 300 Millionen Menschen direkt am Meer.

Und allen Klimaskeptikern, die den Ernst der Lage immer noch nicht verstehen wollen, ins Stammbuch: In den letzten 17 Jahren hatten wir die 16 heißesten Jahre seit Beginn der Klimaaufzeichnung. Wer aber nichts weiß, muss alles blind glauben – auch die Sprüche der Klimaskeptiker.

Die Chefin des Internationalen Währungsfonds IWF, Christine Lagarde, sagte Ende Oktober 2017 in Saudi-Arabien, einem Land, das den Klimawandel zuvor eher verharmlost hat: »Wenn wir jetzt nichts gegen den Klimawandel unternehmen, werden wir in 50 Jahren getoastet, geröstet und gegrillt.« Schnelle Entscheidungen seien nötig, um die Energieversorgung umzustellen. Erdöl, so Lagarde im Erdölland Saudi-Arabien, werde »zu einem zweitrangigen Rohstoff«. Sie bezog sich auf Warnungen von Klimaforschern, die vor einer Klimaerhitzung von durchschnittlich fünf Grad warnen. Besonders schwere Folgen könnte der Klimawandel am Persischen Golf haben. Dort kann es unerträglich heiß werden. Die gesamte Region droht unbewohnbar zu werden. Die wachsende Erkenntnis der letzten Jahrzehnte: Ohne Frieden mit der Natur kann es keine Zukunft geben.

Kann der Klimawandel auch gesundheitliche Schäden verursachen? Die Fachzeitschrift »Lancet« schreibt: »Das ist ein Gesundheitsproblem für Millionen Menschen.« Seit 1990 hat die globale Erwärmung dazu geführt, dass Mückenarten Dengue-Fieber weltweit verbreitet haben. In Südostasien hat sich die Zahl der Todesopfer durch das Dengue-Fieber beinahe verdoppelt. Über 200 Millionen Menschen sind bereits heute übermäßiger Wärme ausgesetzt und können nur noch in Kühlräumen schlafen. Die Hitze belastet Nieren und Herz und kann tödlich enden. Durch geringere Getreideernten fehlen bald einer Milliarde Menschen Eiweiß und Nährstoffe wie Zink, Vitamin B12 oder Omega-3-Fettsäuren.

Jedes Jahr holen wir so viele fossile Rohstoffe aus der Erdkruste, wie sich zuvor in einer Million Jahren in Form von Kohle und Öl abgelagert haben. Deshalb hat die CO_2-Menge in der Luft erstmals seit einer Million Jahren die Marke von 400 ppm (Teile von einer Million) überschritten. Die Erdgeschichte warnt uns vor den dramatischen Folgen. Allein der »Jahrhundertsommer« 2003 hat in Europa zu 70 000 Todesopfern geführt. Der Kohlesmog hat im Jahr 2016 in China 1,6 Millionen Menschen das Leben gekostet.

Wenn wir das Klima weiter destabilisieren, werden wir die Gesellschaften destabilisieren. Massenarbeitslosigkeit und Wasserkrisen werden folgen, aber auch Wirtschaftskrisen und Hungerkrisen. Heute produzieren wir giftige Böden, dreckige Luft, verschmutztes Wasser – die Folgen: weltweit 4 600 Milliarden Dollar Umweltschäden pro Jahr und Millionen Tote. Das Wissenschaftsmagazin »Nature« schreibt im März 2018, dass durch eine schnelle Reduktion von CO_2 global 153 Millionen vorzeitige Todesfälle vermieden werden könnten.

Noch gibt es mehr als 20 Millionen Kubikmeter Eis auf der Erde. Sollten sie eines Tages wegen der Klimaerhitzung schmelzen, sähe die Welt anders aus als heute. Es wäre global um viele Grade wärmer, die Wüsten wären wesentlich größer und der Meeresspiegel könnte um bis zu 66 Meter ansteigen. Wollen wir Hamburg und Bremen, Sylt und Ostfriesland, Venedig und New York, Kalkutta und Rio, den Süden Bangladeschs, Miami und Vietnam, Tokio, Schanghai und Honkong einfach aufgeben? Sollten die Emissionen weiter steigen, dann geht es nicht mehr um das Ob, sondern um das Wann. Wahrscheinlich brauchen wir zuerst eine Eisschmelze in unseren Herzen, um wirklich zu verstehen, was wir heute auf dieser Erde eigentlich mit der Klimaerhitzung vorantreiben.

Es taut bereits weltweit. Grönland, die größte Insel der Welt, ist fünfmal so groß wie Deutschland, hat aber nur 55 000 Einwohner. 2014 sehe ich hier großartige arktische Landschaften, Fjorde mit blauweißen und türkisfarbenen Eisbergen, kristallklares Wasser und bunte Eskimosiedlungen. Aber zugleich bietet Grönland auch für jeden mit offenen Augen den stärksten Anschauungsunterricht für die größte Bedrohung der menschlichen Spezies: den Klimawandel. 85 Prozent der Insel sind noch vom »Ewigen Eis« bedeckt. Grönlands Eiskappe ist 2 000 Kilometer lang, 1 000 Kilometer breit und bis zu 3 000 Meter dick. Zwei Jahre zuvor ereignete sich hier für Gletscherforscher ein Albtraum: Zum ersten Mal in der Menschheitsgeschichte schmolz der gesamte Eisschild. Riesige Eisbrocken lösten sich und stürzten ins Meer. Meine Frau und ich flogen mit Wissenschaftlern im Hubschrauber über den Ilulissat-Gletscher und waren entsetzt zu sehen, wie sich eine dünne Eisschicht auf dem gesamten Gletscher erstmals in Schneematsch verwandelt hatte. Wir haben zwei Tage im Juli erlebt, an denen es in Grönland wärmer war als in Deutschland. Der Sommer hatte Grönland im Schwitzkasten.

Die uns begleitenden Wissenschaftler erwarten einen völlig eisfreien Arktis-Sommer schon im Jahr 2020. Allein 2016 hat das Eis in der Arktis um das Achtfache der Fläche Deutschlands abgenommen. Wir brauchen eine Menge Hoffnung und noch mehr Wandel, um die Klimaerhitzung noch auf ein menschenverträgliches Maß einzudämmen. Der Klimawandel ist der vielleicht deutlichste Hinweis darauf, dass wir unsere Erde nicht mehr lieben. Wir werden nur schützen, was wir lieben.

Ich weiß, dass ermutigende Reden und schlaue Bücher für die große, notwendige Transformation nicht genügen. Deshalb habe ich in über 300 Fernsehsendungen und in 50 Büchern immer auch positive Beispiele gelingenden Lebens, nachhaltigen Wirtschaftens und wirklicher Zukunftspolitik aufgezeigt.

7. Unsere Seele verlangt nach Wandlung

Unsere Seele verlangt – im Angesicht unserer heutigen Probleme – nach Wandlung. Zur Wandlung verhilft uns vor allem, was uns innen tief berührt wie zum Beispiel die Liebe zu unseren Kindern und die Verantwortung für unsere Enkel. Tief im Inneren wissen wir, dass Wandlung möglich und nötig ist. In diesem Wissen liegt unsere mögliche Rettung – auch heute.

Nach den Atomkatastrophen 1959 in Sellafield/England sowie in Tscheljabinsk am Ural, 1979 in Harrisburg/USA, 1986 in Tschernobyl/Sowjetunion und 2011 in Fukushima/Japan müssen wir ein elftes Gebot lernen: Du sollst den Kern nicht spalten! Alle 10 000 Jahre *sollte* nach den Vorhersagen der »Experten« etwas passieren, alle zehn Jahre *ist* etwas passiert. So schnell vergeht die Zeit, wenn man sich auf die »Experten« verlässt. Der Berater für nukleare Sicherheit, Mycle Schneider: »Unfälle passieren immer dort, wo man sie am wenigsten vermutet.«

Harrisburg war der größte Atomunfall in der Geschichte der USA. 28 Stunden danach sagte Vize-Gouverneur William Scranton: »Everything is under control.« Schon drei Tage später mussten 140 000 Menschen evakuiert werden. Und es war klar, dass alles außer Kontrolle war.

Tja! Die ökonomischen und die wissenschaftlichen Eliten dürfen nicht länger glauben, dass sie jede Großtechnologie fest im Griff haben. Im Zweifel hat diese sie und uns alle im Griff. Nie zuvor habe ich »Experten« so hilflos und inkompetent herumstottern hören wie nach den Katastrophen von Tschernobyl und Fukushima. Nach den Prognosen dieser »Experten« der alten Energiewirtschaft müssten wir inzwischen wieder in der Steinzeit leben. »Ohne Atomkraft gehen die Lichter aus«, sagte zum Beispiel der frühere Ministerpräsident von Baden-Württemberg, Hans Filbinger, den Atomkraftgegnern in den Siebzigern. »Wollen Sie Deutschland zurück in die Steinzeit führen?«, fragte mich der Vorsitzende eines alten Energiekonzerns in einer Fernsehsendung 1996, in der ich zu hundert Prozent erneuerbare, saubere Energie in Deutschland bis 2030 für möglich erklärte.

Jedes der 438 AKW auf der Erde ist eine Einladung an Terroristen. Es kann daher sehr wohl sein, dass uns die Atomkraft oder ein Atomkrieg »in die Steinzeit« führt. 2016 flog ein deutscher Copilot mit seinem Flugzeug und 150 Passagieren bewusst in eine Alpenwand. Nur wenige Kilometer entfernt sind drei französische AKW in Betrieb. Der Copilot hätte sein Flugzeug genauso in ein solches steuern können. Terror und Sabotage gegen Atomkraftwerke gehören zu den großen tabuisierten Bedrohungsszenarien. AKW-Sabotage ist für Terroristen kein großes Problem. Der IS hantiert inzwischen mit komplexen Angriffsstrategien, die ausreichen, um ein Atomkraftwerk zur Kernschmelze zu bringen, meint der Atom-Sicherheitsberater Mycle Schneider. Viele Atomkraftbetreiber sind bankrott. Ihr Investitionsbedarf ist riesig – in den USA ebenso wie in Japan und in Frankreich: Wer garantiert in solchen Situationen den sicheren Betrieb von Hochrisiko-Anlagen?

Länder, in denen AKW stehen, sind militärisch de facto nicht mehr zu verteidigen. Die größte Bedrohung haben sie sich im eignen Land selbst gebaut. Wir wissen heute, dass die Al-Kaida-Terroristen, die am 11. September 2001 das World Trade Center in New York attackierten, auch über einen Angriff auf die zwei Kuppeln des Atommeilers Indian Point diskutiert hatten. Mohammed Atta flog am 11. September morgens um 8:40 Uhr zuerst über das AKW, leitete hier den Sinkflug ein und krachte um 8:46 Uhr in den Nordturm des World Trade Centers. Im Umkreis des AKW Indian Point leben etwa 20 Millionen Menschen. Die Terroristen gaben dieses Ziel wahrscheinlich deshalb auf, weil sie befürchteten, dass Boden-Luft-Raketen den Atommeiler schützen würden. Diese Fehleinschätzung verhinderte womöglich den ersten Selbstmordanschlag auf ein Kernkraftwerk.

Ursprünglich, so gestand einer seiner Komplizen 2003 nach seiner Festnahme, sollten zugleich zehn Flugzeuge gekidnappt werden. Zu den anvisierten Zielen gehörten mehrere Atomkraftwerke.

Im November 2016 hatte mich der Bürgermeister von Fukushima zu einem Vortrag vor 400 japanischen Bürgermeistern über die deutsche Energiewende eingeladen. In Gesprächen mit Fukushima-Opfern hörte ich immer wieder das Wort »Angst«. Sie wollten sich fünf Jahre nach der Katastrophe von den AKW-Betreibern nicht länger belügen und vertrösten lassen. Als Folge der Nuklearkatastrophe mussten damals 180 000 Menschen, die im 20-Kilometer-Umkreis der Fukushima-Blöcke lebten, umgesiedelt werden. Nur knapp die Hälfte konnte bis jetzt zurückkehren. Erst wenige Tage vor meinem Vortrag wurde am havarierten Reaktor die höchste radioaktive Strahlendosis gemessen – 650 Sievert pro Stunde. Viele Junge sind für immer weggezogen. Nach meinem Vortrag in Fukushima-City sagt mir der Bürgermeister erschüttert: »Als ich am fünften Jahrestag der Katastrophe am Reaktor war, wurden dort nukleare Strahlenwerte gemessen, die 10 000-mal über den gesetzlichen Grenzwerten liegen. Wenn ich dort hineinginge, würde ich nach einer Sekunde zu Asche.« Im Sarkophag von Fukushima schlummert noch eine Radioaktivität von etwa 10 000 Hiroshima-Bomben.

Die große Hoffnung für die Zukunft: Schon 2022 wird global die installierte Photovoltaik-Leistung doppelt so groß sein wie die aller dann noch laufenden Atomkraftwerke.

Mit dem Chef der Aufräumarbeiten in Tschernobyl, dem Atomphysiker Professor Wladimir Tschernoussenko, war ich befreundet. Er war über Jahrzehnte ein glühender Befürworter der Atomenergie. Er hatte drei Studentengenerationen in die Atomtechnik geführt. Nach dem Unfall hat ihn Michail Gorbatschow zum Aufräumchef berufen. Diese Aufgabe hat auch ihn verstrahlt und zum Atomgegner werden lassen. Er starb sechs Jahre nach der Katastrophe an Krebs. In einem Fernsehinterview habe ich ihn 1988 gefragt, wie sicher die deutschen AKW seien. Die hiesigen »Experten« hatten jahrzehntelang behauptet, dass wir in Deutschland die »sichersten Atomkraftwerke der Welt« hätten. Tschernoussenko hatte sie alle besucht und auf ihre »Sicherheit« geprüft. Seine Antwort auf meine Frage: »Die deutschen AKW sind sicherer als die russischen. Da haben Sie recht. Das heißt jedoch, sie werden etwas später explodieren.«

Die erneuerbaren Energien sind weitgehend ungefährlich, werden durch Massenproduktion der Technik immer preiswerter, und den Stoff gibt es umsonst als Geschenk der Natur. Ein AKW setzt eine Planung und Realisierung von Jahrzehnten voraus. Eine Solaranlage auf Ihrem Dach ist in drei Tagen, ein Windrad in drei Wochen und eine Biogasanlage in drei Monaten errichtet. Worauf warten wir denn noch? Die Zeit, die uns noch für die Umkehr bleibt, wird knapp.

8. »Dementia fossilis« und »Dementia nuclearis«

Wir haben schon viel Zeit verloren. Bereits 1912 schrieb der Nobelpreisträger für Chemie, Wilhelm Ostwald, in seinem Buch »Der energetische Imperativ«: »Vergeude keine Energie, verwerte sie.« Mit »Vergeudung« meinte er »Verbrennung«, also genau das, was wir bis heute tun. Diese Verbrennung ist ein zerstörerischer Vorgang, weil die verwendeten Ressourcen unwiederbringlich verloren sind. Seinem »energetischen Imperativ« gibt Ostwald einen höheren

Stellenwert als Kants berühmtem »kategorischen Imperativ« (»Handle so, dass die Maxime deines Willens jederzeit zugleich als Prinzip einer allgemeinen Gesetzgebung gelten könne«).

Mit dem Verbrennungsfuror über die fossilen Rohstoffe führen wir heute einen Dritten Weltkrieg gegen die Natur. Deutschland ist noch immer Weltmeister beim Verbrennen des Klimakillers Nummer eins, der Braunkohle. Wenn wir uns nicht endlich aus der Kohlefalle befreien, können wir keinen wirklichen Beitrag zum globalen Klimaschutz leisten. Beim Weltklimagipfel in Bonn 2017 haben 20 Länder den Ausstieg aus der Kohle bis 2030 beschlossen, angeführt von Kanada, England und Frankreich. Bis zum nächsten Klimagipfel 2018 sollen bereits 50 Länder der Anti-Kohle-Koalition angehören. Deutschland gehört immer noch nicht dazu. Die Klimakanzlerin ohne Kleider!

Die globale Energiekrise führt zwangsläufig auch zu politischen und militärischen Spannungen zwischen den USA, China und Russland und allen Ölländern wie Saudi-Arabien, Iran und Venezuela. Die Beziehung zwischen Russland und China gründet schon heute weniger auf Marx und Lenin als auf Öl und Gas. Wir leben im Zeitalter der Versorgungsangst um die letzten Ressourcen. Und wir erleben die Wiedergeburt eines Rohstoff-Nationalismus.

Nach der »Dementia fossilis« hat uns auch noch die »Dementia nuclearis« befallen und beherrscht uns inzwischen 70 Jahre lang. Nun müssen wir uns von beiden Krankheiten befreien. Können Pyromanen gesunden? Ja – durch den raschen hundertprozentigen Umstieg auf erneuerbare Energieträger.

Unsere Hoffnung: Nicht nur einzelne Menschen können sich ändern und entwickeln, sondern auch ganze Gesellschaften. Auch die Welt kann sich ändern. Nach der Französischen Revolution war plötzlich eine Jahrhunderte alte Gesellschaftsordnung einfach weg. Nach dem Zweiten Weltkrieg haben unsere Eltern und Großeltern innerhalb von zehn Jahren das von der ganzen Welt bestaunte Wirtschaftswunder geschafft. Und innerhalb von vielleicht 20 Jahren soll heute der komplette Umstieg auf erneuerbare Energien nicht möglich sein? Diese Behauptung ist eine Beleidigung eines jeden Ingenieurs. Deutsche Techniker sind seit Langem Technologieführer bei Sonnenenergie, Windkraft und Biogasanlagen. Speichertechnologien sind vorhanden, sodass wir heute ein ökologisches Wirtschaftswunder mit Millionen neuen zukunftsfähigen Arbeitsplätzen organisieren könnten.

Das Geheimnis des Lebens ist die Verwandlung. Jedes Erwachen, jedes Wachsen, jedes Erkennen schenkt uns Neues. Wandlungsfähigkeit setzt allerdings den Kontakt zur eigenen Seele voraus. Dieser findet vor allem in der Stille statt. Täglich eine Zeit in Stille zu verbringen, fördert unsere Wandlungsfähigkeit. Jede Verwandlung schafft Neues.

Wir leben am Beginn des 21. Jahrhunderts in einer vorrevolutionären Zeit: Atomares Wettrüsten kann jederzeit zu einem Atomkrieg führen. Die Klimaerhitzung nähert sich einem Kipp-Punkt, nach welchem es kein Zurück mehr geben könnte. Diese Klimaerhitzung, sagte der frühere US-Außenminister John Kerry 2014, »ist die schrecklichste Massenvernichtungswaffe der Welt«.

9. Millionen Klimaflüchtlinge: Klimawandel ist Massenmord!

Jetzt eine ökologische Zivilisation aufzubauen ist nicht irgendeine Option, es ist die einzige Option, denn alles andere bedeutet, künftigen Generationen die Lebensgrundlage zu entziehen. Zu Recht sagen bei einer Umfrage im August 2017 71 Prozent der Deutschen, dass der Klimawandel das größte Zukunftsproblem ist. Fast alle Klimaforscher der Welt sehen das genauso. Jede und jeder spürt die zunehmenden Wetterextreme. Die Wüsten breiten sich aus. Arten sterben etwa tausendmal schneller aus, als neue Spezies entstehen. Das »ewige Eis« wird nur noch so genannt. Ein heute noch unvorstellbarer weltweiter Wassernotstand ist die logische Konsequenz der Klimaerhitzung. Weltweit sterben Korallen. Die Finanzkrise ist noch lange nicht überwunden. Flüchtlingsströme führen zu Rechtspopulismus und zu Neonationalismus. In Afrika sind bereits 18 Millionen Klimaflüchtlinge unterwegs.

Wer Hunger und Flucht bekämpfen will, muss die Klimaerhitzung bekämpfen. Noch sind 620 Millionen Afrikaner ohne Strom – meist die Ärmsten der Armen. In ihren Dörfern ist ein Anschluss an ein Stromnetz reine Illusion, aber ein Anschluss an die Sonne ist sehr wohl möglich.

Die jüngsten Massenmörder in den USA und in der Karibik hießen im Sommer und Herbst 2017: »Harvey«, »Irma« und »Maria«. Hunderte Menschen wurden durch sie getötet, und Millionen Menschen mussten vor ihnen fliehen. Die materiellen Schäden gehen in die Milliarden. Klimawissenschaftler schlagen Alarm: Wenn wir so weitermachen, könnten schon in wenigen Jahren oder Jahrzehnten viele Teile der Welt unbewohnbar sein. Die Natur kennt keine Kompromisse. Wollen wir Millionen von Klimaflüchtlingen?

Auf »Harvey« folgte »Irma« mit 300 Stundenkilometern Topgeschwindigkeit. Der mächtigste Hurrikan aller Zeiten. Auf der Karibikinsel Saint Martin flogen Autos durch die Luft, Menschen seilten sich an ihren Häusern an. Ganze Inseln versanken in der Karibik. Die kleinen Inseln Barbuda und Saint Martin sind komplett zerstört und zunächst einmal unbewohnbar.

Klimaforscher sind überzeugt: Mit der Klimaerhitzung werden solche Stürme zur Normalität. »Die Elemente Feuer, Wasser und Luft wenden sich nun gegen uns, weil wir den Planeten aus dem Gleichgewicht bringen«, sagt Joachim Schellnhuber vom Potsdam-Institut für Klimafolgenforschung und Autor des Buches »Selbstverbrennung«. In Spanien, Italien, Portugal und Griechenland wüten immer mehr Waldbrände. Ursache sind extreme Dürren und hohe Lufttemperaturen. Diese Phänomene stehen in Zusammenhang mit dem Klimawandel. Immer häufiger lassen auch in Deutschland heftige Regenfälle Städte und Dörfer überlaufen.

Nach Angaben des Internal Displacement Monitoring Centre (IDMC) wurden zwischen 2008 und 2015 mehr als 110 Millionen Menschen durch Fluten vertrieben, 60 Millionen durch Stürme, 960 000 durch extreme Temperaturen, 740 000 durch Erdrutsche und 362 000 durch Waldbrände. Jede Katastrophe führt zu weiterer Verarmung. Der Teufelskreis der Klimaerhitzung macht Vertriebene zu Flüchtlingen. Eine wissenschaftliche Studie im Auftrag der Europäischen Kommission erwartet bis zum Ende unseres Jahrhunderts 50-mal mehr Tote durch Extremwetter als heute. In Ost- und Westafrika habe ich Frauen kennengelernt, die jeden Tag bis zu zehn Stunden laufen, um eine Wasserstelle zu finden. Halb Afrika ist von einer extremen Dürre betroffen. Die Probleme werden zu Fuß zu uns kommen. In dieser Situation fragen sich viele Menschen: Sind wir noch zu retten?

Die Klimakatastrophe ist kein fernes Schreckensszenario – sie ist in ihren Anfängen bereits Realität. Allein 2017: Hurrikans, Taifune, Überschwemmungen, Hitzeperioden, lang anhaltende Trockenzeiten, Bergstürze, Brandkatastrophen in Santa Rosa/Kalifornien, Tote, Milliardenschäden. Und das bei etwa einem Grad globaler Erwärmung seit

1880. Was wird erst los sein, wenn die Erwärmung zwei, drei, vier, fünf Grad oder mehr erreicht?

Wir sind heute die letzte Generation, welche die Klimaerhitzung noch stoppen kann. Diese physikalische Wahrheit können wir nicht verändern, wohl aber die politische Wirklichkeit. Wir verbrennen heute an einem Tag so viel Kohle, Gas, Öl und Benzin, wie die Natur in einer Million Tagen angesammelt hat. Eins zu einer Million Mal verstoßen wir bei unserem Energieverbrauch gegen Naturgesetze. Die logische Folge ist die Klimaerhitzung. Um diesen Zusammenhang zu verstehen, muss man kein Klimaforscher sein. Man muss ihn nur verstehen wollen. Die Klimafrage ist die größte Gerechtigkeitsfrage unserer Zeit. Die Zukunft wird erneuerbar, oder wir haben keine.

Al Gore schreibt: »Die Gefahren des Klimawandels können immer noch überwunden werden, wenn wir kollektive Intelligenz mit kollektivem Handeln verbinden.«

10. Wir Pyromanen

Über das Verbrennen von Kohle, Gas, Öl und Benzin blasen wir jeden Tag über 150 Millionen Tonnen Treibhausgase in die Luft, als wäre die Atmosphäre eine Müllkippe. Wir verheizen wie Pyromanen unseren Planeten. Seit die Menschen die Temperatur auf der Erde messen, seit 1880, gab es kein Jahr, das wärmer gewesen wäre als 2016. 2017 war das zweitheißeste Jahr. An manchen Tagen und bei manchen Meldungen denke ich, was wir heute treiben und unseren Enkeln antun, ist verbrecherische Verantwortungslosigkeit.

Durch die vielen CO_2-Emissionen wird jeden Tag mehr Wärme absorbiert, als durch die Explosion von 400 000 Hiroshima-Bomben freigesetzt würde. Dadurch werden die Wasserkreisläufe verändert, Tiere und Pflanzen sterben aus, Menschen werden krank, Meere versauern, Fischbestände werden reduziert, und Böden erodieren.

Die erste Frage eines neuen Nachdenkens über unsere Zukunft muss sein: Wer gibt uns eigentlich das Recht, so zu wirtschaften und zu leben, dass für unsere Enkel und Urenkel keine Chancen mehr für ein gutes Leben bleiben? Wer hat uns dazu ermächtigt? Ist das wirklich Demokratie, wenn *eine* Generation bestimmt, wie *alle* Generationen nach uns leben müssen? Indianer-Kulturen in beiden Kontinenten Amerikas hielten und halten politische Entscheidungen nur dann für gerechtfertigt, wenn sie auch für die siebte Generation nach uns von Vorteil sind. Wer gibt uns das Recht, mit unserem Heute das Morgen unserer Nachfahren zu verunmöglichen? Die alten Indianerkulturen wussten noch, dass wir unsere Erde nicht von unseren Eltern geerbt, sondern von unseren Kindern geliehen haben.

Die oben genannten Zahlen sagen die Wahrheit: In den Neunzigern stiegen die Treibhausgas-Emissionen noch um ein Prozent pro Jahr, ab 2000 im Schnitt um 3,4 Prozent. Unsere Devise kann jetzt nur noch heißen: »Do or die«, handeln oder verschwinden wie einst die Dinosaurier. Die Zügellosigkeit der Energiekonzerne und Autobauer ist brutal und radikal. Aber ebenso der Konsumrausch von uns Normalbürgern.

Wir müssen handeln. Physikalische Wahrheiten und Naturgesetze können wir nicht verändern, aber unser Konsumverhalten sehr wohl. Die vier großen deutschen Energiekonzerne versuchen verzweifelt, vom alten Geschäftsmodell zu retten, was nicht zu retten sein wird.

Selbst Ludwig Erhard, der Patron der sozialen Marktwirtschaft, sprach nie von grenzenlosem Wachstum, sondern vom Maßhalten und ließ sich dafür verlachen. Tatsächlich entspricht unsere freie Marktwirtschaft nicht seinem Konzept der sozialen Marktwirtschaft. Aus seinem

»freien Spiel der Kräfte« ist ein freies Spiel der Kräftigen geworden – auf Kosten der Schwachen. Eine ökosoziale Marktwirtschaft braucht viel mehr Strategie, Steuerung und Planung, als es uns die neoliberalen Marktstrategen vorgebetet haben. Die neoliberale Politik tut noch immer so, als sei der Markt segensreich für alle. In Wirklichkeit ist er brutal, gesetzlos und zerstörerisch. Vom Wachstumswahn werden wir uns nur verabschieden können, wenn wir lernen, die neoliberalen Ideologen, die Klimaleugner und die Erzkapitalisten zu besiegen: Die vielen Verlierer der heutigen Situation müssen als Massenbewegung gegen die wenigen Gewinner des derzeitigen Systems auftreten. Wir sind in der Überzahl, nicht die anderen, aber wir schlafen noch. Die Themen Umwelt, Klima, Gerechtigkeit, Frieden, Arbeit, Gesundheit – alles hängt mit allem zusammen. Jedoch: Eine starke Bewegung, die das alles miteinander verknüpft und fürs Überleben kämpft, fehlt uns noch.

Gegenüber den Klimawandel-Leugnern gilt: Die Klimaerhitzung ist keine »Meinung« – sie ist schlicht »Physik«. Die Natur lässt nicht mit sich verhandeln und sich nicht leugnen.

Unser bisheriger Leitspruch, wonach es künftigen Generationen besser gehen soll als der gegenwärtigen, gilt erstmals seit Jahrhunderten nicht mehr. Die Generationen nach 1945 haben diesen Vertrag gebrochen. Wir leben heute auf Kosten künftiger Generationen. Dieses Buch will zu einem neuen Vertrag zwischen den heute lebenden und künftigen Generationen anstiften. Alle Generationen, hier und überall, heute und in Zukunft sollen in Zufriedenheit und Glück, gut und gerne leben können. Dabei mitzuhelfen ist der Sinn unseres Hierseins (siehe »Das Generationenmanifest« am Ende dieses Buches). Wir müssen viel ändern, wenn wir bleiben wollen.

Seit bereits 300 Jahren wird im gesamten deutschsprachigen Raum nachhaltige Waldwirtschaft praktiziert. Im Jahr 1713 hat Hans Carl von Carlowitz den Begriff »Nachhaltigkeit« für die Forstwirtschaft geprägt und vor dem Hintergrund eines anhaltenden Raubbaus an den deutschen Mittelgebirgswäldern eine »continuierliche beständige und nachhaltende Nutzung« der Wälder gefordert. Das heißt: Nur so viel Holz darf entnommen werden, wie wieder nachwächst. Also keine Kahlschläge. Diese sind weder »naturnah« – wie noch immer von Förstern zu hören – noch nachhaltig. Zumindest in der Quantität wird das Nachhaltigkeitsprinzip im Großen und Ganzen im deutschsprachigen Raum eingehalten. Deshalb gibt es heute etwa 10 Prozent mehr Waldfläche in Deutschland als noch vor 25 Jahren. Nachhaltiges Wirtschaften ist also möglich. Doch wir brauchen dafür mehr Empathie für Andersartige, auch für Tiere und Pflanzen.

Wir alle stehen auf den Schultern unserer älteren Geschwister im Tier- und Pflanzenreich. Zurzeit rotten wir täglich 150 Tier- und Pflanzenarten aus. Wir werden jedoch lernen müssen, dass es keine Menschen geben kann ohne Tiere und Pflanzen. Die Entwicklungsfähigkeit einer Gesellschaft lässt sich ganz wesentlich an ihrer Empathiefähigkeit gegenüber Tieren und Pflanzen erkennen. Bisher stand der *Mensch* im Mittelpunkt. Jetzt müssen wir lernen, das *Leben* im Mittelpunkt anzusiedeln.

Der Dalai Lama sagt: »Das Zeitalter der Menschheit kann noch zu einem Zeitalter universeller Verantwortung werden.« Heute allerdings wissen wir, dass es ohne Menschen der Erde besser ginge. Wandlung ist also angesagt. Bei Umfragen sagen zwar regelmäßig über 80 Prozent der Deutschen, sie seien für Klimaschutz und Artenschutz. Aber gute Absichten allein reichen nicht aus. Gut gemeint ist oft das Gegenteil von gut gemacht!

Die eben beschriebenen Krisen hängen alle zusammen: Die Klimakrise führt zu Wassernotständen, zur Wüstenbildung, zu Bodenerosion und zu immer mehr Klimaflüchtlingen. Die Flüchtlingsströme erzeugen Ängste und neonationalistische Ideologien, die sich in Ausrufen wie »America first« niederschlagen. Und Neonationalismus führt zu internationalen Krisen und zur Atomkriegsgefahr. So wie unser individuelles Leben mit dem Leben allen Lebens zusammenhängt, so hängen auch die heutigen großen politischen Probleme alle zusammen.

Das Verdrängen der Zusammenhänge aller Krisen ist so wenig ein Heilmittel, wie eine Enthauptung ein Heilmittel gegen Kopfschmerzen sein kann.

Auf der anderen Seite gibt es auf seelisch-geistiger wie auch auf materiell-technischer Ebene hoffnungsvolle Entwicklungen, die freilich viel zu wenig in unser Bewusstsein dringen. Auch deshalb, weil wir Journalisten und Publizisten sie zu wenig beachten und betrachten. Noch immer gilt der alte journalistische Grundsatz: »Only bad news are good news«. Wo aber bleibt dann das Positive, wo der Fortschritt auf geistiger wie materieller Ebene?

11. Ist eine nachhaltige Politik möglich?

Die globale Digitalisierung sowie die wachsende Welt-Verantwortung werden die notwendigen Transformationen beschleunigen. Beispiele:

- Seit 1990 konnten die FCKW-Emissionen global um 90 Prozent gesenkt werden. Das »Ozonloch« schließt sich wieder – zumindest an Nord- und Südpol, noch nicht in den besiedelten mittleren Breiten.
- In derselben Zeit wurden in Deutschland die Schwefeldioxide um 93 Prozent reduziert.

- Seit dem Jahr 2000 wurde die Solarenergie weltweit um das Hundertfache und die Windenergie um das Vierzehnfache gesteigert. Da geht noch viel, viel mehr. Der komplette Umstieg auf erneuerbare Energien ist das größte weltweite Konjunkturprogramm.
- Schon heute sind erneuerbare Energien in über 60 Ländern die preiswerteste Stromquelle.
- 14 Millionen Deutsche setzen bereits auf erneuerbare Energie wie Solarwärme, Sonnenstrom, Holzpellets und/oder Wärmepumpen. Die Energiewende ist eine Volksbewegung.
- Ostfriesland erzeugt bereits mehr Ökostrom, als alle Ostfriesen verbrauchen, und Mecklenburg-Vorpommern gewinnt bereits 70 Prozent seines Stroms erneuerbar. Deutschland produzierte im Jahr 2000 fünf Prozent seines Stroms ökologisch – Anfang 2018 waren es bereits 40,8 Prozent – eine Steigerung um das Siebenfache in 17 Jahren.
- Die Stadtwerke München produzierten 2017 bereits mehr Ökostrom in eigenen Anlagen, als alle Haushalte sowie U-Bahnen und Tram in München benötigen. Bis 2040 soll München die erste deutsche Großstadt werden, in der Fernwärme zu 100 Prozent aus regenerativen Energien, vor allem Geothermie gewonnen wird. Ähnlich aktiv im Klimaschutz sind die Stadtwerke Leipzig, Hannover, Freiburg und Frankfurt/Main.
- Länder wie Dänemark oder Schottland haben schon 2017 an manchen Tagen mehr Strom über Windräder produziert, als sie verbrauchten.
- Noch vor 20 Jahren war die hundertprozentige Energiewende eine »verrückte Idee« – heute sind über 90 Prozent der Deutschen davon überzeugt, dass die Zukunft komplett den Erneuerbaren gehört. Die Gesellschaft ist wieder einmal weiter als ihre gewählten Repräsentanten.
- Das klassische Argument gegen erneuerbare Energien hieß bisher unisono: zu teuer! Heute wird in Dänemark Solarstrom für 5,38 Cent je Kilowattstunde erzeugt, unschlagbar preiswert. Sonne und Wind sind heute bereits in vielen Ländern die preiswertesten Energien. Atomenergie hat auch deshalb global ausgedient, weil sie nicht nur die gefährlichste, sondern auch die teuerste Energiequelle aller Zeiten ist.

- Mitte Juni 2017 versorgten sich die 5,6 Millionen Einwohner der chinesischen Provinz Qinghai eine Woche lang ausschließlich mit Strom aus Wasser-, Wind- und Solarkraftwerken.
- Die Wende zum Passivhausbau begann 1990 mit global rund 500 Häusern, 2017 hatten wir weltweit über 190 000 Häuser mit Passivhaus-Standard, das heißt diese Häuser versorgen sich weitgehend selbst mit Energie.
- Im Dezember 2015 haben in Paris 195 Staaten, das heißt die ganze Welt, dem Pariser Klima-Abkommen zugestimmt, das nur zehn Monate danach in Kraft trat. Der Vertrag gelang, weil die Regierungen von Konfrontation auf Kooperation umgeschaltet hatten. Die Welt verstand sich – vielleicht erstmals in ihrer Geschichte – als Weltfamilie, die gemeinsam zu handeln in der Lage ist. Endlich ein Vertrag, den »Vereinte Nationen« zustande gebracht haben. In diesem Abkommen wird bekräftigt, die globale Temperatur nicht mehr als 1,5 bis zwei Grad ansteigen zu lassen – gemessen am Beginn der Temperaturaufzeichnungen 1880. Einzig die USA unter Präsident Trump haben am 4. August 2017 ihren Ausstieg aus dem Abkommen angemeldet mit der Option, später wieder einzusteigen. Dieser Ausstieg wird freilich erst am 4. November 2020 rechtlich verbindlich – einen Tag nach der nächsten Präsidentenwahl in den USA. »Vergesst Trump – wir werden unsere Klimaziele auch ohne ihn erreichen«, sagt dazu der ehemalige Vizepräsident der USA, Al Gore.
- US-Präsident Trump hat im Wahlkampf 2016 noch eine Renaissance der Kohle gefordert und damit Wählerstimmen gewonnen. 2017 ist im ersten halben Jahr in den USA die Solarenergie 24-mal so rasch gewachsen wie die übrige Wirtschaft, aber die Kohleförderung stark geschrumpft.
- 1963 verbrauchte man in Deutschland pro Kopf im Schnitt 171 Liter Wasser am Tag, 1991 durch Sparbemühungen vieler Kommunen waren es noch 144 Liter und 2017 nur noch 123.

Am 15. Januar 1993 strahlten wir in der ARD meine erste »Zeitsprung«-Sendung aus. Thema: Deutschland und Europa können bis 2035 zu 100 Prozent erneuerbar werden. Knapp drei Millionen Zuschauer. Die alte Energiewirtschaft fühlte sich provoziert und behauptete in ganzseitigen Zeitungsanzeigen dagegen: »Regenerative Energien wie Sonne, Wasser und Wind können langfristig nicht mehr als vier Prozent unseres Strombedarfs decken. Können wir ein solches Vorgehen verantworten? Nein!« »Energie-Experten« hatten diese Zahlen für die deutsche Energiewirtschaft errechnet. Im Jahr 2018 werden – wie schon gesagt – in Deutschland bereits über 40 Prozent Ökostrom produziert.

Noch ein Wort zu den »Energie-Experten«: Sich von Expertenautorität nicht blenden zu lassen, ist vielleicht noch schwieriger, als ein esoterisches Heilsversprechen zu durchschauen. Also: Mache dir nur Erkenntnisse zu eigen, die du selbst geprüft hast. Nur so können Wissen und Erkenntnis von Ideologie und Fake News getrennt werden.

Eine bessere Welt ist nicht nur möglich, sie ist bereits im Werden. An Zehntausenden Orten unserer Welt arbeiten Millionen Menschen daran. Ich durfte in den letzten Jahrzehnten viele engagierte Suchbewegungen auf der ganzen Welt kennenlernen und journalistisch begleiten (mehr hierzu auf meiner Internetseite www.sonnenseite.com). Der leise Atem einer fortschrittlichen Zukunft ist bereits unüberhörbar. Zeiten der Krise waren schon immer Zeiten des Wechsels, des Wandels und der Alternativen. Es gibt immer Alternativen. Im Schoß der alten Gesellschaft wächst eine neue heran. Allerdings: Ohne Geburtswehen kein neues Leben. Keine Bewusstwerdung ohne Schmerzen.

Im Mutterleib unterhalten sich zwei Embryos. »Ob es wohl ein Leben nach der Geburt gibt?«, fragt der eine. Die Antwort des anderen: »Man weiß es nicht, noch ist niemand zurückgekommen.« Die Pointe: Die Zukunft ist immer offen. Doch Zukunftslust ist allemal spannender und hilfreicher als Gegenwartsfrust. Und ganz wichtig: Lust auf Zukunft beinhaltet immer auch Lust auf Konflikt. Noch nie gab es in der Menschheitsgeschichte wirklichen Fortschritt ohne Kampf. Harmoniesüchtige taugen nicht für den Kampf um eine bessere Zukunft. Zukunft braucht intelligente Streiter und eine attraktive Streitkultur.

Im Konsens mit den Vertretern dieser Energiewirtschaft kann es keine Energiewende geben. Solcher Konsens wäre Nonsens. Im Konsens hätten wir in Deutschland noch heute kein einziges Windrad.

Die Vorstellung, man könne aus der Atomenergie im Konsens mit der Atomwirtschaft oder aus der Kohle im Konsens mit der Kohlewirtschaft aussteigen, ist vergebliche Hoffnung. Das geht nicht im Konsens, sondern nur in produktivem Konflikt. Im Ruhrgebiet und in der Lausitz ist die Kohle noch immer heilig. Dennoch brauchen wir ein konkretes Datum für den Ausstieg aus der Braunkohle. Denn bei keinem anderen Rohstoff wird so viel klimaschädliches Kohlenstoffdioxid in die Luft geblasen. Beim Ausstieg muss den Kohlekumpel beim beruflichen Neuanfang geholfen werden. Immer mehr Firmen ziehen ohnehin ihre Milliardeninvestitionen von der Kohle ab. Also: Kumpel oder Klima? Ein gutes Klima auch für alle Kumpel!

Der notwendige Umstieg von der Chemie-Landwirtschaft auf biologischen Landbau ist nur im Konflikt mit der Chemie-Lobby und Bauernverbänden zu schaffen. Der Grund ist offensichtlich: Beim Umstieg von Alt auf Neu sind immer mächtige Interessen betroffen – Menschen und Großkonzerne mit sehr viel Geld. Und Geld regiert die Welt. Es macht wenig Sinn, die Metzgerinnung für eine Vegetarismus-Kampagne gewinnen zu wollen.

Wenn die alten Energiekonzerne Aktien der Sonne kaufen könnten, gäbe es schon längst die hundertprozentige solare Energiewende.

12. Wie können Gesellschaften lernen?

Es darf nicht auf einen Konflikt um des Konflikts willen ankommen. Es geht um die Unausweichlichkeit des Wandels. Was also ist zu lernen, wenn die Grenzen des Wachstums sichtbar werden, die Klimaerhitzung eine andere Verkehrs- und Energiepolitik erforderlich macht und zunehmende Lebensmittel-Skandale nach einer biologischen Landwirtschaft verlangen?

Es geht um lernende Gesellschaften. Dabei werden wir erfahren, dass wichtiger noch als das Erlernen von Neuem das Verlernen der alten Gewohnheiten ist. Zentral wichtige Lernfelder heute sind: Das Klima schützen, Gerechtigkeit ernster nehmen, in der globalisierten Welt sind alle auf alle angewiesen (die Parole »America first« zeugt nun wirklich von keinem Fortschritt), und: Wirtschaftswachstum führt nicht automatisch zu mehr Wohlergehen. Wir werden in diesem Buch noch feststellen, dass diese vier Lernziele wenig mit Verzicht, aber viel mit Gewinn und Sinn zu tun haben.

Ein konkretes Beispiel: 1999 hielt ich einen Vortrag für die Benediktinermönche im Kloster Münsterschwarzach bei Würzburg. Sie beschlossen anschließend den hundertprozentigen Umstieg auf erneuerbare Energien innerhalb von zehn Jahren. Zum Kloster gehören 22 Handwerksbetriebe, 20 Gebäude, ein Gymnasium mit 800 Schülern sowie Wald- und Landwirtschaft. Schon nach acht Jahren hatten sie ihr Ziel erreicht. Der dafür verantwortliche Pater Christoph Gerhard: »Energieeinsparung war unser erstes Ziel. Im zweiten Schritt haben wir unsere Wasserkraftanlage erneuert, Sonnenkollektoren, eine Holzenergiezentrale, eine Biogas- und Photovoltaik-Anlage errichtet und uns an einem Windpark beteiligt. Der bisherige CO_2-Ausstoß von 2 500 Tonnen im Jahr wurde auf praktisch null reduziert, 650 000 Liter Öl wurden eingespart, und über den eigenen Stromverbrauch hinaus produziert das Kloster jetzt jedes Jahr 300 000 Kilowattstunden Ökostrom.« Der Abt des Klosters Michael Reepen: »Wir leben eingebettet in den Kreislauf der Natur. Energieträger sollten wertgeschätzt, gepflegt und erneuerbar sein.« Inzwischen orientieren sich viele Benediktinerklöster auf der ganzen Welt an diesem Beispiel, und der Bürgermeister in der Region machen diese neue Energiepolitik nach. Der frühere Wirtschaftschef des Klosters und Bestseller-Autor Anselm Grün hat diese Energiewende im Kloster eindrucksvoll beschrieben. Konfliktfrei war dieser Umstieg natürlich nicht. Doch schon Jesus von Nazareth hat uns aufgerufen, unsere Konfliktscheu abzulegen. Seine wirklichen Worte waren: »Ich bin nicht gekommen, Harmonie zu verbreiten, sondern um Streitgespräche zu führen.« Ich habe in meinem Buch »Was Jesus wirklich gesagt hat« beschrieben, dass Jesus nicht von einem »Schwert« gesprochen haben kann und dass die geläufige Übersetzung falsch ist.

Aber bleiben wir diesem Buch. Es will Lust auf Zukunft entfachen. Die Sonne gewinnt – das Solarzeitalter beginnt.

13. Gelingt die große Transformation?

Die große Transformation wird – wenn sie denn gelingen soll – ganz konkret und praktisch aus vielen »Wenden« bestehen:

- *Die solare Energiewende:* Die heutige dezentralisierte Energieversorgung besteht noch überwiegend aus fossil-atomaren Rohstoffen, die begrenzt sind und die Klimaerhitzung sowie nukleare Unfälle verursachen. Jedes Atomkraftwerk ist eine Einladung an Terroristen. Zwischen Atombomben und Atomkraftwerken besteht kein wesentlicher Unterschied. Noch zu Beginn des 20. Jahrhunderts stand die Entdeckung des Atoms für die Klugheit des Menschen. Wenn ich heute an die infantile Protzerei des Egozentrikers Trump über seine »modernisierten Atomwaffen« denke, fürchte ich, dass das Atom zum Gedenkstein menschlicher Torheit werden kann.

- *Weltweit steht uns ein gigantisches Wachstum der Solarwirtschaft bevor.* Schon bis 2021 – das prognostizieren Marktforscher von Lux Research – könnte der Photovoltaik-Strom weltweit auf 800 000 Megawatt ansteigen. Das entspricht der installierten Leistung von etwa 800 Atomkraftwerken. Zurzeit sind weltweit noch knapp 400 AKW am Netz, und es werden kaum noch neue gebaut, weil Atomstrom schlicht zu teuer ist, ganz abgesehen von der Gefährlichkeit und von der ungelösten und – nach heutigem Wissen – unlösbaren Problematik des Atommülls. Im Gegenteil: In den nächsten 15 Jahren müssen die Hälfte der noch laufenden AKW aus Alters- oder Sicherheitsgründen stillgelegt werden. Deutschland kann nach dem Atomausstieg rasch den Braunkohleausstieg organisieren. Denn der sogenannte »Grundlaststrom« aus Kohle- und Atomkraftwerken »verstopft« den Erneuerbaren den Zugang zum Netz. Irrwitzigerweise müssen dann ganze Windparks vom Netz genommen werden. Also: »Keep the coal in the hole! Keep the oil in the soil!« (Lasst die Kohle in der Höhle! Lasst das Öl im Boden!) Die heute noch vorhandenen Öl-, Kohle- und Gasreserven sind keine Schatzkammern mehr, sondern in Zeiten des Klimawandels ein Sperrkonto. Kohle wird künftig nur noch zum Grillen verwendet.
- *Stromexport:* 2010 exportierte Deutschland 15 Terrawattstunden (TWh) Strom, 2017 schon die riesige Menge von über 60 TWh. Trotzdem warnt die alte Stromlobby vor einem »Blackout«, einem Stromausfall wegen der Umstellung auf erneuerbare Energien. Das ist ein leicht durchschaubares Schreckgespenst wie es auch die Energie-Expertin des Deutschen Instituts für Wirtschaftsforschung, Claudia Kemfert, beschreibt. Fakt ist: Deutschland kann ohne Versorgungsprobleme sofort aus der Produktion von Atom- und Braunkohlestrom aussteigen. Solar erzeugter Wasserstoff ist speicherbar und könnte die Kohle des 21. Jahrhunderts werden. Die radikale Transformation des globalen Energiesystems hat schon lange begonnen.

- *Keine Energiewende ohne Verkehrswende.* Die Zukunft der Mobilität ist elektrisch, vernetzt, digital und wahrscheinlich autonom. Immer mehr Menschen spüren: Das heutige Auto macht unsere Städte kaputt und ruiniert unsere Gesundheit. Der Autoverkehr hat – wie schon gesagt – weltweit nach 1945 120 Millionen Menschen auf der Straße das Leben gekostet. Und jedes Jahr kommen zurzeit weitere drei Millionen Tote dazu. Nur durch eine intelligente Verkehrswende werden wir lernen, dass Autofahren ungefährlicher werden kann. Aber: In Deutschland sind die verkehrsbedingten CO_2-Emissionen seit 1990 nicht gesunken, sondern gestiegen. Das ist ein »Komplettversagen der Verkehrspolitik im Klimaschutz«, so Umweltstaatssekretär Jochen Flasbarth 2017.
- Zu einer 100-prozentigen Energiewende gehört eine *Bauwende*. Die meiste Energie verbrauchen wir in unseren Gebäuden. Ökologisches und solares Bauen ist die Basis einer nachhaltigen Ökonomie der Zukunft. Wir müssen Bauen neu denken. Die heutige Baubranche hat im Gegensatz zu allen anderen Branchen die Digitalisierung noch nicht mitbekommen. Jeder, der schon mal gebaut hat, kennt die Probleme, die eine McKinsey-Studie so beschreibt: Im Schnitt überschreiten Bauprojekte ihr Budget um 80 Prozent, die effektive Arbeitszeit von Bauleuten beträgt nur 30 Prozent, den Rest des Tages verbringen sie mit Warten auf Material, suchen irgendwas oder irgendwen, und zehn Prozent ihrer Arbeitszeit reparieren sie, was Vertreter anderer Gewerke verpfuscht haben. Seit 1994 hat die Produktivität beim Bauen nicht zu-, sondern abgenommen. Jetzt verstehen wir vielleicht besser, warum der Berliner Flughafen und Stuttgart 21 nie fertig werden. Automatisierung, Digitalisierung und Solarenergie sind noch immer die großen Defizite beim heutigen Bauen.
- *Wasserwende:* Die dramatischste Folge der Klimaerhitzung ist ein heute noch unvorstellbarer Wassernotstand. Wasser ist unser Lebensmittel Nummer eins. Wasser ist Leben. Wasser ist Energie. Schon heute haben über eine Milliarde Menschen keinen Zugang zu sauberem Wasser, 2030 werden es zwei Milliarden sein und 2050 über drei Milliarden, schätzt die UNO. Ohne eine globale Wasserwende mit neuen Wassermanage-

ment-Methoden drohen Kriege um Wasser, die zu riesigen Flüchtlingsströmen führen werden. Wegen Wasser werden afrikanische Flüchtlinge sich in Europa holen, was ihnen zusteht, wenn es nicht bald gerechter zugeht auf unserer gemeinsamen Erde (siehe S. 42).

- Die Chemisierung der Landwirtschaft hat zu einer Versauerung der Böden und Weltmeere geführt. Gesunde Nahrung erfordert eine *Landwirtschaftswende*. Wir brauchen eine ökologische Nahrungsmittelproduktion. Die meisten Menschen wollen sich nicht von Konzernen ernähren lassen, sondern von Biobauern. Der Klimawandel wird bald auch unsere Teller erreichen. In Kalifornien wuchs bis etwa 2010 die Hälfte allen Obstes und allen Gemüses, das in den USA verzehrt wird. Doch heute herrscht dort Dürre. In manchen Gegenden der US-Westküste hat es bereits mehrere Jahre kaum geregnet – 32 000 Hektar Ackerland lagen 2015 brach, Tendenz steigend. 2014 fielen die Ernten von Oliven und Trauben fast im gesamten Mittelmeerraum aus. Während ich diese Zeilen schreibe, herrschen Dürre und Wassermangel in ganz Italien, Wälder in mehreren Regionen stehen in Flammen. Die Feuerwehr musste in den letzten beiden Tagen 8 000-mal ausrücken. In Afrika, in Indien, in Nordchina, in Bangladesch, in Kalifornien und im gesamten Mittelmeerraum dreht sich alles um Wasser. Die Kombination von Klimawandel und industrialisierter Landwirtschaft zerstört sogar die Basis des US-amerikanischen Ernährungssystems. Die Bodenqualität zu erhalten ist eine wesentliche Voraussetzung dafür, dass wir etwa ab der Mitte dieses Jahrhunderts zehn Milliarden Menschen werden ernähren können.
- *Waldwende:* Wachsen bald Kokospalmen-Wälder am Nordseestrand? Weltweit wurde seit 1950 die Hälfte unserer Wälder abgeholzt. Wälder sind aber die Lungen unseres Planeten. Die Erde muss bereits mit nur noch einer Lunge leben. Die Welt braucht mehr Grün. Bäume auf die Dächer – Wälder in die Städte! Jeder Wald vermittelt uns mit seinen Bäumen die Heilsbotschaft eines geschlossenen Kreislaufs. Wälder machen gesund. Schon vor 700 Jahren schrieb Hildegard von Bingen über die »grüne Heilkraft« des Waldes. Jetzt erscheinen immer mehr wissenschaftliche Studien über die »Grünkraft«:

»Dr. Wald« hilft sogar Krebskranken. Bäume sind Ursymbole des Lebens. »Bäume trösten jeden«, das wusste schon Erich Kästner. Und Khalil Gibran: »Bäume sind Gedichte, die die Erde in den Himmel schreibt.« Sie erzählen von Licht und Schatten, vom Blühen und Wachsen, vom Vertrauen ins Gelingen, ins Leben und in die Zukunft.

- *Die Zukunft der Arbeit – die Arbeit der Zukunft:* Trump-Wähler, AfD-Anhänger und Brexit-Befürworter sind zu Recht unzufrieden. In den USA sind die Realeinkommen der Arbeitnehmer seit 1970 nicht mehr gestiegen. In den südeuropäischen Staaten sind bis zu 60 Prozent der Jugendlichen arbeitslos. Doch die vielen anstehenden Wenden können in den nächsten Jahren Millionen neue Jobs schaffen. Allein die globale Energiewende hat bisher schon zehn Millionen neue zukunftsfähige Arbeitsplätze kreiert. Bis 2030 werden es 23 Millionen sein und bis 2050 um die 50 Millionen. Ökostrom ist kein Job-Killer, sondern *der* Job-Knüller der Zukunft. Am Beginn des Industriezeitalters hat ein Arbeiter 60 und mehr Stunden pro Woche gearbeitet. Nach dem Zweiten Weltkrieg noch 45, heute 35. Warum nicht morgen noch 25 oder 20? Eine der vielen frechen Fragen der Zukunft lautet: Arbeitest du noch oder lebst du schon? (siehe S. 244).
- Vor allem die Länder des globalen Südens werden unsere Welt verändern. Die Digitalisierung kann weltweit zu einer Demokratisierung führen. Die Jahrhunderte dauernde Vorherrschaft der westlichen Länder geht zu Ende. Wir erleben das Ende der westlichen Ära. Schwellenländer und arme Länder werden zu globalen Wirtschaftsmächten. Durch die Digitalisierung entsteht eine *weltweite Machtwende:* Von oben nach unten, von Nord nach Süd. Das enorme Wirtschaftspotenzial Asiens, Afrikas und Lateinamerikas führt zu einer globalen Transformation: Unsere Zukunft ist nicht national, sondern digital. Die alte zentralisierte Welt wird transformiert in eine neue multizentralisierte.

II.

LUST
AUF
LÖSUNGEN

1. Urvertrauen in die Schöpfung

Die Basis einer jeden Wende ist ein Urvertrauen in die Schöpfung. Wir werden lernen müssen, mit der Natur und nicht mehr gegen die Natur und damit gegen uns selbst zu wirtschaften und zu arbeiten. Es geht heute primär um Schöpfungsfrieden, der in der Teilhabe des Menschen an Gottes Schöpfung seinen tiefsten Sinn findet. Das ist der Urgrund meiner engagierten Mitarbeit an einem neuen Zeitalter – auch noch mit 80. Diese Übung ist eine ungeheure Bereicherung: Das Solarspektrum hat spirituelle, politische, ökonomische, ökologische, kulturelle, technische, ideelle, wissenschaftliche und ganz persönliche Dimensionen.

Ich habe also als Sohn eines Kohlenhändlers im Kohlenkeller angefangen, stieg später – es ging nach oben! – aufs Solardach und greife jetzt – im hohen Alter – nach den Sternen beim Übergang in die geistige Welt, wo wir lernen dürfen, was im Angesicht Gottes Glückseligkeit ist. Dieses »Jenseits« ist nur die andere Seite unseres Daseins, des Diesseits. Der Tod ist wahrscheinlich unsere eigentliche Geburt und deshalb die beste Erfindung des Lebens. Wie sonst sollte Neues entstehen?

Wie zuvor gesagt war ich vor dem Tschernobyl-Desaster Befürworter der Atomkraft. Auch ich war also Teil des Problems, das wir heute haben. Schon deshalb muss ich mich jetzt bemühen, Teil der Lösung zu werden. Sonst hätte ich nichts gelernt in meinem Leben. Lernoffen sein bis zum Schluss, das ist der Sinn unseres Hierseins. Ich war oft ein Spätzünder in meinem Leben. Doch habe ich allerdings gelernt, dass es nie zu spät für eine Umkehr ist. Dieses Spätzündertum ist auch ein Schutz vor leichtfertigen Ideologien. So wurde ich zum fortschrittsorientierten Konservativen.

Für mich als politischen Journalisten und Publizisten ist die große Frage: Welche politischen Zukunftsideen bestimmen die geistige Hegemonie in der Gesellschaft? Dabei bin ich nur mir selbst und meinem Gewissen verantwortlich. Es gilt: Klartext reden und schreiben.

Aus welchen spirituellen Quellen wollen wir schöpfen, wenn die große Wende gelingen soll? Papst Franziskus wie auch der Dalai Lama sagen: Religiös ist, wer mitarbeitet an der Bewahrung der Schöpfung. Die notwendige Kraft, sich für die Wende einzusetzen, kommt von oben und von innen. Die einzig wichtige Zukunftsreligion ist ein gutes menschliches Herz – voller Empathie für unsere Kinder und Enkel. Liebe ist dabei ein belebendes und lebenspendendes Element. Liebe ist Energie. Energie ist Liebe.

In Mozarts »Zauberflöte« – wohl sein bedeutendstes Werk zum Thema Wandlung – heißt dieser Zauber so: »Zwei Herzen, die von Liebe brennen, kann Menschenohnmacht niemals trennen. Verloren ist der Feinde Müh, die Götter selbst beschützen sie.« Dieser Zauber der »Zauberflöte« wirkt bis heute – ein Ideal von Liebe und Humanität. Die »Zauberflöte« ist eine therapeutische Oper, so wie die Bibel ein therapeutisches Buch ist – eine Anleitung zur Wandlung und Umkehr, eine Möglichkeit zur Transformation, zur Änderung. Der Wunsch, uns zu verändern, taucht oft in unseren Träumen auf. Träume können Warnsignale und Stoppschilder sein, Wegweiser in eine andere, eine neue Richtung. Im Laufe unseres Lebens und unserer »Erziehung« geht viel kindliche Fantasie verloren, und unsere Träume werden ärmer. Dennoch lebt in den Träumen auch vieler Erwachsener das »innere Kind« weiter und stärkt die Hoffnung, dass das letzte Kapitel der Menschheit nicht die atomare Apokalypse oder Klimazerstörung sein muss. Unsere seelischen Qualitäten befähigen uns, die Umwelt zu retten und Frieden zu organisieren, Macht, Kapital und Geldgier zu zähmen und

Leid zu begrenzen. Kriege und Gewalt sind so wenig ein Naturgesetz wie die Ausbeutung armer Länder durch reiche.

Mal ist es ein nachhaltiger Traum, mal ein anregendes Buch, mal ein ernstes Gespräch, mal eine Meditation oder ein Gebet, mal ein tiefes seelisches Erlebnis, das uns berührt und verwandelt und den Weg zu einer neuen Menschlichkeit weist. Oft sind es Situationen der Verzweiflung oder Krisen, die eine geistige Transformation, eine Veränderung, eine neue Chance in uns auslösen. Selbst das Erlebnis der Todesangst kann eine Verwandlung in neue Lebenslust und Lebensenergie bewirken. Viele Nahtoderfahrene, die auch durch die Todesangst gegangen sind, berichten davon. Alle Angst wurzelt in der Todesangst. Und dennoch kann uns Angst auch aktivieren, motivieren und stimulieren und unsere Kreativität anstacheln. Die globale Digitalisierung sowie die wachsende Welt-Verantwortung werden uns ermutigen, an realistischen Lösungen zu feilen und die heute notwendigen Transformationen zu beschleunigen.

2. Visionen werden Wirklichkeit

Und so werden Visionen möglich: das Solarzeitalter, das den drohenden Klimawandel zumindest noch eindämmen kann. Wir können lernen, mit Sinn und Lust und Tiefe zu leben, zu arbeiten und zu wirtschaften. Ein neues Bewusstsein für die aktuellen Herausforderungen braucht eine Korrektur vieler bisheriger Sichtweisen. Nur mit der Erschließung aller Ressourcen erneuerbarer Energien können wir Ressourcenquellen und Ressourcennutzung wieder koppeln. Regionale Ressourcennutzung heißt, stabile regionale Wirtschaftskreisläufe zu schaffen. Dadurch können wir Ressourcenkriege wie Kriege um Öl oder Wasser vermeiden. Die rasche Energiewende und ein intelligenterer

Gebrauch von Ressourcen sind das große Friedensprojekt der Zukunft. Sie sind nicht nur ökologisch, sondern auch friedenspolitisch zwingend. Klimapolitik und Ressourcensparen ergibt Friedenspolitik.

Die Alternative zur aktuellen kriegerischen Ressourcenpolitik heißt: Frieden durch die Sonne, die überall scheint und um die nie ein Mensch oder eine Nation Kriege führen können. Die Sonne ist menschlichem Zugriff grundsätzlich entzogen. So wird die Wirtschaft der Zukunft ökosozial orientiert sein, statt marktradikal wie heute noch. Alle alten Energieträger brauchten und brauchen Dauersubventionen. Zurzeit gibt die Weltgemeinschaft jedes Jahr über fünf Billiarden (5 000 Milliarden) US-Dollar für die fossilen Energien an Subventionen aus, hat der Internationale Währungsfonds errechnet. Tendenz steigend. In dieser Rechnung sind die Folgekosten durch die Klimakatastrophe mit einberechnet. Die Erneuerbaren benötigen hingegen nur eine Anschub-Subvention. Und auch das nur, weil die alten Energien so üppig subventioniert wurden. Als überzeugter Marktwirtschaftler bin ich grundsätzlich gegen staatliche Subventionen. Nur ein solares Energiesystem ist auf Dauer mit der Marktwirtschaft vereinbar.

Für Deutschland heißt das: Momentan geben wir jährlich noch 51,3 Milliarden Euro für klimaschädliche Subventionen aus. Je Bürger sind das 620 Euro jährlich. Würden die Energiepreise die Kostenwahrheit sagen, dann wären die Erneuerbaren schon heute unschlagbar preisgünstig. Es ist nicht wahr, dass erneuerbare Energien zu teuer sind, trotz aller Behauptungen.

Genauso wenig stimmt, dass die Energiewende zu einer De-Industrialisierung führt. Richtig ist, dass schon bisher die Erneuerbaren unserem Land zu einer Re-Industrialisierung verholfen haben. Bei der Kohle gibt es noch rund 30 000 Arbeitsplätze – Tendenz fallend –, für die Erneuerbaren arbeiten bereits 330 000 Menschen – Tendenz steigend. International hat Deutschland durch Exporte von innovativen Zukunftstechnologien in der Ökobranche nur Vorteile.

Die 100-prozentige Energiewende ist das wichtigste Friedensprojekt im 21. Jahrhundert. Klimasicherheit, saubere Energie, ökologisches Bauen, gutes Wasser und nachhaltige Landwirtschaft müssen wir zusammen denken und zusammen lösen. Aus ökonomischen, ökologischen, sozialen und marktwirtschaftlichen Gründen.

Weil es die »Neoliberalen« zum Dogma erhoben haben, muss man es immer wieder betonen: Es gibt keine »freien Märkte« und keine »freie Marktwirtschaft« – deshalb wollte Ludwig Erhard eine »soziale Marktwirtschaft«, einen sozial gebändigten Kapitalismus. Seine Leitidee: »Maßhalten«. Maßlosigkeit, Steuerflucht, Machtmissbrauch, Korruption, Umweltverschmutzung, Verbrauchertäuschung und Ausbeutung waren für ihn Verrat an der sozialen Marktwirtschaft.

Er meinte all das, was Volkswagen und Konsorten beim Diesel-Skandal zu bieten hatten: Sie haben mit krimineller Energie getäuscht, betrogen und getrickst. Und ihre Manager haben dafür Millionen Euro kassiert nach dem schlichten Motto: Je höher die Gehälter, desto größer die Flaschen. Bei VW zum Beispiel gedieh die Hybris weit besser als der Hybrid. Und BMW verkauft uns komplett für dumm, wenn der Konzern behauptet, die falsche Diesel-Software sei »irrtümlich« bei 11 700 Fahrzeugen eingebaut worden. Die Software ist schuld, nicht die Autobosse. Die moralische Wirkung solcher Gaunereien, noch gedeckt von der Politik, ist verheerend. Das Vertrauen in den Anstand der Politik wird auf diese Weise geschreddert, Frau Bundeskanzlerin! Wer die Wähler so offensichtlich ohrfeigt, wird bei der nächsten Wahl geohrfeigt. Logisch.

Dieses Politikversagen ist jedoch nur möglich, weil hauptsächlich wir Deutsche zum Auto als Nachkriegswunderkind ein irrationales Verhältnis haben. Der Verkehrsplaner Hermann Knoflacher: »Wenn es ums Auto geht, reagieren wir dumpfer als Steinzeitmenschen, stammesgeschichtlich weit weg von der Evolution höherer Lebewesen.«

Über den US-Autobauer Tesla und seine E-Autos machten sich die deutschen Autobauer lange lustig. Und viele Politiker beider Volksparteien regierten nicht zum Wohl des deutschen Volkes, sondern zum Wohl der deutschen Autofirmen. Exakt deshalb wurde der Diesel-Skandal zum GAU, zum größten anzunehmenden Unfall der deutschen Autogeschichte – eine Schande für unser Land.

Erneuerbare Energien und erneuerbare Rohstoffe beenden die heutige Ressourcenvernichtung, machen die ausufernde Umweltbürokratie teilweise überflüssig und die Wirtschaft erneuerbar. Wer von »nachhaltiger« Wirtschaft redet, ohne die erneuerbaren Energien in den Mittelpunkt zu stellen, hat nicht viel verstanden.

3. Deutschland: »Musterschüler« mit schlechten Noten

30. April 2017. Über ganz Deutschland scheint die Sonne, und aus Südost weht zusätzlich ein kräftiger Wind. An diesem schönen Sonntag lieferten Sonne und Wind fast zwei Drittel des deutschen Stromverbrauchs. Zwischen 13 und 15 Uhr war der Ökostromanteil sogar bis auf 85 Prozent gestiegen. Fazit: Ein guter Tag fürs Klima und für den Erfolg der deutschen Energiewende. Wer heutzutage durch Deutschland reist, sieht viele Solaranlagen – vor allem in Süddeutschland – und eine Menge Windräder im Norden. Noch vor 20 Jahren hat sich kaum jemand vorstellen können, dass Strom aus Sonne und Wind weit preiswerter sind als der herkömmliche Strom aus der Steckdose.

Als ich vor 25 Jahren das Buch schrieb »Die Sonne schickt uns keine Rechnung«, hatten viele Journalisten dafür nur ein müdes Lächeln übrig. Heute ist es ein Weltbestseller, der daran mitgewirkt hat, dass bereits in 60 Ländern Ökoenergie die preiswerteste Energiequelle ist. Spätestens 2025 wird das überall auf der Welt so sein – hat die Weltagentur für erneuerbare Energien, IRENA, ausgerechnet. Es ist höchste Zeit dafür, dass Ökonomen endlich rechnen lernen mit einem Rohstoff, der nichts kostet. Und warum tun sie es nicht? Aus dem einzigen Grund: weil sie es noch nie gemacht haben. Kaum eine Berufssparte ist so gefährlich konservativ wie die klassische Ökonomie.

Nach mehreren Titelgeschichten in den letzten Jahren mit zum Teil unsachlichen Argumenten gegen die »viel zu teure« erneuerbare Energie und gegen die solare Energiewende schreibt der »Spiegel« am 26. August 2017 unter der Überschrift: »Wind und Sonne billiger als Kohle«: »Der Bau von Kohle- und Gaskraftwerken ist unwirtschaftlicher als der neuer Wind- und Solaranlagen. Während die erneuerbaren Energien in Deutschland auf Vollkosten von 50 bis 70 Euro pro Megawattstunde Strom kommen, liegen fossile Kraftwerke unter derzeitigen Bedingungen bei 70 bis 100 Euro.«

Auch in den USA gilt die Atomenergie inzwischen als Auslaufmodell. Seit den Siebziger Jahren wurde kein einziges AKW mehr fertiggebaut: aus Kostengründen. 2017 wurde in South Carolina der Bau von zwei lange geplanten AKW abgebrochen. Es waren bereits neun Milliarden Dollar dafür investiert worden. Als bekannt worden war, dass für die beiden AKW weitere 16 Milliarden benötigt wurden, gaben die Betreiber ihr Vorhaben auf. Ein heftiger Schlag für die Atombranche. Hoffentlich geschieht dasselbe mit den zwei geplanten AKW im US-Bundesstaat Georgia. Der stärkste Verbündete der Anti-Atom-Bewegung ist also mittlerweile der Kostenfaktor.

Auch im Land der Klimaskeptiker und des vorübergehenden Fracking-Booms ist die Energiewende längst Realität: Neben Umweltgruppen, Kirchen und Spitzenuniversitäten setzen seit einigen Jahren kluge Unternehmer und finanzstarke Investoren auf erneuerbare Energien – darunter die prominentesten US-Banken wie Goldman Sachs und Morgan Stanley mit zweistelligen Milliardenbeträgen. Stuart Bernstein, der bei Goldman Sachs die Ökoinvestitionen koordiniert, sieht den »Morgen des Umbruchs« in der Energiewende gekommen.

Prominente US-Milliardäre haben den neuen Ökobraten zuerst gerochen. Der Ölmilliardär Philip Anschutz errichtet im Bundesstaat Wyoming einen 3 000-Megawatt-Windpark. Warren Buffet, Börsenlegende und Spitzenverdiener unter den Superreichen, hat schon 2014 15 Milliarden US-Dollar in Solar- und Windenergie gesteckt und will in den nächsten Jahren weitere 15 Milliarden investieren. Auch der Medienmogul Ted Turner setzt inzwischen auf Sonne und Wind und hat sieben große Solarkraftwerke gekauft. Führende US-Konzerne haben ihre Stromrechnung gesenkt, indem sie emissionsfreie Solarkraftwerke für den Eigenbedarf installieren ließen.

Der größte Discounter der Welt, Walmart, versorgt bereits 400 Filialen mit Solarstrom. Damit sollen pro Jahr bis zu einer Milliarde Dollar eingespart werden.

Apple produziert nach eigenen Angaben 90 Prozent seines Stromverbrauchs mit grüner Energie. Die Kapazitäten von Wind- und Solarstrom liefern in den USA immer neue Rekorde. Der rasante Fortschritt der erneuerbaren Energien in den USA zeigt, dass auch dort die Solar- und Windenergie längst ihr Schattendasein verlassen haben, sagt der Ökoaktivist Lester Brown, Gründer des Earth Policy Institute in Washington.

4. Grüße aus »Dallas«: Ölbösewicht J. R. für die Sonne

Sogar 75 Prozent der Republikaner-Wähler gaben inzwischen bei einer Umfrage an, die erneuerbaren Energien zu befürworten. Ausgerechnet der Ölstaat Texas ist beim Ausbau der Windenergie führend. Typisch republikanische Argumentation der »America First«-Anhänger in Texas: »Was könnte amerikanischer sein als der Wind, der hier weht und die Sonne, die hier scheint?«

So ähnlich hat der Schauspieler und Weltstar Larry Hagman, bekannt als Ölbösewicht J. R. in der Serie »Dallas«, argumentiert. Wir trafen uns wenige Monate vor seinem Tod in München. Bei einem gemeinsamen Interview meinte er: »Forget oil. Solar ist the energy of the 21. Century.«

Die Energierevolution findet ausgerechnet in den konservativen Bundesstaaten statt. Die Tea-Party-Aktivistin Debbie Dooley meint gar: »Sonne und Wind schaffen Jobs für Arbeiter, wie Trump sie im Wahlkampf versprochen hat. Deshalb werde ich den Präsidenten zu den Erneuerbaren bekehren.« Na, dann mal ran!

Donald Trump ist nicht nur ein schlechter Politiker, er ist auch ein schlechter Geschäftsmann, der bei der Energie- und Klimapolitik neu rechnen lernen muss. Und die Energiepolitiker der Großen Koalition in Berlin müssen lernen, dass das Ausbremsen der erneuerbaren Energien nicht nur für den Klimaschutz schlecht ist, sondern auch für den Geldbeutel der Stromkunden. Der Bau konventioneller Kraftwerke lohnt sich nicht mehr.

Österreichs Regierung hat beschlossen, dass bis 2030 im Alpenland der Strom zu 100 Prozent durch Erneuerbare produziert werden soll.

Strom-Mix in Deutschland 1990

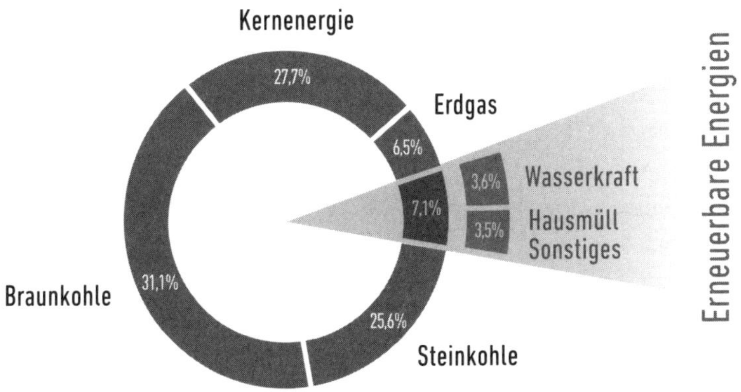

Daten: AG Energiebilanzen e.V. unter Berufung unter anderem auf das Statistische Bundesamt. Abweichungen in den Summen durch Rundungen.

Strom-Mix in Deutschland 2017

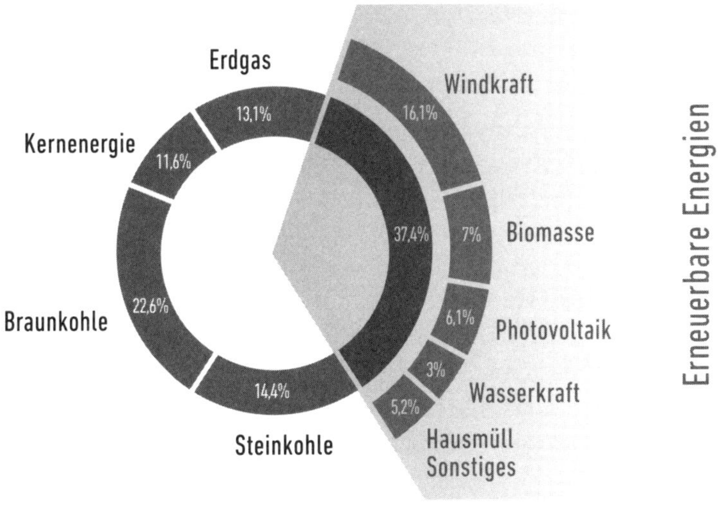

Daten: AG Energiebilanzen e.V. unter Berufung unter anderem auf das Statistische Bundesamt. Abweichungen in den Summen durch Rundungen.

Warum schneidet die deutsche Energiewende in der öffentlichen Meinung dennoch schlecht ab? Der Ökostromanteil hat sich zwar seit dem Jahr 2000 von fünf auf 40 Prozent verachtfacht, doch in derselben Zeit sind die CO_2-Emissionen lediglich um 6,5 Prozent gesunken. Der saubere Ökostrom hat nicht etwa die in der Zwischenzeit abgeschalteten Atomkraftwerke ersetzt, sondern Braunkohle-Kraftwerke liefern heute mehr dreckigen Strom als noch im Jahr 2000. 57 Prozent der verfeuerten Kohle in Deutschland ist Braunkohle.

Dem Abbau von Braunkohle müssen noch immer ganze Dörfer weichen, Menschen werden zwangsumgesiedelt, Natur- und Kulturlandschaften zerstört, das Klima beschädigt – und das alles ohne jeden energiepolitischen Sinn und Verstand. Über Feinstaub-, Stickoxid- und Quecksilberemissionen wird auch die menschliche Gesundheit direkt und weiträumig gefährdet. Braunkohle-Abbaufelder hinterlassen Mondlandschaften. Vor allem deshalb wird die Bundesregierung ihr Ziel, von 1990 bis 2020 um die 40 Prozent weniger CO_2 zu emittieren, nicht erreichen.

Aber die SPD ist auch heute noch immer die alte Kohlepartei. Allen Klimaschutz-Lippenbekenntnissen zum Trotz verhindern hauptsächlich ihre Regierungsmitglieder einen raschen Ausstieg aus der Kohle. Heerscharen von SPD-Politikern haben sich dem Umbruch der alten Strukturen in den Weg gestellt. Dabei werden sie in unheiliger Allianz vom CDU-Wirtschaftsrat, der nordrhein-westfälischen CDU und der FDP unterstützt, obwohl alle Parteien wissen, dass Kohle keine Zukunft hat.

Im 19. Jahrhundert waren die Kohlebarone an der Ruhr wie Haniel und Krupp, was heute in den USA die Silicon Valley-Wunderkinder wie Bill Gates oder Steve Jobs sind. Dass Deutschland nach 1945 wieder rasch auf die Beine kam, lag an der Ruhrkohle. Aber heute ist der Erfolg von gestern das Problem der Zukunft. Freilich kein unlösbares. Während in Bangladesch vier Millionen Haushalte mit Solarstrom versorgt werden, deckt Nordrhein-Westfalen 75 Prozent seines Stroms mit Kohle. Der steinzeitliche Abbau von Kohle zerstört noch immer ganze Dörfer, raubt Tausenden die Heimat und Millionen die Gesundheit, versaut Landschaften und Grundwasser. Allein der Braunkohle-Tagebau Garzweiler II – im Dreieck zwischen Aachen, Köln und Düsseldorf – hat in den letzten 50 Jahren bereits 40 Dörfer samt Kirchen geschluckt. 12 weitere Kommunen sollen noch abgebaggert werden. Das ist »Schilda« im 21. Jahrhundert.

Das Bundesverfassungsgericht urteilte im Dezember 2013, der Abbau von Braunkohle sei wichtig für das Allgemeinwohl. Als Nächstes sollen die Dörfer Keyenberg, Kuckum, Berverath, Unterwestrich und Oberwestrich für den Braunkohleabbau verschwinden. RWE nennt diesen Umgang mit Mensch und Umwelt »Abbau-Fortschritt«. Der katholische Bischof von Aachen, Heinrich Mussinghoff, meint, dieser »Fortschritt« sei »ökologisch und sozial unverträglich«, der Mensch versündige sich hier an der Schöpfung Gottes.

Bereits 1819 hatte das preußische Bergamt dieses Urteil über den Kohleabbau gesprochen: Es beklagte »den schlechtesten Zustand dieser Wühlerei« und »den ganz versauten Betrieb« mit all seinen Risiken für Leib und Leben der Betroffenen. Heute sind die riesigen Braun- und Steinkohlemeiler das größte Klimaproblem Deutschlands. Die Kohlekumpel brauchen eine Perspektive in alternativen Jobs für die Zeit nach der Kohle und eine soziale Absicherung auf dem Weg dorthin.

Im Jahr 2022 wird das letzte AKW in Deutschland vom Netz gehen. Mit der heutigen Energiepolitik sollen aber nicht die Erneuerbaren, sondern alte Kohle- und Gaskraftwerke den fehlenden Atomstrom ersetzen. Eine Irrsinnspolitik, der nur die Grünen durch Mitregieren in Berlin Einhalt gebieten könnten.

Die heutige deutsche Kohlepolitik ist wie die Kohlepolitik von Donald Trump *das* Symbol für die Krise der ökologischen Kurzsichtigkeit. Sie wird begründet mit dem Argument der Arbeitsplätze. Doch genau diese gefährdet sie am meisten.

Je mehr Energie wir aus Sonnen- und Windkraft erzeugen, desto billiger wird sie – während die alte Energie aus fossilen und nuklearen Rohstoffen schon deshalb immer teurer werden muss, weil diese Rohstoffe immer knapper werden. Die Devise einer grundsätzlich neuen Energiepolitik muss heißen: Nichts mehr *ver*brauchen, sondern lediglich *ge*brauchen. Die fossilen Rohstoffe sind nach Gebrauch einfach weg oder als CO_2 in der Atmosphäre. Aber Sonne, Wind und Wasser sind auch nach Gebrauch noch da und belasten nicht die Atmosphäre.

Mit fossil-atomaren Ressourcen verbrennen wir in wenigen Jahrzehnten, woran die Natur und die Evolution etwa 300 Millionen Jahre gearbeitet haben. Hinzu kommt: Durch fossil-atomare Energieträger entstehen riesige Summen an Folgekosten, die bei erneuerbaren Energien nicht entstehen. Hemmungslos beuten wir trotz besseren Wissens die Natur, unsere Enkel und die Menschen in den armen Ländern aus und zerstören oder beschädigen unsere eigenen Lebensgrundlagen. Wir nennen uns selbst Homo sapiens, benehmen uns aber wie Homo Dummkopf. »Umdenken« ist ein neues Modewort, »umhandeln« findet aber zu langsam statt.

Immerhin: Ab 2018 können Mieter auch auf dem eigenen Balkon mit Photovoltaik-Anlagen Solarstrom erzeugen und selbst im Haushalt nutzen. Ein längst überfälliger Durchbruch für Solarstrom in Städten, in denen es besonders viele Balkons gibt. In der Schweiz, in Österreich und in Portugal ist die Nutzung solcher Stecker-Solargeräte schon lange unkompliziert möglich. Sie können ganz simpel per Stecker ans häusliche Stromnetz angeschlossen werden.

Die solare Energieversorgung ist eine demokratische Energieversorgung. Sie braucht keine Großkonzerne, sondern Handwerker und Bauern, Hausbesitzer und Mittelständler, Architekten und Manager, kluge Unternehmer und Energie-Genossenschaften, Ingenieure, Wissenschaftler und, ja, auch Künstler. Sie alle sind die Träger und Treiber der Sonnenstrategie. Der Solarpionier Hermann Scheer hierzu: »Für die Gewinnung der Energie des Volkes ist eine Mobilisierung der Energien des Volkes notwendig. Eine Energierevolution. Dazu gibt es keine politische Alternative.« Aber noch hängen wir am Tropf der alten Energiekonzerne wie ein Junkie an der Nadel.

Vor 20 Jahren noch ein Hirngespinst, stellt heute kaum noch jemand die komplette solare Energiewende infrage. Aber: Es gibt noch immer zu viele Bremser, Bedenkenträger und fossil-atomare Interessenvertreter. Deshalb ist eine Beschleunigung der Energiewende angesagt. Jede Verzögerung ist verantwortungslos.

5. Die Sonne: Quell und Garant allen Lebens

Die Sonne ist Quell und Garant allen Lebens. Wer sich ihr und ihrem Reichtum öffnet, dem geht ein Licht auf. Sie ist der Stern, um den sich alles dreht – im wahrsten Sinn des Wortes. Die Sonne ist 150 Millionen Kilometer von uns entfernt und hat eine Kerntemperatur von 15 Millionen Grad. Jede Sekunde wandelt sie fünf Millionen Tonnen Materie in Kernenergie um. Das entspricht der gleichzeitigen Zündung von etwa 90 000 Wasserstoffbomben – jede Sekunde! –, hat der US-Bestseller-Autor Richard Cohen in seinem großartigen Buch »Die Sonne« ausgerechnet.

Die Sonne hat als Mutter allen Lebens genau die richtige Entfernung zu uns. In dieser Distanz liegt Schutz und Segen. Wären wir der Sonne näher, würde ihre Hitze hier alles verbrennen. Wäre unser Planet weiter von ihr entfernt, würde hier alles erfrieren. Diese Nähe und diese Distanz sind auf ganz eigenartige Weise miteinander verschwistert. Sie bilden eine innige Intimität. Distanz ruft Sehnsucht hervor – nach Nähe und Zugehörigkeit.

So ist es kein Zufall, dass die Sonne in allen Religionen der Welt und in allen Kulturen ein göttliches Symbol ist: die alten Kelten haben hier in Westeuropa vor bis zu 3 000 Jahren morgens mit einem Gebet die Sonne begrüßt und sich am Abend von ihr verabschiedet. Die Indianer-Völker in beiden amerikanischen Kontinenten kennen noch heute Sonnenrituale. Sonnentempel habe ich in den letzten Jahrzehnten von Japan auf dem Fujiyama bis zu den Maya-Tempeln in Machu Picchu in Peru besucht und in Ägypten die Sonnenpyramiden südlich von Kairo. Der Pharao galt als Sohn des Sonnengotts. Die Kenianer huldigten auf den grasbedeckten Hügeln von Namoratunga der Sonne als der Ur-Energie allen Lebens – ebenso noch heute die Maoris in Neuseeland und die Aborigines in Australien. Sonnenreligionen und Sonnenkultstätten gab es in Indien, Irak, Ägypten, Persien, Japan, Mexiko, Peru, Guatemala, Griechenland, Italien, Großbritannien, Irland, Frankreich und Deutschland. Sonnenbewusstsein ist alt und breitet sich heute weltweit rasch aus.

Frühere Sonnenkulte waren die Vorläufer aller monotheistischen Kulturen und Religionen. In der Sonnenkraft wurde schon immer die große Zeugungskraft der Natur verehrt. Die Sonnenscheibe mit ihrer befruchtenden Wärme ist das Symbol der befruchtenden Wärme der Liebe. Auch der Wind ist – wie die Sonne – ein Befruchter und ein Schöpfer. Doch spätestens durch die massenhafte Nutzung von fossiler und nuklearer Energie im 19. und 20. Jahrhundert erkalteten die einst so innigen Beziehungen zwischen uns Menschen auf Erden und unserem Leitstern am Himmel. Erst die Krisen unserer Tage entfachen wieder eine neue, weltweite Sonnenbegeisterung. In allen alten Sprachen ist Wind identisch mit Geist. Deshalb sind viele Argumente gegen Windräder ziemlich geistlos. Je mehr Windräder wir auch im Süden Deutschlands aufstellen, desto weniger Hochspannungsleitungen für Windstrom von Nord nach Süd brauchen wir.

Hierzulande oder auch im englischen Stonehenge erinnern die jährlichen Sonnwendfeiern noch an die alte Tradition. Im Zentrum seiner »Bergpredigt« sagt der wunderbare junge Mann aus Nazareth den Satz aller Sätze zum Thema Solarenergie: »Er, Abba (Gott), lässt aufgehen seine Sonne über Gute und Böse. Er, Abba, lässt fallen Regen auf Gerechte und auf Ungerechte.«

Diese 2 000 Jahre alte und jeden Tag neu erfahrbare Prophezeiung kann zum Motto des neuen solaren Zeitalters werden. Der Sonnengesang des heiligen Franziskus kann dabei eine Art Solar-Theologie sein. Dieser 800 Jahre alte »Sonnengesang« über »Schwester Sonne« ist schönste Poesie: »Sei gelobt, mein Herr, durch Schwester Sonne, sei gelobt, mein Herr, durch Bruder Wind, sei gelobt, mein Herr, durch Schwester Wasser, sei gelobt, mein Herr, durch unsere Schwester, Mutter Erde.« Diese Theologie des Franziskus ist moderne Ökologie und ein spätes Echo auf Echnaton.

Schon 3 000 Jahre vor der kopernikanischen Wende durch Kepler, Galilei, Kopernikus und Newton wussten die Ägypter unter Pharao Echnaton, dass sich alles um die Sonne dreht. Sein »Sonnenhymnus« beginnt so:

Schön erscheinst du im Lichtland des Himmels,
du lebende Sonne, die das Leben bestimmt!
Du bist aufgegangen im östlichen Lichtland,
du hast jedes Land erfüllt mit deiner Schönheit.
Du bist schön, gewaltig und funkelnd,
Du bist hoch über jedem Land ...

Und – dem Sonnengott Aton gewidmet:

Die Menschheit erwacht und steht auf den Beinen;
du hast sie aufgerichtet ...
Alles Vieh befriedigt sich an seinen Kräutern,
Bäume und Pflanzen wachsen.
Die Vögel fliegen aus ihren Nestern...
Die Fische im Fluss
hüpfen vor deinem Angesicht;
deine Strahlen sind im Innern des Stroms.

Die Sonne war schon immer unsere vielversprechendste Zukunftshoffnung. Auch die Schönste aller ägyptischen Schönen, Nofretete, war eine Sonnenkönigin.

Noch vor 500 Jahren haben wir Menschen geglaubt, alles – Sonne, Mond und Sterne – würde sich um uns drehen. Wir glaubten uns im Mittelpunkt von allem. Und viele Anhänger der alten Energiewirtschaft – und der AfD – argumentieren so, als glaubten sie es heute noch. Sie führen immer noch einen heimlichen Krieg gegen die Sonne.

Auf die Sonne entfallen 99,8 Prozent der Masse unseres gesamten Sonnensystems. In der Sonne hätte unsere Erde 1,3 Millionen Mal Platz. Ihre Oberflächentemperatur beträgt ca. 6 000 Grad Celsius. Im Innern der Sonne herrschen etwa 90 Millionen Grad Hitze – ein unvorstellbarer Energievorrat. Und dennoch ist unser Denken und Handeln vor-solar.

Wir wissen heute zwar, was wir tun mit der alten Energiepolitik, aber wir tun noch nicht ausreichend von dem, was wir wissen. Aber: Sind die Menschen über die positiven wie negativen Folgen ihres heutigen Tuns aufgeklärt, werden sie trotz aller Rückschläge und Irrungen die Entwicklung hin zum Solarzeitalter und zu einer nachhaltigen Wirtschaft, ja, zu einer nachhaltigen Gesellschaft und zu einer nachhaltigen Republik weitergehen.

Die UNO – also die gesamte Welt – hat sich 2015 auf die Millennium-Goals verständigt. Danach sollen bis 2030 Armut, Hunger, Massenarbeitslosigkeit und Umweltzerstörung überwunden sein. Freilich: Solange nicht mal ein Finanzierungsplan zum Erreichen dieser Ziele existiert, bleiben sie utopisch und unerreichbar. Auch hier werden Politiker, Unternehmer, Wissenschaftler, Ingenieure, Handwerker und zivilgesellschaftliche Akteure gebraucht, die zu sagen wagen: »Wir schaffen das.« Und die fragen: »Wie geht das?«

Sonne und Erde: Das ist die vielleicht grandioseste Zweierbeziehung im gesamten Universum, meint der Sonnenbiograf Dieter Hildebrandt in seinem Buch »Biografie unseres Sterns«. Die Sonne leuchtet zwar, aber sie hat uns energetisch noch nicht erleuchtet. Das dritte »Gestirn«, unser Hirn, hat dabei noch Nachholbedarf. Aus dem Schein der Sonne kann ein neues Sein von Menschen werden. Wir brauchen die alte Sonne für eine neue Welt.

Wir können und werden eine völlig neue Auffassung über unser Dasein entwickeln, wenn wir uns erst einmal auf diese Energie-Dimensionen zwischen unserer Erde und der Sonne einlassen. Und wir können erst dann auch eine genauere Vorstellung davon bekommen, warum wir hier sind und warum hier unser rechtmäßiger Platz im Universum ist. Ohne die Sonne wären wir nicht auf dieser Erde. Doch mit der Sonne wartet ein Leben voller Wonne auf uns.

Immer wenn nach einem Gewitter die ersten Sonnenstrahlen durch die Wolken brechen, entstehen in uns Bilder

der Hoffnung. Wie kein anderer Himmelskörper fordert die Sonne heute unseren Geist, unsere Wissenschaft, unsere Technik, unsere Wirtschaft und unsere Politik, unser Denken und unser Fühlen. Am Anfang war die Sonne. Und heute müssen wir sie in den Mittelpunkt unseres Tuns rücken. Tun wir das nicht, erwartet uns eine einzige trostlose Tragödie. Wir sind auf Gedeih und Verderb auf die Sonne angewiesen. Wir brauchen jetzt einen intellektuellen Sonnenaufgang. Doch noch benehmen wir uns wie Pyromanen, die alles, was in ihrem Haus brennbar ist, in den Kamin werfen, um es ein bisschen gemütlich zu haben. Manchmal scheint Dummheit eine ganz natürliche Begabung zu sein. Wer wüsste das nicht durch Selbstbeobachtung!

Die damit verursachte Klimaerhitzung ist keine Hysterie, sondern wissenschaftlich längst erwiesen. Von den zehn heißesten Jahren seit der Temperaturmessung 1880 waren neun in diesem Jahrhundert. Schweizer Gletscherforscher gehen davon aus, dass es bis zum Ende unseres Jahrhunderts in den Alpenländern um etwa fünf Grad wärmer sein wird als noch vor 100 Jahren. Die Alpen werden dann nahezu gletscherfrei sein.

In Pakistan, Indien und Bangladesch leben 1,5 Milliarden Menschen. An manchen Tagen ist es hier schon 45 Grad heiß. Mit der Hitze wird sich die Luftqualität verschlechtern. Noch in diesem Jahrhundert kann hier durch die Kombination von Luftfeuchtigkeit und Hitze eine Temperatur erreicht werden, die über der tödlichen Grenze liegt. Mit der Hitze breiten sich tropische Krankheiten aus. Schon heute müssen in heißen Gegenden für ältere Menschen nachts Kühlräume zur Verfügung gestellt werden, damit sie überleben. Auch in Griechenland oder in den USA. Solche öffentlichen »Cooling Centers« werden als Refugien, Schutzräume gegen Hitzestress, auch bereits in Deutschland geplant.

Mitte August 2016: Meine Frau und ich stehen am Fuß des Mendenhall-Gletschers in Alaska. Wer hier steht, dem ist, als ob er vor einem stillen, weißen, heiligen Tempel Halt gemacht hätte. Aber diese weißen Tempel schmelzen noch schneller, als sich in Europa heute die Kirchen leeren. Unsere Reiseleiterin zeigt uns Fotos, auf denen sie vor 25 Jahren am Rand des Gletschers stand – jetzt wachsen an derselben Stelle Bäume und Sträucher. Jahreszahlen im Wald markieren den dramatischen Rückzug der Gletscher. Alaskas »weiße Tempel« werden zurzeit jedes Jahr um 150 bis 200 Meter kleiner.

Wissenschaftler schätzen, dass seit 1950 allein in Alaska das Gletschereis um 3 000 Kubikkilometer abgeschmolzen und ins Meer geflossen ist. Schon bei einem Anstieg um einen Meter werden etwa 150 Millionen Menschen weltweit den Boden unter ihren Füßen verlieren und fliehen müssen. Was aber, wenn der Meeresspiegel in 11 Jahren um bis zu fünf Meter steigt, was manche Wissenschaftler befürchten?

Betroffen sind viele Millionenstädte rund um den Globus, die zum großen Teil direkt am Meer liegen. In Afrika lebt jeder vierte Mensch an der Küste. Bangladesch mit heute 168 Millionen Bewohnern wird zum Teil im Meer versinken. Dort haben mir Bauern erzählt, dass sie in den letzten 15 Jahren fünfmal ihr Haus wieder aufbauen mussten, nachdem es an der Küste des Golfs von Bengalen weggeschwemmt worden war. Irgendwann ist ganz Schluss. Die US-Stadt Miami Beach liegt einen Meter über dem Meeresspiegel. Auch in den europäischen Ländern mehren sich Stürme und Windhosen, Extremwetter und Hagel-Unwetter. Heiße Tage und schwüle Nächte werden häufiger. In den Alpen killt der Klimawandel die Gletscher.

In einem Klima-Report der US-Regierung im Jahr 2017 heißt es wörtlich: »Es gibt reichlich Beweise, dass sich das

Klima verändert, von der obersten Atmosphäre bis in die Tiefe der Ozeane.« Das Tempo, in dem die Ozeane versauern, sei in den vergangenen 66 Millionen Jahren beispiellos. Die Wissenschaftler haben berechnet, dass es in den USA bis zum Ende dieses Jahrhunderts um bis zu 4,8 Grad Celsius wärmer werden könnte. Langanhaltende Trockenheit und Wüstenbildung wären die Folgen. Der Klimaskeptiker Donald Trump war über diesen Bericht gar nicht *amused*. Wieder einmal haben ihn Wissenschaftler blamiert bis auf die Knochen.

Dabei sind die Ursachen des Klimawandels leicht zu erkennen, wenn man sie nur erkennen will. Im 20. Jahrhundert sind gestiegen:

- die Weltbevölkerung um das Vierfache,
- die Weltwirtschaft um das Vierzehnfache,
- die Industrieproduktion um das Vierzigfache,
- der Meeresfischfang um das Fünfunddreißigfache,
- der Energieverbrauch um das Dreizehnfache,
- die Zahl der Rinder um das Vierfache,
- die Zahl der Schweine um das Neunfache,
- die Kohlendioxidemissionen um das Siebzehnfache,
- die Schwefeldioxidemissionen um das Dreizehnfache,
- der Kohleverbrauch um das Siebenfache,
- und der Wasserverbrauch um das Neunfache.

Und dennoch haben in diesem Buch weder die Apokalyptik noch die Statistik das letzte Wort.

Aus deutscher Sicht war der Klimawandel bisher weit weg: Die Gletscher schmolzen in Grönland, die Wüsten breiteten sich in Afrika aus, und die Klimaflüchtlinge kamen aus den armen Ländern. Doch nun ist der Klimawandel auch in Deutschland und Europa angekommen. Die Nachrichten konfrontieren uns mit Meldungen wie diesen:

- Der Klimawandel zwingt mehr Menschen zur Flucht als alle Kriege zusammen,
- Deutsche Bauern beklagen Ernteausfälle bis zu 50 Prozent,
- »Jahrhundert-Überschwemmungen« alle paar Jahre mit Toten,
- Mitte Juni Hitzewellen im Süden Deutschlands mit über 30 Grad sowie zugleich anhaltende Trockenheit im Südwesten,
- Verdreifachung von Hagelschäden seit den Neunzigern und Verfünffachung seit den Siebzigern in Süddeutschland,
- Im Alpenbereich Unwetter mit Starkregen, Erdrutschen und Todesopfern. Ganze Täler sind tagelang von der Außenwelt abgeschnitten,
- Trinkwassernotstand in Italien, Rom muss mit weniger als der Hälfte des Wassers gegenüber früher auskommen,
- Ungewöhnliche Hitze- und Trockenheit im gesamten Mittelmeerraum,
- Waldbrände nehmen überhand,
- In Griechenland werden Kühlräume eingerichtet für Menschen, die Nächte mit über 30 Grad Hitze nicht mehr aushalten.

Und dennoch gibt es Lösungen. Die Lösung vieler Lösungen steht am Himmel.

6. Die Sonne: das Maß aller Dinge

Lust auf Zukunft heißt Lust auf Sonne. Die Dichterin Ingeborg Bachmann sagt es so: »Nichts Schönres unter der Sonne als unter der Sonne zu sein ...«

Die Beziehung zur Sonne ist den Industrieländern verloren gegangen. Sonst wüssten wir noch, dass kein Leben überleben könnte, wenn die Sonne nur zwei Wochen nicht schiene: kein Tier, kein Baum, keine Pflanze, kein Mensch mehr. Wir hätten schon nach kurzer Zeit minus 170 Grad. Und alles Leben wäre tot.

Die lebensspendende Kraft der Sonne bewundern und besingen die Menschen, seit es die Menschheit gibt. Hildegard von Bingen schwärmte: »O du edles Grün, du wurzelst in der Sonne.« Und selbst für Ludwig XIV. ist die Sonne »Leben, das sie überall weckt«. Doch verstanden haben wir dieses Geschenk des Himmels bis heute nicht wirklich. Es ist jetzt allerhöchste Zeit, dass uns die Sonne aufgeht.

Die Photosynthese ist die Basis allen Lebens. Nur deshalb wachsen Blätter an Bäumen, Blumen auf Feldern und Gräser auf Wiesen. Statt aber die größtmögliche Energiequelle auch im großen Stil für unseren Energieverbrauch zu nutzen, buddeln wir immer größere Löcher in die Erde und entnehmen ihr das »Blut der Erde«. Einst hat uns die Sonne Kohle, Gas und Öl anvertraut und uns damit reich gemacht. Aber wir verbrauchen heute diese fossilen Rohstoffe in wenigen Jahrzehnten. Die Sonne hat sie in 300 Millionen Jahren angesammelt. Dieses Energieverhalten kann nicht nachhaltig sein. Mit dem fossilen Reichtum unter uns erhitzen wir die Atmosphäre über uns und katapultieren unseren Planeten in einen Fieberzustand.

Die Arbeitsgruppe »Sonnenenergie für Umwelt und Entwicklung« der UNO hat festgestellt: »Es gilt als gesichert, dass das Gesamtpotenzial erneuerbarer Energien in der Größenordnung des Zehntausendfachen des gegenwärtigen gesamten Weltenergieverbrauchs liegt.« Am Tag, an dem Sie in diesem Buch lesen,

- schickt die Sonne etwa 10 000-mal so viel Energie zur Erde, wie zurzeit 7,5 Milliarden Menschen verbrauchen,
- enthalten die Windströme 80-mal mehr Energie, wie wir benötigen,
- wächst 10-mal mehr Biomasse, als zur Gewinnung der gesamten Weltenergie nötig wäre,
- enthält allein die Wasserkraft ungefähr so viel Energie, wie am heutigen Tag verbraucht wird,
- versorgt schon heute allein die Geothermie fast ganz Island mit erneuerbarer Energie.

Nochmals in unvorstellbaren Zahlen: Unsere Sonne schickt uns jedes Jahr 350 Millionen Milliarden (350 000 000 000 000 000) Kilowattstunden Strahlungsenergie auf unseren Planeten. Alle irdischen Energiequellen verdanken wir der Sonne: Das Holz der Wälder und die Pflanzen der Felder, aber auch Kohle-, Erdöl- und Erdgaslager, in denen Sonnenenergie von mehr als 300 Millionen Jahren gespeichert ist. Und die Sonne sorgt auch für die Kreisläufe des Wassers in den Meeren, in Seen und Flüssen.

Die Sonne erwärmt unseren Planeten, schenkt uns Licht und Leben und liefert Pflanzen und Bäumen die Energie für die Photosynthese. Dieser bedeutendste chemische Vorgang auf der Erde enthält alles Leben am Leben.

Die Sonne ist – wie wir es seit erst 100 Jahren wissen – ein riesiges Kernkraftwerk. Es unterscheidet sich von irdischen Atomkraftwerken hauptsächlich dadurch, dass es zur Erde einen Sicherheitsabstand von 150 Millionen Kilometern hat, Unfall- und strahlensicher ist, keine Atommüllbeseitigung erfordert und alles Leben hier kostenlos mit lebenswichtiger Energie versorgt.

Und welch eine Chance für die heute noch armen, aber sonnenreichen Länder des Südens! Der Zukunftsforscher Robert Jungk schreibt dazu in seinem posthum erschienenen »Sonnenbuch«: »In den Träumen, den Vorhaben, den Hoffnungen und Kämpfen der Abhängigen und Ausgebeuteten wird heute die Sonne zum Leitstern. Sie ist das sichtbare Stück Natur, das nicht erobert und in Besitz genommen werden kann.« Hier kommt wieder Jesus ins Spiel: »Die Sonne des Vaters scheint für alle.«

Wenn die Stromkonzerne die Sonne kaufen könnten, hätten wir schon längst nur noch Solarenergie. Doch zum Glück gibt es keine RWE-Sonne und keinen Eon-Wind. Also Schluss mit der aktiven Sterbehilfe über Milliardensubventionen für Atom- und Kohlekonzerne. Robert Jungks Beschäftigung mit Sonnenforschern, Sonnenbastlern und Sonnenverehrern reicht zurück bis in die Mitte des letzten Jahrhunderts. Das Sonnenzeitalter, davon war Jungk überzeugt, wird ein neues Verhältnis zur Mitwelt, eine andere Form des Wirtschaftens, eine bisher nicht praktizierte Balance von Macht und Mitbestimmung sowie die Renaissance eines höheren Sinns unseres Seins zur Folge haben.

Das ist die mythisch-spirituelle Dimension des Wandels: Die Sonne lehrt uns die Gesetze und Regeln kosmischer Zusammenhänge. So werden wir verstehen, dass wir nicht die Herrscher der Natur und schon gar nicht ihr Gegenspieler sind, sondern im Einklang mit »Vater Sonne« und »Mutter Erde« leben können. Die Sonne kann Symbol und Instrument einer grundsätzlichen Neuorientierung des Menschen sein, aber auch Quelle und Garant einer menschenfreundlichen Zeitenwende. Robert Jungk: »Das Streben zur Sonne geht in die umgekehrte Richtung wie der Höllensturz der Lemminge.« Mehr und mehr und auf der ganzen Welt wird die Sonne zum Symbol und zum vielfachen Verlangen nach entschiedener Neuorientierung. Ist Ihnen, liebe Leserin, lieber Leser, schon aufgefallen, dass immer mehr Menschen Sonnenabzeichen tragen und selbst die Werbung damit spielt? Hier drücken sich – vielleicht unbewusst – Sehnsüchte aus, die schon immer unvorhergesehenen Veränderungen vorausgingen. Nur Spötter unterschätzen diese Kraft und Sehnsucht nach Veränderung.

7. Solarstrom wird Sozialstrom

Die rote »lachende Sonne« ist das Symbol der weltweiten Anti-AKW-Bewegung. Es war 1975. Die Studentin der Betriebswissenschaften Ann Lund in der dänischen Universitätsstadt Aarhus war Mitarbeiterin der Anti-Atom-Bewegung. Die junge Frau dachte über ein neues Motiv für den Kampf gegen Atomenergie in Dänemark nach. Bisher hatten die dänischen Atomkraftgegner das Motiv der schwedischen Gleichgesinnten benutzt: Eine Mutter, die versucht, ihr Kind vor Atomstrahlen zu schützen.

Ann Lund erzählt, dass sie dieses Motiv als »zu negativ« empfand. Die Studentin schaute aus dem Fenster und sah die »lachende Sonne« am Himmel. »Sie lächelte uns zu, sie hatte auf uns gewartet«, sagte sie später Robert Jungk. Das neue Motiv mit der »lachenden Sonne« und der Aufschrift »Atomkraft Nej Tak« war geboren und ist bis heute in etwa 70 Ländern verbreitet. Robert Jungk: »Es ist vermutlich kein Zufall, dass das heute wohl meistverbreitete Sonnensymbol von einer Frau geschaffen wurde.«

»Solarzeitalter« bedeutet also weit mehr als »Atomzeitalter«, das nach einer technischen Erfindung benannt ist. Solarzeitalter meint auch deshalb auch mehr, als »Sonnenkollektoren auf dem Dach« zu haben. »Solarzeitalter« bedeutet eine intelligentere Ökonomie, eine gerechtere Verteilung der Macht, mehr Gerechtigkeit zwischen Nord und Süd, schon deshalb, weil die noch armen südlichen Länder über weit mehr Sonnenkraft verfügen als die noch reichen im Norden.

Die Anfänge dieses neuen Zeitalters liegen nicht in ferner Zukunft, sondern sind bereits heute überall auf der Welt leicht zu identifizieren: In ersten Solardörfern Äthiopiens, Kenias, Ugandas und Kambodschas, wo allein die deutsche »Stiftung Solarenergie« (www.stiftung-solarenergie.org) dafür gesorgt hat, dass zwei Millionen Menschen selbst Solarstrom produzieren können, in etwa 10 000 Dörfern Indiens, die sich bereits zu 100 Prozent mit erneuerbarer Energie versorgen; ebenso in Mali, wo Solarenergie-Genossenschaften beste und erfolgreiche »Entwicklungshilfe« leisten; wie auch in Chile, wo Solarstrom bereits für unter drei Cent je Kilowattstunde unschlagbar konkurrenzlos erzeugt wird. Und das ist erst der Anfang. Im Armenhaus Asiens, in Bangladesch, hat der Friedensnobelpreisträger Muhammad Yunus mit seiner Grameen Bank, der Bank der Armen, die Voraussetzung dafür geschaffen, dass in den letzten Jahren vier Millionen kleine Photovoltaik-Anlagen Strom für die Ärmsten der Armen erzeugen. Im armen Bangladesch laufen heute mehr Photovoltaik-Anlagen als im reichen Deutschland. Solarstrom wird Sozialstrom.

8. Die Energierevolution der Armen

Millionen junge Afrikaner und Asiaten sehen schon heute in der Solartechnik ihre berufliche Zukunft. Lokale Solarunternehmer werden von der »Stiftung Solarenergie« vor Ort ausgebildet und bilden andere aus. Speziell für Solartechniker hat die Stiftung in Afrika ein duales Ausbildungskonzept entwickelt, das die theoretische Ausbildung und Management mit Praktika in lokalen Solarunternehmen verbindet.

Voraussetzung für die Kredite zur Finanzierung dieser Anlagen in Bangladesch ist, dass die Eltern sich verpflichten, ihre Kinder zur Schule zu schicken. In diesem muslimischen Land sind Millionen Frauen jetzt Kleinunternehmerinnen. Zuvor hatten die meisten von ihnen noch nie Geld in ihren Händen. Das Solarzeitalter ist weit mehr als nur Stromerzeugung. Der Generalsekretär der Regierungspartei Awami-Liga in Bangladesch, Abu Sayeed Al Mahmood Swapon, sagte mir: »Wir orientieren uns in unserer künftigen Energiepolitik an der deutschen Energiewende. Wir haben ja weit mehr Sonnenstunden als Deutschland.«

In armen Ländern haben heute 1,2 Milliarden Menschen noch keinen Strom, aber sie haben viel Sonne.

Das Fraunhofer-Institut für Solare Energiesysteme in Freiburg hat 2015 prognostiziert, dass Solarstrom im Jahr 2050 für zwei bis vier Cent je Kilowattstunde hergestellt werden könnte. Dieses Ziel wurde in vielen Ländern schon jetzt erreicht. Auch Windenergie ist an vielen Orten bereits spottbillig geworden.

Der Preis für Solarstrom ist seit 1997 um über 90 Prozent gefallen. Deshalb fragen sich auch die reichen Ölstaaten: Warum sollen wir noch Öl verbrennen, wenn Solarstrom wesentlich billiger ist? In Saudi-Arabien wird die Kilowattstunde bereits für unter zwei US-Cent produziert und großindustriell genutzt. Diese Preissensation wird die Welt verändern, denn große Konzerne gehen auch künftig dahin, wo die Energie am billigsten ist.

45 arme Länder des Südens haben die Weltklimakonferenz von Marrakesch zum Erfolg geführt. Die Armen zeigen den Reichen jetzt den Weg zum Klimaschutz. Dies ist der bedeutendste Beschluss der 22. Weltklimakonferenz.

Bis 2050 wollen die meisten Länder Afrikas, aber auch Costa Rica, Sri Lanka, die Südsee-Inseln oder Bangladesch zu 100 Prozent auf erneuerbare Energiequellen wie Sonne, Wind, Bioenergie und Wasserkraft umsteigen und sich von Kohle, Gas und Öl verabschieden. 43 dieser Länder hatten sich schon früher zum »Climate Vulnerable Forum« (CVF) zusammengeschlossen, zum Forum der vom Klimawandel am meisten bedrohten Staaten.

9. Die Volksverdummung der Atomlobby

Die Atomlobby war und ist ein Meister in Sachen Volksverdummung. Sechs Beispiele:

- Im August 1993 behauptet die deutsche Stromwirtschaft in einer Anzeige (siehe Kap. I.11.): »Regenerative Energien wie Sonne, Wasser oder Wind können auch langfristig nicht mehr als vier Prozent unseres Strombedarfs decken.« Beim Erscheinen dieses Buches sind wir in Deutschland bei 40,8 Prozent.
- Im Juni 2011 sagt Astrid Petersen, die Vorsitzende der Kerntechnischen Gesellschaft: »Das Gesetz zum schnellen Ausstieg aus der Kernenergie gefährdet die Versorgungssicherheit.« Der durchschnittliche Stromausfall in Deutschland war nie so niedrig wie in den Jahren danach. Deutschland hat die geringsten Stromausfälle und das sicherste Stromnetz der Welt. Kein Problem mit der Versorgungssicherheit, aber unlösbare Probleme mit der Atomkraft.
- Im April 2011 meint Manuel Frondel vom Rheinisch-Westfälischen Institut für Wirtschaftsforschung zum deutschen Atomausstieg: »Deutschland wird zum Nettoimporteur von Strom werden.« Nie hat Deutschland mehr Strom exportiert wie danach.
- Im Jahr 2007 sagt Hans-Peter Villis als damaliger Chef der EnBW: »Kernenergie ist keine Brückentechnologie. Sie ist die Zukunft.« Die Atomstromerzeugung geht seither weltweit zurück.
- Im Juli 2011 sagt der EU-Kommissar Günther Oettinger: »Photovoltaik kann hierzulande nie eine große und kostengünstige Stromquelle sein.« 2018 ist auch in Deutschland Photovoltaik eine große und die kostengünstigste Stromquelle.
- RWE-Chef Jürgen Großmann hatte 2010 noch gemeint: »Solarenergie in Deutschland – das ist wie Ananas pflanzen in Alaska.« 2016 habe ich in Alaska die ersten Solaranlagen gesehen. Und in Deutschland gibt es bereits mehr als zwei Millionen Häuser mit Solaranlagen.

Die Atomkraft scheitert an sich selbst, an ihren Propagandisten, am Widerstand von Millionen Menschen und an besseren Alternativen. Sie ist ein Anschlag auf die Schöpfung, sie ist eine Gotteslästerung, wie es Atombomben sind.

Im März 1979 bin ich mit dem früheren CDU-Ministerpräsidenten Ernst Albrecht, Vater von Ursula von der

Leyen, in seinem Haus in Burgdorf-Beinhorn zu einem Fernsehinterview verabredet. Ein schöner Sonntagnachmittag. Ein bleicher und sichtlich verstörter Ministerpräsident kommt eine Stunde zu spät zu unserer Verabredung. Gefragt, was los sei, sagt er noch ganz aufgeregt, er habe vom Hubschrauber aus in Hannover 100 000 Demonstranten beobachtet, die gegen das geplante Atommülllager in Gorleben protestieren, darunter auch viele CDU-Sympathisanten. Angeführt von Bauern auf 500 Traktoren waren massenhaft Anti-Atomkraft-Demonstranten zu einer der größten Protestveranstaltungen der Bundesrepublik gekommen. Ihr eindrucksvolles Motto: »Albrecht, wir kommen!« Er selbst hatte Gorleben als Standort für das »nukleare Entsorgungszentrum« ausgewählt. Ein erschütterter und zunächst ratloser Politiker sagt jetzt in meine Fernsehkamera: »Wenn ich dieses Endlager gegen den Mehrheitswillen der Bevölkerung baue, muss ich schießen lassen. Es wird Tote geben. Aber das will ich nicht. Ich kann es nicht verantworten. Das ist mir heute klar geworden.« SPD-Kanzler Helmut Schmidt wollte unbedingt ein atomares Endlager. Der CDU-Ministerpräsident von Niedersachsen folgte seinem Gewissen und blieb bei seinem Nein.

Die Ironie der Geschichte: Ein ehemals überzeugter Anhänger der Atomenergie trägt wesentlich zu ihrem Ende bei. Beeindruckt von 100 000 engagierten Demonstranten. Bis heute gibt es weder in Deutschland noch sonst irgendwo auf der Welt ein »Endlager« für Atommüll. Fachleute sagen mir, dass es ein solches Lager nie geben wird. Das Erlebnis von Ernst Albrecht mit den Demonstranten war wohl der Anfang vom Ende der Atomenergie in Deutschland. In seiner eigenen Partei nannten ihn danach viele einen »Verräter« und einen »Feigling«. Für mich ist diese Erfahrung unvergesslich. Ich habe viel gelernt dabei, wofür ich immer sehr dankbar sein werde: Viele mutige Demonstranten können die Politik verändern. Sie sind stärker als das große Geld.

Zur gleichen Zeit gab es eine weitere Lektion der Geschichte: In den USA kommt es während der Großdemonstration in Hannover zur partiellen Kernschmelze im Atomreaktor in Harrisburg. Nur durch einen technischen Zufall kam es nicht zu einem großen Unfall. Eine viertel Million US-Bürger waren bereits evakuiert.

Die Atomkraftgegner in Deutschland repräsentieren seit 50 Jahren die gesamte Gesellschaft: von links bis konservativ, alt und jung, Städter und Landbevölkerung, Frauen und Männer. Und mit dem Nein zur Atomkraft verband sich stets das Ja zu Alternativen.

Wer neben den energetischen auch die ethischen, die ener*gethischen* (nach Hermann Scheer), die metaphysischen und die mythischen Antriebe des Solarzeitalters darstellt, setzt sich natürlich der Gefahr aus, in eine romantische Ecke gestellt zu werden. Mir ist jedoch bewusst, dass die Technik allein uns nicht retten und in ein solares Zeitalter führen wird.

Das Solarzeitalter bietet die Chance eines neuen Enthusiasmus (wörtlich: »In-Gott-Sein«) und braucht Propheten wie Hermann Scheer und Robert Jungk. Am Anfang ihrer Aufklärungsarbeit wurden diese schon immer verlacht, dann bekämpft. Sie haben schließlich doch gewonnen. Ihre Gegner zeichnen sich dadurch aus, dass sie am Schluss, wenn sich das Neue durchgesetzt hat, sagen: »Wir waren schon immer dafür.« Das sagen vor allem diejenigen, welche besonders lange und vehement dagegen waren.

Die englische Zukunftsforscherin und Ökonomin Hazel Henderson erkennt fünf Prinzipien, die für das Überleben der Menschheit in einer globalisierten Welt hilfreich und möglich sind:

1. Planetarische Zusammenarbeit, wie am Anfang dargelegt.
2. Gerechtigkeit und mehr Gleichgewicht unter der Sonne durch Neuverteilung des solaren Reichtums.
3. Neuentwurf der demokratischen Institutionen wie beschrieben: Welt-Parlament, Welt-Regierung und Welt-Justiz.
4. Einheit in der Verschiedenheit. Dezentrale Technologien statt unbeherrschbare Supertechniken. Small is beautiful. Techniken, die in enger Beziehung zur Natur stehen wie Sonne, Wind, Wasser und Bioenergien.
5. Entwicklung durch lernende Gesellschaften. Solare Weltwirtschaft.

Das heißt: Wir wissen genug, um realistisch-optimistisch zu sein. »Solar People« gab es vor Tschernobyl nur wenige. Heute werden es von Tag zu Tag mehr. Ich bin einfach glücklich, zu ihnen zu gehören.

Sonnenkinder sitzen am längeren Hebel. Die Dinosaurier der alten Energiewirtschaft sind längst vom Untergang gezeichnet. Das sagte ich mal dem Chef eines deutschen AKW, nachdem wir uns in einer Fernsehsendung ordentlich gefetzt hatten. Nach der Sendung beim Bier, als wir beide wieder abgekühlt waren, gab er mir grundsätzlich recht, die Zukunft gehöre »natürlich« den Erneuerbaren, aber das könne er als AKW-Betreiber doch nicht öffentlich sagen. »Herr Alt, was würden Sie denn an meiner Stelle tun?«, wollte er schließlich wissen. Meine Antwort war kurz: »Zurücktreten.« Da war das Gespräch zu Ende. Das 21. Jahrhundert, so konnte ich ihm gerade noch mitgeben, werde eh ein Jahrhundert der Sonne.

Die deutsche Arbeiterbewegung sang schon vor über 100 Jahren das Lied »Brüder, zur Sonne, zur Freiheit«. Auch wenn damals noch die Schwestern vergessen wurden: Das ist wörtlich wahr, denn ohne Sonne keine Freiheit. Eine dezentrale Energiestruktur, getragen von vielen neuen Energiegenossenschaften und Stadtwerken, Millionen Hausbesitzern, Hundertausenden Mittelständlern, Handwerkern und Bauern braucht weniger Leitungen als die heutigen zentralen Strukturen. Windräder auch in Süddeutschland sind preiswerter als lange Leitungen von Nord nach Süd. Wer Windräder in Süddeutschland verweigert, erntet also Hochspannungstrassen quer durch Deutschland. Wir müssen im Süden nur 20 Meter höhere Windräder als an den norddeutschen Küsten haben. Damit sorgen wir für ähnliche Windverhältnisse.

Die letzten AKW können in Deutschland vor 2022 abgeschaltet werden. Deutschland produziert Jahr für Jahr mehr Überschussstrom. Oft müssen Energie-Anlagen sogar abgeschaltet werden. Ihre erste Regierungserklärung hat Angela Merkel 2005 unter das Motto gestellt: »Mehr Freiheit wagen«. Also, liebe Frau Bundeskanzlerin, machen Sie jetzt Energiepolitik nach dem Motto: »Bürger, zur Sonne, zur Freiheit«!

Was ist Fortschrittsgeist? Wenn Politiker nicht mehr vor Lobbyisten in die Knie gehen. Die Kanzlerin hat 2011 der Atomlobby endlich die Stirn gezeigt. Dieser Mut ist jetzt fällig gegenüber der Kohle- und Autolobby. In der letzten Legislaturperiode von 2013 bis 2017 hatten die Vertreter der alten Energiewirtschaft 43 offizielle Termine im Kanzleramt und im Wirtschaftsministerium, die Vertreter der erneuerbaren Energien im selben Zeitraum nur vier. So wird Zukunft verspielt. Nachhaltige Politik sieht anders aus.

10. Wir brauchen einen raschen Wechsel

Hermann Scheer begründet überzeugend, warum die Energiewende weltweit bis spätestens 2040 vollständig realisiert werden kann: Der Wandel »ist keine untragbare Belastung, sondern eine umfassende neue wirtschaftliche

Chance für die Industrieländer und *die* große Chance für die Entwicklungsländer. Das wichtigste Potenzial dafür ist jedoch das der Menschen. Sie für erneuerbare Energien zu bewegen ist entscheidend. Es erfordert eine beispiellose politisch-kulturelle Kraftanstrengung. Doch historisch beispiellos ist auch die Herausforderung, vor der wir stehen. Sie ist umso schwieriger zu bewältigen, je länger wir sie vor uns herschieben. Zu viel Zeit ist schon verspielt worden«.

Die Weltbank hat schon 2007 ausgerechnet, dass keine rasche Energiewende viel teurer werden wird als der möglichst schnelle Umstieg. Die Münchner Rückversicherung hat Anfang unseres Jahrhunderts davor gewarnt, dass die Schäden der Klimakatastrophe bald nicht mehr zu bezahlen seien. In den sechziger Jahren des 20. Jahrhunderts gab es weltweit 14 ökologische Großkatastrophen, in den Achtzigern schon 70, im Jahr 2014 nennt die Münchner Rück auf ihrer Internetseite »750 relevante Naturkatastrophen« und Schäden, die »massiv zugenommen haben«. Die Reaktion des größten Rückversicherers der Welt, der schon aus wirtschaftlichen Überlegungen klug und langfristig rechnen muss: »Die Münchner Rück hat sich zum Ziel gesetzt, die eigenen Investitionen in erneuerbare Energien in den kommenden Jahren auf bis zu 2,5 Milliarden Euro auszuweiten«, hauptsächlich in Solarenergie und Windkraft.

Der frühere Chefökonom der Weltbank, Sir Niclas Stern, errechnete 2007, dass die weitere Zerstörung des Weltklimas entschieden mehr Geld kosten werde als die beiden Weltkriege zusammen. Rasche Investitionen in das Weltklima würden hingegen nur ein Fünftel kosten. Die Mehrkosten für saubere Energien und für Energieeffizienz, die wir heute bezahlen, sind vermiedene Umweltkosten und niedrigere Energiekosten von morgen,

Investitionen in die Welt unserer Kinder und Enkel. Die alte fossil-atomare Ökonomie ist am Ende. »Dementia nuclearis« und »Dementia fossilis« sind unheilbar – sie müssen überwunden werden. Ein wichtiger »Nebeneffekt« von Energieeffizienz: Gesellschaften mit niedrigem Energieverbrauch haben ein hohes Glücksempfinden – das ist ein globales Phänomen. Und umgekehrt: Gesellschaften mit hohem Energieverbrauch haben ein weniger hohes Glücksempfinden. Jedes Jahr, um das wir den Wechsel verzögern, ist ein verlorenes Jahr.

Unser strahlender Nachbarplanet Venus zeigt uns, was der Treibhauseffekt bewirkt. Dort herrschen Temperaturen von 480 Grad Hitze. Die dichte Gashülle um die Venus besteht zu 97 Prozent aus Kohlendioxid, CO_2. Das Sonnenlicht durchdringt den Wolkenmantel der Venus und erzeugt auf dem Planeten Hitze. Doch das CO_2 verhindert die Abstrahlung der Wärme in den Weltraum. Das Ergebnis: Trotz des schönen erotischen Namens »Venus« ist die Evolution dieses Planeten mit seiner mörderischen, lebensfeindlichen Temperatur ein abschreckendes Beispiel. Es zeigt uns, wie auch unsere Erde enden kann, wenn wir sie weiterhin aufheizen.

Vor Jahrmillionen – lange bevor es den Homo sapiens gab – war es auch auf unserer Erde viel heißer als heute. Doch die Pflanzen haben in Jahrmillionen ungeheure Mengen Sauerstoff gebunden, sodass sich menschliches Leben evolutionär entwickeln konnte. Aber heute spielen wir Evolution rückwärts und setzen in einem Jahr durch das Verbrennen von Kohle, Gas und Öl wieder an CO_2 frei, was in einer Million Jahre unter der Erde gebunden worden war. Wir heben so das in etwa 300 Millionen Jahren gewachsene Gleichgewicht auf der Erde in wenigen Jahrzehnten aus den Angeln. Wenn wir so weitermachen, wird es bald täglich Meldungen geben über Sturmfluten und

Überschwemmungen, über Dürren und Missernten in der Landwirtschaft und über Inseln, die im Meer versinken, über brennende und tote Wälder und Erdrutsche und über weitere Millionen Umweltflüchtlinge. Noch einmal: Alles hängt mit allem zusammen.

Schon heute verlieren wir jede Minute 21 Hektar Tropenwald. Jede Minute werden 50 Tonnen fruchtbaren Mutterbodens weggeblasen. Jede Minute werden 12 000 Tonnen CO_2 in die Luft emittiert.

Bevölkerungswachstum und Klimawandel sind die Hauptursachen künftiger Ressourcenkriege. Gesundheitsgefahren durch fossile und atomare Kraftwerke mehren sich. 2017 rechnen die Europäische Kommission und die Deutsche Umwelthilfe in der Affäre um Dieselautos vor, dass in der EU jedes Jahr durch Feinstäube und Dieselruß 120 000 Menschen sterben, in Deutschland 40 000.

Unser industrielles Zivilisationsmodell ist an einem Punkt angekommen, der von der Mehrheit der Bürger in Frage gestellt wird. Noch 1970 wurde die »autogerechte Stadt« propagiert, heute verlangen immer mehr Menschen nach einer menschengerechten Stadt.

11. Wer die Energiewende vorantreibt und wer sie hintertreibt

Das Spektrum der Sonnenenergie ist wesentlich breiter als der heutige Energiemix. Dazu gehört die parallele Errichtung von Windrädern und Biogasanlagen, von Photovoltaik-Anlagen und solarthermischen Technologien, von Wasserkraft und solarem Wasserstoff, von Wärmepumpen und Kraft-Wärme-Kopplungen, von Energiespeichern wie Pumpspeicherkraftwerken und Druckluftspeichern, besseren Batterien und Elektroautos sowie der Ausbau von Leitungssystemen. An Tagen, an denen wir mehr Strom über die Sonne und den Wind produzieren, als wir verbrauchen, kann der Überschussstrom in Wasserstoff umgewandelt und im heute bereits vorhandenen Gasleitungssystem gespeichert werden – diese Speichermöglichkeit nennen die Wissenschaftler »Power-to-gas«. Die Forscher der Fraunhofer-Gesellschaft gehen davon aus, dass mit dem heutigen Netz der Gasleitungen Deutschland bis zu drei Monaten mit Energie versorgt werden könnte. Das Speicherproblem der erneuerbaren Energieträger ist heute noch ein Problem, aber ein lösbares. Auch die künftigen Elektroautos sind – zum Beispiel – Stromspeicher auf Rädern.

Das ehrgeizigste 100-Prozent-Szenario für die ganze Welt hat bereits 2009 die Zeitschrift Scientific American publiziert. Mark Jacobson von der Stanford University und Mark Delucchi von der University of California zeigen darin, dass schon bis 2030 eine vollständige Umstellung auf erneuerbare Energie möglich ist.

Dieses grandiose weltweite Ziel erfordere 3,8 Millionen Windkraftanlagen von je fünf Megawatt Kapazität, 490 000 Gezeitenkraftwerke zu je einem Megawatt, 5 350 geothermische Kraftwerke zu je 100 Megawatt, 900 große Wasserkraftwerke zu je 1 300 Megawatt, 720 000 kleine Wellenkraftwerke zu je 0,75 Megawatt sowie 1,7 Millionen Photovoltaik-Anlagen auf Dächern zu je drei Kilowatt, 40 000 große Photovoltaik-Kraftwerke zu je 300 Megawatt sowie 49 000 solarthermische Kraftwerke zu je 300 Megawatt.

Viele zaudern oder zittern gar bei diesen Zahlen. Technischen Laien wie mir und wohl auch den meisten Lesern dieses Buches scheint das natürlich alles gigantisch. Aber denken wir daran, dass zurzeit jedes Jahr über 80 Millionen neue Benzinautos auf die Straße kommen, zurzeit fahren über eine Milliarde PKW über unseren Planeten. Oder:

Wenn es im letzten Jahrhundert die Franzosen geschafft haben, innerhalb eines Jahrzehnts ihren Atomstromanteil von null auf über 70 Prozent hochzufahren, warum soll es dann im 21. Jahrhundert nicht möglich sein, mit sechs erneuerbaren Energiequellen innerhalb von zwei Jahrzehnten ein ähnliches Ziel in der ökologischen Energieversorgung zu erreichen? Aber diesmal mit einfachen Technologien. Im Vergleich dazu sind die Einwände gegen die solare Energiewende nichts als mentale Hürden. Freilich: Wir müssen neben dem Einsatz von erneuerbarer Energie auch Ressourceneffizienz lernen. Nicht nur die alten Energieträger sind begrenzt, sondern auch alle Ressourcen, die wir heute für die Technologien der erneuerbaren Energien brauchen.

12. »Geht uns aus der Sonne«

Die Bedenkenträger gegenüber der Energiewende machen Energiepolitik nach dem Motto: »Wir müssen Geld sparen, koste es, was es wolle.« Oft höre ich: »Wer um Himmels willen soll das bezahlen?«

Die beiden Autoren der oben zitierten Studie antworten lapidar: Diese weltweite Energiewende kostet bis 2030 etwa 100 Billionen Dollar – das sind 100 000 Milliarden Dollar. Das sei etwa die Hälfte des Betrags, den wir ohne diese Wende bis dahin allein für Brennstoffe, Kraftstoffe, und Strom weltweit ausgeben müssten. Wer realistisch die Kosten der alten Energieträger, ihre Folgekosten und die dort möglichen Unfälle mitrechnet, weiß, dass die Energiewende nicht nur finanzierbar ist, sondern entschieden preiswerter als eine Politik nach dem Motto »Weiter wie bisher!«. Jede und jeder kann verstehen, dass die Mehrkosten von heute die Ersparnisse von morgen sind. Doch im Bedenkenträger-Deutschland wird zu viel verwaltet und zu wenig gestaltet.

Fakt ist: In Deutschland kostete die Produktion einer Kilowattstunde Solarstrom 1990 einen Euro, im Jahr 2000 noch 70 Cent und heute zwischen fünf und sieben Cent. Der fossil-atomare Strom aus der Steckdose kostet das Vierfache. Bis 2025 werden wir wie gesagt bei etwa vier Cent für Solarstrom sein. Wer schon heute sein Elektroauto mit selbst erzeugtem Solarstrom fährt, zahlt etwa ein Viertel dessen, was er früher an der Tankstelle bezahlte. Das Auseinanderklaffen der Preisschere zwischen fossil-atomarer Energie und den Erneuerbaren geht immer weiter zugunsten der Erneuerbaren.

Und dennoch gehört der einstige Musterschüler der Energiewende, Deutschland, heute zu den Bremsern. In Berlin wie auch in Brüssel wurde die Bundesregierung vom Vorantreiber zum Hintertreiber. Nicht nur wegen des fehlenden Kohleausstiegs, sondern auch wegen der fehlenden Verkehrswende. Die Bundesregierung versucht in Brüssel, die deutsche Autoindustrie von strengeren Klimabestimmungen zu schützen – und setzt genau dadurch deren Existenz aufs Spiel. Mit ihrem Kampf gegen schärfere Abgaswerte wird verhindert, was die Autohersteller so dringend brauchen: Investitionen in CO_2-freie Fahrzeuge, alternative Antriebe wie Wasserstoff, Brennstoffzellen, synthetisch hergestellten Kraftstoff und Elektroautos. Zu einem umfassenden Pakt für die Mobilität der Zukunft gehören ein effizienteres öffentliches Verkehrssystem, Anreize zum Umstieg aufs Fahrrad, der Ausbau von Fußgängerwegen sowie Ökoautos, die diesen Namen verdienen.

Scheinbar herrscht Konsens in Sachen Energiewende. Alle Parteien im Bundestag sind dafür (außer der AfD). Doch in Wirklichkeit ist dieser Konsens ein Scheinkonsens. Der vollständige Umstieg bedeutet einen Strukturwechsel. Doch jeder Strukturwechsel produziert Gewinner und Verlierer. Die Anbieter der fossil-atomaren Energien sind die Verlierer, und sie wehren sich, solange es irgend geht und solange sie mit ihren alten Großkraftwerken Geld verdienen können. Die Gewinner der Energiewende sind die Weltzivilisation insgesamt, ihre Volkswirtschaften und ihre Gesellschaften sowie die künftigen Generationen und jene Unternehmen und Personen, die sich rechtzeitig umstellen und die Chancen der heutigen Krise erkennen. Es wird weit mehr Gewinner als Verlierer geben. Dennoch haben bis heute die künftigen Verlierer den größten Einfluss. Der Schlüssel für den vollständigen Energiewechsel ist das Aufbrechen der alten festgefahrenen Strukturen der Energiewirtschaft. Das Erneuerbare-Energien-Gesetz (EEG) aus dem Jahr 2000 war ein erster Schritt dorthin.

Doch die große Koalition aus CDU/CSU und SPD hat bis 2017 aus dem einfachen, nur wenige Seiten umfassenden Erneuerbaren-Energien-Gesetz von Hermann Scheer (SPD), Mariele Hustedt und Hans-Josef Fell (Grüne) aus dem Jahr 2000 inzwischen ein bürokratisches Monster von über tausend Seiten gemacht. Hunderte Solarfreunde haben mir in den letzten Jahren mit verzweifelter Miene erzählt, dass selbst Fachleute dieses Gesetz nicht mehr verstehen und viele Freunde der Energiewende abgeschreckt werden. Dahinter steckt Methode. Ohne juristischen Beistand kann man heute in Deutschland so gut wie nicht mehr in erneuerbare Energien investieren. Die alte Energielobby lässt grüßen. Sie untergraben ohne Sinn und Verstand zusammen mit willfährigen Politikern ohne Rückgrat und Gewissen die Energiewende durch eine kafkaeske Solarpolitik. Was in Deutschland hierbei misslingt (die Schaffung von über 80 000 Zukunftsarbeitsplätzen), gelingt weltweit:

Ende 2017 lieferten die weltweit installierten Solarmodule mehr Leistung als alle AKW zusammen.

Das Solarzeitalter braucht eine zielbewusste politische Führung. Denn die politische Reform der Weltenergieversorgung erfordert nicht nur eine neue Energiepolitik, sondern eine auf dieses Ziel gerichtete Außen-, Sicherheits-, Landwirtschafts-, Forschungs-, Bau-, Umwelt- und Verkehrspolitik – und zwar in Kommunen, in den Ländern und im Bund. Kurz: eine solare politische Strategie.

Wenn in Deutschland der Ausbau der erneuerbaren Energien aber weiter so ausgebremst und gedeckelt wird, dann werden dadurch nicht nur die Arbeitsplätze bei den sauberen Energien gefährdet, sondern auch die Jobs der Elektroauto-Industrie. Das zu lange Festhalten am Alten gefährdet die Arbeitsplätze der Zukunft. Investitionen in Zukunftsmärkte schaffen Jobs und echten Vorsprung durch innovative Technik.

Die PV-Branche in Deutschland befindet sich zurzeit in einem Hase-Igel-Wettlauf mit der Politik wie in Kafkas Roman »Der Prozess«. Immer wenn die deutschen Solartechniker – nach wie vor Weltspitze – ein neues Geschäftsmodell entwickelt haben, das sich wirtschaftlich rechnet, erfindet die Bundesregierung neue Abgaben wie die »Sonnensteuer« (leider kein Witz!) oder weitere bürokratische Hürden, um den solaren Ausbau zu bremsen. Nach Fukushima hatte Angela Merkel noch gesagt: »Wir möchten die Energieversorgung in Deutschland schnellstmöglich durch erneuerbare Energien gewährleisten. Die einzig redliche Antwort ist der forcierte und beschleunigte Weg in das Zeitalter der erneuerbaren Energien.«

Nach dem japanischen Überfall auf Pearl Harbor und Hitlers Kriegserklärung gegen die USA veranlasste Präsident Roosevelt die sofortige massive Produktion von Panzern, Kriegsschiffen und Kriegsflugzeugen. Die Produktion privater PKW wurde für drei Jahre gestoppt. Der US-Präsident damals: »Und keiner soll wagen zu sagen, das sei unmöglich.« Diese einmalige Mobilmachung hat den Zweiten Weltkrieg mitentschieden. Und für das größte Friedensprojekt des 21. Jahrhunderts sollen weit weniger Anstrengungen unmöglich sein?

Bei der Energiewende geht es darum, den jetzigen Krieg gegen die Lebenschancen der kommenden Generationen zu gewinnen. Wir brauchen dafür heute ganz andere Ansätze als Roosevelt vor 77 Jahren. Doch der Vergleich soll zeigen: Mit ernsthaftem politischem Willen und unkonventionellen Methoden sind außergewöhnliche politische Ziele erreichbar.

Aber wer sind die wirklichen Gegner? Wer hintertreibt die Energiewende? Die Klimawissenschaftlerin Claudia Kemfert nennt sie – etwas pauschal – »Das fossile Imperium«. Ihr Credo: »Die Energiewende ist das wichtigste Projekt auf der globalen Agenda. Wir müssen sie retten. Jetzt!« Denn: »Das fossile Imperium schlägt zurück.«

Wir müssen die Klimaziele von Paris unbedingt erreichen. Einen Plan B gibt es nicht. Und auch keinen zweiten Planeten für uns. Der Klimawandel ist von Menschen gemacht, also kann und muss das Problem auch von Menschen gelöst werden. Der Klimawandel ist schon lange keine Glaubensfrage mehr, er ist eine wissenschaftlich erwiesene Tatsache: Die Gletscher schmelzen, die Meere versauern, die Luft erwärmt sich, die Konzentration von CO_2, Lachgas und Methan in der Atmosphäre nimmt dramatisch zu. Diese Fakten kann kein vernünftiger Mensch »wegglauben« und »weglügen«.

Indem die deutschen Braunkohle-Länder Arbeitsplätze zu schützen vorgeben, verhindern sie in Wahrheit Zukunftsjobs. In Wahlkämpfen schöne Worte für Klimaschutz zu finden, aber praktisch das Gegenteil zu tun, bedeutet, politisches Vertrauen zu verspielen.

Die deutsche Energiewirtschaft führt noch 2018 mit freundlicher Unterstützung der Großen Koalition einen Krieg gegen die Zukunft. Dieselbe Bundesregierung beschwert sich über den Kohlefreund Trump im Weißen Haus und dessen Ausstieg aus dem Pariser Klimaabkommen, macht aber zu Hause dasselbe wie Trump. Wie heuchlerisch! Trump ist wenigstens ehrlich. In Brandenburg arbeiten Sozialdemokraten und Linke in der Regierung gegen Klimaschutz, in Nordrhein-Westfalen sind es CDU und FDP. Die logischen Folgen von Paris: Braunkohleabbau und der Verbrennungsmotor werden ebenso ein Auslaufmodell sein müssen wie Ölheizungen und die bisherige Wärmegewinnung in der Industrie.

13. Die Sonne ist der größte Reichtum

Die Vertreter der alten Energiewelt, das »Fossile Imperium«, sind die wahren Saboteure der Energiewende. Sie haben willige Helfer in beiden deutschen Volksparteien, aber auch in der Linken und in der FDP. Und kein Argument ist zu dumm, um nicht gegen die Energiewende ins Feld geführt zu werden. Beispiele dafür sollen die sechs meist gebrauchten Mythen und Lügen der alten Energiewirtschaft sein:

> **Mythos 1:** »Energiewende ist unmöglich. Es gibt nicht genug erneuerbare Energien.«

Nach der Fukushima-Katastrophe 2011 beschloss die Bundesregierung unter Angela Merkel den Atomausstieg, den sie zuvor bekämpft hatte. Der Aufschrei der vier Atomstrombetreiber RWE, Eon, EnBW und Vattenfall ließ nicht lange auf sich warten: »Das geht aus grundsätzlich physikalischen Gründen niemals. Ein Industrieland mit viel Energieverbrauch kann sich nie nur mit erneuerbarer Energie versorgen.«

Fakt ist: Die Sonne ist seit Beginn der Evolution der größte Reichtum und die größte Energiequelle auf unserem Planeten. Siehe auch die Eingangskapitel dieses Buches. Wer dies noch immer bestreitet, hat einfach ein Brett vor der Sonne.

Mythos 2: »Ohne Atom und Kohle gehen die Lichter aus«, sagen die alten Stromkonzerne schon seit über 50 Jahren. Und Angela Merkel meint: »Wir können nicht gleichzeitig aus Atom und Kohle aussteigen.«

Fakt ist: Deutschland schwimmt von Jahr zu Jahr mehr in Strom. Wir können die alten Kraftwerke eher früher als später abschalten. Weder die vorhergesagte »soziale Verelendung ganzer Schichten« noch die prognostizierten »wirtschaftlichen Nachteile« noch der immer noch beschworene »Blackout« der Stromversorgung sind eingetreten.

Fakt ist auch: Das Beschwören der alten Mythen ist nur noch lächerlich. Im Gegenteil: Wenn die Energiewende gelingen soll, braucht die Wirtschaft einen klaren Kurs. Eine Rolle rückwärts wie in den USA von Obama zu Trump wäre eine Katastrophe für die Wirtschaft. Je verlässlicher die Aussagen und Pläne der Politik zur Energiewende sind, desto eher können private Haushalte und Unternehmen in erneuerbare Energien investieren. Investitionssicherheit ist das A und O einer gelingenden Energiewende.

Mythos 3: »Ökostrom ist nur verfügbar, wenn die Sonne scheint und der Wind weht. Woher aber sollen denn im Winter und in der Nacht Strom und Wärme kommen?«

Schon in der Vergangenheit war die Sorge um die Versorgungssicherheit unbegründet. Trotz 35 Prozent Ökostrom hatte Deutschland 2016 zu 99,998 Prozent Versorgungssicherheit – mehr als in jedem anderen Land der Welt. Die wenigen Stromausfälle (13,1 Minuten pro Jahr im Schnitt der letzten zehn Jahre!) wurden nicht durch die erneuerbaren Energien verursacht, sondern von den Stromkonzernen selbst – zum Beispiel durch umgeknickte Oberleitungen oder durch schlechte Organisation. Dennoch warnt die alte Energielobby immer wieder vor einem »Kollaps«, zum Beispiel wieder am Tag, an dem ich diese Zeilen schreibe.

E-Autos überfordern angeblich das Stromnetz. Die Landesverbände Bayern und Baden-Württemberg des BDEW, der Energie- und Wasserwirtschaft, sind besorgt: Das »ächzende Stromnetz« sei auf die »massenhafte Verbreitung von E-Mobilen« nicht vorbereitet. Auf diese Schnapsidee muss man erst mal kommen. Seit wann und wo in Deutschland droht denn sofort eine »massenhafte Verbreitung von E-Mobilen«?

Selbstverständlich kann Ökostrom auch gespeichert werden, nicht nur in Batterien, über Kraft-Wärme-Koppelung, in Pump- und Druckluftspeicherkraftwerken. Wasserkraft, Geothermie und Bioenergie sind so problemlos speicherbar wie fossile Energieträger. Je mehr dezentrale Speicher wir haben, desto weniger lange und kostspielige Überlandleitungen quer durch die Republik brauchen wir.

Mythos 4: »Die Energiewende ist viel zu teuer. Deutschland hat dadurch Wettbewerbsnachteile gegenüber anderen Industriestaaten.«

Fakt ist: Wie soll eigentlich Energie zu teuer sein, wenn Sonne, Wind und Wasser keine Rechnung schicken, sondern uns als Geschenke der Natur zur Verfügung stehen und

Bioenergie aus der Region genutzt wird? Die Strompreise steigen nicht durch die erneuerbaren Energien, sondern weil neben den Erneuerbaren viel zu viele alte Kraftwerke kostenpflichtig weiterlaufen. Und weil immer mehr energieintensive Großunternehmen von der Ökostrom-Umlage befreit sind. Deshalb müssen Privathaushalte jedes Jahr fünf Milliarden Euro mehr bezahlen. Mit Marktwirtschaft hat das alles gar nichts zu tun.

Mythos 5: »Die erneuerbaren Energien führen zu einer De-Industrialisierung Deutschlands.«

Fakt ist: 18 Jahre nach Beginn der Energiewende geht es Deutschland wirtschaftlich besser als vergleichbaren Industriestaaten. Die Beschäftigung ist hoch, Jahr für Jahr entstehen neue Arbeitsplätze. Am Beginn des Jahrhunderts waren hierzulande rund 100 000 Menschen in den Branchenzweigen der Erneuerbaren beschäftigt, heute sind es etwa 340 000. Eine ähnliche Entwicklung ist weltweit zu beobachten. Erneuerbare Energieträger sind nicht – wie behauptet – ein Jobkiller, sondern ein immer wichtiger werdender Job-Knüller. Das Argument der »De-Industrialisierung« ist heute nur noch eine Lachnummer und peinlich. Richtig ist, dass erneuerbare Energien die Wirtschaft ankurbeln. Die Internationale Erneuerbare Energieagentur, IRENA, prognostiziert: Aus heute knapp zehn Millionen Jobs weltweit werden in acht Jahren mehr als 24 Millionen geworden sein. IRENA: Die Erneuerbaren führen weltweit zu einem höheren Gemeinwohl.

Eine kluge Volkswirtschaft investiert in Zukunftstechnologien und nicht in die Machtstrukturen der Vergangenheit.

Der Bundestag musste 2017 beschließen: Die Folgekosten der Atomenergie zahlen die Steuerzahler – und zwar bis in alle Ewigkeit – etwa eine Million Jahre. Dagegen haben alle Umweltverbände heftig protestiert – die Proteste sind verständlich, aber vergebliche Liebesmüh und völlig unrealistisch.

Die Stromkonzerne können die Folgekosten ihres Tuns niemals selbst finanzieren. Der Atommüll wird noch immer viel Geld kosten, wenn es RWE und Eon, Vattenfall und EnBW längst nicht mehr geben wird.

Zur Lösung, die der Deutsche Bundestag mit den Stimmen von CDU/CSU, SPD und Grünen beschlossen hat, gab und gibt es grundsätzlich keine Alternative. Ein bundeseigener Fonds (also die Steuerzahler) übernimmt zusammen mit den wenigen Milliarden Rücklagen der AKW-Betreiber die Verantwortung für den Atommüll, und zwar bis in alle Ewigkeit. Die – gemessen an den Gesamtkosten – lächerlichen 23 Milliarden Euro Rücklagen, die sich bei den Konzernen angesammelt haben, sind ein Klacks gegenüber den Kosten, welche die Allgemeinheit etwa eine Million Jahre zu finanzieren hat. Der Ur-Fehler war, AKW überhaupt zu bauen, ohne an die Folgen zu denken. Nun sind sie da, und die Entsorgung ihres Mülls kann nur von allen finanziert werden.

Vom »billigen Atomstrom« wird spätestens jetzt hoffentlich niemand mehr reden. Und zugleich sollte sich nie wieder jemand über die knapp sieben Cent pro Kilowattstunde aufregen, welche die deutschen Stromverbraucher für den Einstieg in die erneuerbaren Energien heute noch aufwenden müssen.

Wie der Atomausstieg lässt sich auch der Kohleausstieg nicht aufhalten. Wir wissen heute, dass aus Gründen des Klimaschutzes 80 Prozent der Kohle im Boden bleiben muss. Hier fallen zwar keine Kosten für Atommüll an, doch die Reaktivierung der Mondlandschaften, die beim Kohleabbau zurückbleiben, muss ebenfalls von vielen Generationen Steuerzahlern finanziert werden.

Das große Dilemma der Politik: Sie will beim Klimaschutz niemandem wehtun und tut damit langfristig allen sehr weh.

Auch für die Kohle mussten die Konzerne Rücklagen bilden. Was aus dieser »Vorsorge« wird, ist jetzt beim Atomausstieg zu besichtigen. Wir können sie nahezu vergessen. Die Zeche zahlt auch bei der Kohle wie beim Atom weitgehend der Steuerzahler. Zu einer funktionierenden Marktwirtschaft gehört das Verursacher-Prinzip. Doch bei den Themen Atom- und Kohlestrom war von vornherein klar, dass hier selbst marktwirtschaftliche Regeln außer Kraft gesetzt werden. Es wollte nur keiner wahrhaben. Die Bundesregierung muss schnell einen sozial-ökologischen Ausstiegsplan für den Abschied von der Kohle bis zum Jahr 2030 erstellen.

Mythos 6: »Die Energiewende führt zur sozialen Verelendung.«

Fakt ist: In vielen Entwicklungsländern sind schon heute Solar- und Windstrom die größte Chance für Entwicklung und für die Überwindung des sozialen Elends. Für die Industrieländer gibt Claudia Kemfert diese Antwort auf die absurde These der alten Stromer: »Das größte Risiko für die Energiearmut ist nicht die Energiewende. Das größte Risiko für Energiearmut ist: Armut.«

Die Mythen der alten Energieversorger zeigen, dass und wie wissenschaftliche und wirtschaftliche Fakten geleugnet und durch absurde Thesen ersetzt werden. Und die Lobbyisten der alten Energiewirtschaft scheinen sich ihrer Mythen und Lügen, ihrer Verleumdungen und Fake News nicht einmal zu schämen.

Die sechs genannten Mythen erweisen sich bei genauerem Hinsehen als verdummende Ideologien.

Wer heute die wissenschaftliche Basis der Klimaforschung ignoriert, indem er seine ökonomischen Gewinnchancen über alles stellt, begeht ein nahezu unverzeihliches Verbrechen an künftigen Generationen. Der Dalai Lama dazu: »Die Umweltkatastrophen und die Art und Weise, wie wir von ihnen betroffen werden, sind der Widerschein unserer konfliktreichen und destruktiven Denkweisen, die auf einem egoistischen Trachten nach Wohlstand und Profit beruhen.«

Ich frage Klimawandel-Leugner, die in meine Vorträge kommen, oft: »Haben Sie Kinder?« Dann ist die Diskussion meist rasch beendet.

Das große Geld hat großen Einfluss auf die große Politik. Al Gore schreibt, dass in Washington auf einen Abgeordneten oder auf einen Senator vier Lobbyisten kommen, die versuchen, Klimaschutzpolitik zu verhindern. Das ist eine Demokratiekrise. Wenn wir diese nicht lösen, können wir auch die Klimakrise nicht lösen. Al Gore meint, dass in den USA allein die Milliardär-Brüder Charles und David Koch, Eigentümer eines riesigen Öl- und Chemiekonsortiums, 88 Millionen Dollar an Gruppen bezahlt haben, die den Klimawandel leugnen.

Die Klimazerstörer haben die Taktik der Tabakindustrie übernommen, die jahrzehntelang den Zusammenhang zwischen Rauchen und Lungenkrebs geleugnet hat. Den größten Lobby-Einfluss haben in Washington, aber auch in Berlin, die Energie-Lobby, die Landwirtschafts- und die Autolobby sowie ihre Helfershelfer. In den USA gehören diese Konzerne zu den Unternehmen mit den größten Wahlkampfspenden. Wer keine Argumente hat, muss es mit Geld, sprich Korruption, versuchen. Warum? Weil er jede Veränderung als Bedrohung seines Status Quo und seines statischen Weltbildes wahrnimmt.

14. Ist der Klimawandel eine Lüge?

Meine journalistische Erfahrung sagt mir, dass man zwar eine Zeit lang Millionen Menschen hinters Licht führen kann, aber nicht auf Dauer. Die Großkonzerne berufen sich auf Klimawandel-Leugner, die meist keine Wissenschaftler sind, sondern Interessenvertreter.

Ihre häufigsten Argumente:

- Der Klimawandel ist eine Lüge.
- Wenn es den globalen Klimawandel dennoch gibt, dann ist nicht der Mensch die Ursache, sondern die Natur wie die Sonne oder Vulkane.
- Die Vorteile des Klimawandels sind größer als die Nachteile.
- Menschen haben sich an Klimaveränderungen schon immer angepasst.
- Die Computermodelle der Klimaforscher sind unzuverlässig.
- Klimaforscher sind Betrüger.

In den USA werden diese »Fakten« weit verbreitet, vor allem im Fernsehen. Dabei muss man wissen, dass fast alle Nachrichtenprogramme und politischen Sendungen von den Erdöl-, Kohle- oder Erdgaskonzernen gesponsert werden.

Die Dinosaurier der deutschen Energiewirtschaft argumentieren so unverfroren und töricht wie Donald Trump in den USA: Entgegen aller wissenschaftlichen Erkenntnis leugnet der US-Präsident den Klimawandel und betreibt eine rückwärtsgewandte Energiepolitik. Er ist der Stroh- und Hampelmann der Öl- und Kohlelobby in den USA. Unbelehrbare Vertreter der alten Kohle- und Ölindustrie hat er um sich versammelt: Sein früherer Außenminister war vorher Chef des Ölkonzerns Exxon, sein Innenminister ist bekennender Freund der fossilen Energiewelt, sein Chef der Umweltbehörde ist – wie Trump selbst – Leugner des Klimawandels. Er bezeichnete Obamas Klimapolitik als »Krieg gegen die Kohle«. Sein Energieminister – ebenfalls Leugner des Klimawandels – wollte noch vor der Wahl Trumps das Ministerium abschaffen, dem er nun vorsteht.

Ein führender Mitarbeiter von Eon, angesprochen auf die Hochglanzanzeigen »Sag mal, Eon« für erneuerbare Energien seines Konzerns, wörtlich: »Solche Anzeigen schalten wir doch nur aus PR-Gründen.« Nicht alle, aber viele sagen »Energiewende« und meinen eine weitere Runde Laufzeit für ihre alten AKW; viele sagen »Energiewende« und bauen neue Kohlekraftwerke; viele sagen »Energiewende«, aber fordern zugleich Kohlekraft als »Übergangstechnologie« noch für Jahrzehnte.

Wir Menschen können Dinge gleichzeitig lieben und zerstören. So sagt der australische Ministerpräsident Tony Abbott, er sei ungeheuer stolz auf das australische Natur-Weltwunder, das Great Barrier Reef mit den schönsten Korallenriffen der Welt. Zugleich aber verteidigt derselbe Mann die Kohlepolitik seines Landes, das wie kein anderes den Klimakiller Kohle exportiert. Es sei »gut für die Menschheit«, Kohle zu verbrennen, so Abbott. Auch deshalb stirbt das Riff, der größte lebende Organismus unseres Planeten, mehr als die Hälfte der Korallen sind schon tot.

Nachdem deutlich ist, wer die Energiewende hintertreibt, nochmal die Frage: Wer treibt die Energiewende voran? Jeder und jede, der und die bei jeder Wahl dafür sorgen, dass die Energiefrage die zentrale Frage seiner Wahlentscheidung ist. Mit der Energiewende stehen wir an einem wichtigen und vielleicht entscheidenden Wendepunkt der Geschichte.

Eine Studie der »Agora Energiewende« hat 2017 aufgezeigt, was nach der Bundestagswahl im Herbst 2017 geschehen muss, um die Klimaschutz-Ziele der Bundesregierung noch zu erreichen:

1. Beschluss für einen raschen Kohleausstieg,
2. CO_2-Steuer für den Verbrauch von Benzin, Kohle, Gas und Öl,
3. E-Mobilität fördern,
4. Energiebedarf insgesamt reduzieren – vor allem im Gebäude- und Verkehrsbereich.

III.

LUST AUF DAS SOLARZEITALTER: DIE SONNE GEWINNT

1. Deutschland bremst

Wir sind Zeugen eines dramatischen Wandels der weltweiten Energiemärkte. Der globale Siegeszug der erneuerbaren Energien ist –trotz der Bremser, Blockierer und Verhinderer – nicht mehr aufzuhalten. Bei der Energiewende wird zutreffen, was Mahatma Gandhi sagte: »Erst ignorieren sie dich, dann lachen sie über dich, dann bekämpfen sie dich, dann gewinnst du.« Wir werden gewinnen.

Der Zubau von Windkraft entsprach schon 2015 in China zwei Windrädern pro Stunde oder 17 500 Windrädern in einem Jahr. Jahrzehntelang war Deutschland Wind- und Solarweltmeister – jetzt ist es China. Selbst die Internationale Energieagentur in Paris (IEA), die bislang den Siegeszug der Erneuerbaren immer geleugnet hatte, muss jetzt einräumen, dass der Zubau der Ökoenergien die Kohle von Platz eins verdrängt hat.

Hauptgrund: Die Kosten für diese nahezu unerschöpflichen und klimafreundlichen Energiequellen sinken weit schneller als erwartet. Wenn Sie die Kosten für die Solaranlage auf Ihrem Dach vor einem halben Jahr berechnet haben, ist diese Berechnung schon heute überholt. Deshalb steht die Solar- und Windenergie an der Schwelle, die größte Industrie der Welt zu werden und die alten Energieträger zu 100 Prozent abzulösen.

Das heißt: Ökonomie und Ökologie finden endlich zusammen. Es zeigt sich, dass die Ökologie ohne ökonomischen Erfolg keinen Sinn macht. »It's the economy, stupid.« (Bill Clinton) Ohne Ökologie macht allerdings auch die Ökonomie keinen Sinn. Voraussetzung des Erfolgs ist also, dass sich mit Ökoenergien gute Geschäfte machen lassen. Ökonomie und Ökologie müssen jetzt zueinander finden.

Freilich: Sonne und Wind stehen nicht immer zur Verfügung. Deshalb muss man zwischen der verfügbaren

Leistung und der tatsächlich erzeugten Strommenge unterscheiden. Und deshalb werden nicht nur die Solarmärkte wachsen, sondern auch die Speichertechnologien für Sonnen- und Windstrom.

Die IEA prognostiziert dennoch, dass Sonne und Wind in den nächsten fünf Jahren die am schnellsten wachsenden Energiequellen bleiben werden.

Die Gewichte des Energieumbaus verschieben sich zurzeit in die Schwellenländer. Nicht nur China und Indien, auch Brasilien, ja, sogar Russland, beschleunigen ihre Energiewende – über Sonnen-, Wind- und Wasserkraft.

Selbst die USA haben inzwischen Europa bei der Transformation ihres Energiemarktes abgehängt. Doch mit 40 Prozent Anteil am gesamten erneuerbaren Energiemarkt der Welt hat China sowohl die USA wie auch Europa überholt.

Seit 2010 werden weltweit Jahr für Jahr mehr Gelder in erneuerbare Energien investiert als in die alten Energieträger. 2010 war das Verhältnis 187 zu 157 Milliarden Dollar zugunsten der Erneuerbaren, 2016 bereits 287 zu 240 Milliarden für die Erneuerbaren. Als ich darüber mit dem Dalai Lama diskutierte, meinte er: »Das 21. Jahrhundert kann noch immer zum wichtigsten Jahrhundert der Menschheitsgeschichte werden. Wir sind Zeugen des Entstehens einer neuen Wirklichkeit.«

Schon im ersten Jahrzehnt des 21. Jahrhunderts wurde allein in den USA der geplante Bau von 166 Kohlekraftwerken abgesagt. In China wurden im ersten Halbjahr 2015 über hundert besonders schmutzige Kohlekraftwerke geschlossen. In den drei bevölkerungsreichsten Ländern der Welt – China, Indien und den USA – wächst Jahr für Jahr der Anteil der erneuerbaren Energien. Afrika erlebt einen Sonnenaufgang mit Solarenergie. Aziz Rabbah, Energieminister von Marokko: »Marokko ist ein energiearmes Land, jedenfalls im herkömmlichen Sinne. Aber es ist dabei, diesen Nachteil in einen Vorteil umzumünzen, indem es konsequent auf erneuerbare Energien setzt.« Und in Südamerika ist Chile mit dem raschen Ausbau der Solarenergie zum Vorbild für ganz Südamerika geworden. Im Andenland wurde zwischen 2014 und 2017 der Anteil von Solar- und Windstrom vervierfacht.

Unter Präsident Obama konnten die CO_2-Emissionen in den USA um etwa zehn Prozent gesenkt werden. China hatte 2009 auf der Weltklimakonferenz in Kopenhagen zugesagt, seine CO_2-Emissionen ab 2030 zu reduzieren, das Ziel war bereits 2013 erreicht.

Deshalb steigen seit etwa 2013 die klimaschädlichen Abgase global wenigstens nicht mehr an. Damit sie aber deutlich reduziert werden, muss der rasche, weltweite Umstieg auf Ökoenergien beschleunigt werden. Eine Minderung und Umstellung der staatlichen Subventionen auf klimaschädliche und gefährliche Energien ist ebenso nötig wie die Einführung einer CO_2-Steuer. Die Treibhausgase können nur durch angemessene Preise für die alten Energieträger spürbar reduziert werden. Wir brauchen endlich Marktwirtschaft im Energiesektor: Das aber heißt, dass das Verursacher-Prinzip gilt. Wer den Klimawandel vorantreibt, muss auch dafür bezahlen, ob über seinen Stromverbrauch, seinen Heizölverbrauch oder über seinen Benzinverbrauch. Die Energiepreise müssen endlich die »ökologische Wahrheit« (Ernst Ulrich von Weizsäcker) sagen. Kostenwahrheit darf im Energiesektor nicht länger ein Fremdwort bleiben.

Die Klimakrise ist das größte Problem unserer Zeit, oder wie Angela Merkel sagt: »Die Schicksalsfrage des 21. Jahrhunderts.«

Das geradezu stümperhafte Abbremsen der Energiewende in Deutschland durch die große Koalition zwischen 2013 und 2017 hat den Gegnern der Energiewende und den

Lobbyisten der alten Energiewirtschaft starken Auftrieb gegeben. Die Große Koalition war immer eine Kohlekoalition und ganz klein bei der Energiewende.

Solange wir nur nach dem aktuellen Preis eines Energieprodukts fragen und dessen Folgekosten ausklammern, befinden wir uns auf der Verliererstraße. Auch bei Energie geht es nicht nur um den Preis, sondern um den Wert. Die erneuerbaren Energien waren am Anfang teurer als die alten Energieträger, aber sie waren von Anfang an gesellschaftlich wertvoller, weil sie so gut wie keine Folgekosten haben. Inzwischen sind sie auch noch billiger. Wer in seinem Unternehmen zu spät an den Preis denkt, wird es ruinieren, wer aber von Anfang an nur an den Preis denkt, würgt ab, was sein Geschäft erst zukunftsfähig macht: Kreativität. Was jetzt gerade billig ist, ist nicht immer die beste Lösung.

Für Kreativität braucht es freilich Zeit. Doch wir leben in der Zeit der Kurzfristigen. Nachhaltig und kreativ wird unsere Wirtschaft erst, wenn wir lernen, längerfristig zu denken und zu planen und zu arbeiten.

Wir stehen an einem Wendepunkt, vor einem Paradigmenwechsel. Das Alte ist noch stark und mächtig, aber das Neue wächst und wächst wie zurzeit weltweit die erneuerbaren Energien.

Um den Klimakollaps noch zu verhindern, müssen 60 bis 80 Prozent der noch vorhandenen fossilen Bodenschätze unter der Erde bleiben, anstatt in Autos, Heizungen oder Kraftwerken verfeuert zu werden. Im Mai 2015 machte dafür die Universität Edinburgh den Anfang und beschloss, 300 Millionen Pfund Stiftungskapital nicht länger in alte Rohstoffkonzerne zu investieren. Schon wenige Tage später machten Norwegens Finanzpolitiker ihrem Staatsfonds zur Auflage, nicht mehr in Kohlekraftwerke zu investieren. Dabei handelt es sich um den größten Staatsfonds der Welt, um 800 Milliarden Dollar. Dann folgte die schwedische Kirche mit einem ähnlichen Beschluss, danach die Stadt Münster. Eine neue globale Bewegung war geboren: Die Divestment-Bewegung fordert Fonds, Banken, Universitäten, Städte, Kirchen und Versicherer in der ganzen Welt auf, ihr Geld künftig in eine grüne Klimapolitik zu investieren, statt wie bisher in eine schwarze. So sollen in den nächsten Jahren Billionen Dollar in erneuerbare Energien fließen. Selbst die Weltbank schloss sich der neuen Bewegung an und will kein Geld mehr in neue Kohlekraftwerke stecken. Diese Sprache verstehen nun auch Konzerne, nachdem sich inzwischen über 200 Großinvestoren der neuen Bewegung angeschlossen haben. Das große Geld war bisher Teil des Problems, jetzt wird es Teil der Lösung. Ein grünes Wunder.

Zu den prominenten Teilnehmern der Bewegung gehören in den USA die Rockefeller-Stiftung und in Deutschland die Allianz. Das Gesamtvermögen der Investoren, die sich verpflichtet haben, ihr Geld aus den fossilen Rohstoffen zurückzuziehen, beläuft sich auf über vier Billionen Dollar. Tendenz stark steigend. Weltweit sind es bereits über 70 Städte, deren Geld den fossilen Bereich verlässt. In Deutschland hat neben Münster auch Berlin sein Geld aus der Kohle-, Gas- und Ölindustrie zurückgezogen. Dieser jetzt begonnene Prozess wird nicht zur De-Industrialisierung führen, sondern zu einem neuen, diesmal ökologischen Wirtschaftswunder. Seit Schweden eine CO_2-Steuer von 130 Euro pro Tonne eingeführt hat, ist das Land auf Platz sechs der am schnellsten wachsenden Volkswirtschaften geklettert.

Auch für die deutsche Wirtschaft wird die Energie- und Verkehrswende zu einem Konversionsprogramm, das zu niedrigeren Strom- und Transportkosten, zu zukunftssicheren Arbeitsplätzen und zu neuen Exportchancen führt.

Die Bundesregierung sollte dafür endlich den Vorwärtsgang einschalten.

Die Demokratisierung und Digitalisierung von Information und Energie werden die menschlichen und wirtschaftlichen, die politischen und gesellschaftlichen Beziehungen genau so verändern wie vor 500 Jahren die Erfindung des Buchdrucks. Die Energie-Demokratisierung wird von der Internet-Technologie begleitet, verwaltet und gestaltet. Davon werden vor allem die heute noch armen Länder des Südens profitieren. Zugang zu Strom und Zugang zu Informationen sind die Basis zur Verbesserung der Lebensverhältnisse. Dabei hilft die Vergabe von Mikrokrediten, was der erfolgreichste Banker der Welt, Muhammad Yunus, seit vier Jahrzehnten in Bangladesch vormacht.

Die Energiewende betrifft die verschiedensten Infrastrukturen: Stromnetze, Gasnetze, Nah- und Fernwärmenetze. Aber auch die Straßen, Lade- oder Tankinfrastruktur und die IT. Es geht um die Frage, wie wir in Zukunft unsere Wohnungen beheizen und Mobilität organisieren. Aber es geht auch um die Zukunft wichtiger industrieller Prozesse und deren Innovationszyklen, wie etwa in der Stahlerzeugung. Wie kann das in Zukunft klimaneutral gelingen, und wie können wir dafür die besten Voraussetzungen schaffen? All diese Themen verhalten sich zueinander wie kommunizierende Röhren.

Klar ist: Je länger wir die schicksalhafte Wende hinausschieben, desto teurer wird sie – schon durch die anfallenden Folgekosten und den sich verstärkenden Klimawandel. Die alte Energielobby spielt auf Zeit, doch wir haben keine Zeit zu verlieren.

Im Jahr 2000 hat die damalige rot-grüne Regierung »Restlaufzeiten« für AKW beschlossen. Die schwarz-gelbe Bundesregierung tat dasselbe im Jahr 2011. Warum jetzt keine Restlaufzeiten für Kohlkraftwerke? Dort, wo einst

Kohle abgebaggert wurde, lassen sich Wind- und Solarparks errichten, sobald die Löcher zugeschüttet sind: in der Lausitz, am Rhein und in der Mitte Deutschlands. Und warum soll sich ein Kohlekumpel nicht auf die Wartung von Windrädern umschulen lassen? Auch die Menschen zwischen Aachen und Köln, zwischen Hoyerswerda und Guben brauchen eine Perspektive für die nächsten Jahrzehnte. Die Realität an der Ruhr zeigt: Dort, wo die Zechen mit viel Steuergeld am längsten künstlich am Leben gehalten wurden, ist die Not heute am größten.

Die UNO hat 2015 einstimmig beschlossen, bis 2030 17 globale Ziele zu erreichen. Alle 17 hängen mit der Energiewende zusammen: die Überwindung der Armut und des Hungers, bessere Gesundheit, Bildung, mehr und bessere Arbeitsplätze, Wasser für alle, nachhaltige Wirtschaft, Frieden, Gerechtigkeit und so weiter.

Auf dem Weg zu diesen Zielen sind erneuerbare Energien ein Jobmotor. Sie schaffen Wohlstand und Gesundheit. Wenn Schulen und Krankenhäuser Elektrizität haben, können sie effektiver arbeiten. Ich habe 1993 in Bangladesch gefährliche Augenoperationen im Schein einer Taschenlampe gefilmt, deren Batterien nicht länger als eine halbe Stunde hielten. Neun Jahre später bei meinem nächsten Film arbeiteten die Augenärzte im Schein von langlebigen Solarlampen mit gut funktionieren Batterien.

Solare Energie ist in vielen Regionen unserer Welt oft Voraussetzung für sozialen Frieden und schafft Millionen Menschen in Asien, Afrika und Lateinamerika Zugang zu Bildung, Information und Arbeitsplätzen.

Junge Afrikaner erzählten mir 2014, dass sie nach Europa fliehen wollten, weil es in ihren Dörfern keinen Strom gab. Heute arbeiten sie in ihren Dörfern als »Solateure«, haben Strom und installieren in ihrer afrikanischen Heimat kleine Photovoltaik-Anlagen, damit ihre Mitbewohner

Licht haben sowie Handys, Radios und Laptops betreiben können. An Flucht denken sie gar nicht mehr. Armut muss sich nicht vererben.

Mit Solarenergie können wir den größten Strukturwandel seit Beginn des Industriezeitalters organisieren: Die Energiewende wird nach der industriellen und digitalen Revolution die nächste kulturelle Revolution werden.

Aus bisherigen Stromkonsumenten werden Stromproduzenten, das ist die Chance der dezentralen, demokratischen Energiegewinnung der Zukunft. Diese sich schon abzeichnende Entwicklung wird auch durch die Mythen der alten Stromlobby nicht aufzuhalten sein. Auch Donald Trump wird den Siegeszug der Energiewende nicht stoppen können. Eher wird er zum Totengräber der Kohlewirtschaft. Gerade seine Mythen werden durch seine lachhaften »Argumente« jeden Tag mehr widerlegt. Um es mit dem alten deutschen Sprichwort zu sagen: Den Siegeszug der Erneuerbaren in ihrem Lauf halten weder Ochs noch Esel auf. Auch in den USA sorgt die rückläufige Kohlewirtschaft für den Abbau von Arbeitsplätzen, und viele neue Jobs entstehen in der Solarbranche: Sie hat dort bereits 260 000 zukunftsfähige Stellen.

So allmählich wachen auch die alten Energie-Dinos auf: Je mehr Energie sie aus Öl und Kohle sowie aus AKW erzeugen, desto teurer wird sie. Je mehr Energie sie aus Sonnen- und Windkraft erzeugen, desto billiger wird sie. Der noch größere Vorteil: Der Treibstoff aus Sonne und Wind ist praktisch unerschöpflich. Allein die Sonne schickt uns jede Stunde so viel potenziell nutzbare Energie, wie die Menschheit heute in einem Jahr verbraucht. Auch die potenzielle Windkraft, die Geothermie und die Bioenergie übertreffen den weltweiten Energiebedarf – zumindest theoretisch – um ein Vielfaches. Das heißt aber auch: Die Energiewende ist nicht nur nötig, sie ist auch praktisch möglich.

2012 begann der süddeutsche Stromversorger EnBW im grün regierten Baden-Württemberg, sich in Richtung ökologischer Stromversorgung umzustellen. Inzwischen produziert der Konzern bereits etwa die Hälfte seines Stroms erneuerbar, hauptsächlich über Windparks an Land und auf See. Auch RWE und Eon haben inzwischen begriffen, dass Sonne und Wind keine Rechnung schicken. »Erneuerbar ist billiger als atomar«, höre ich inzwischen auch aus diesen Konzernkreisen. Jetzt müssen sie nur noch den Kohleausstieg organisieren. Wenn sie klug sind oder werden, dann werden sie die erneuerbaren Energien weiter vorantreiben und feststellen, dass nicht nur atomare, sondern auch konventionelle Kraftwerke rasch überflüssig werden.

In Freiburg im Breisgau baute der Solararchitekt Rolf Disch schon 1995 60 Häuser, die dreimal so viel Solarstrom erzeugen, wie die Bewohner verbrauchen, und mit ganz wenig Heizung auskommen, die über Biofernwärme aus einem Holzhackschnitzel-Kraftwerk erzeugt wird. Es sind die ersten Solar-Plus-Häuser der Welt, die in vielen Ländern inzwischen nachgebaut werden. Solarstrom ist längst wirtschaftlich. Im Jahr 2000 lief ich mit meiner Frau und Rolf Disch durch seine Solarsiedlung. Der Architekt, dessen Erfolgsgeheimnis vor allen darin besteht, dass er weiß, wo Süden ist, erzählt uns, wie alles begonnen hat: Früher ist der Mann einmal Weltmeister im Solarautorennen in Australien geworden. Sein Fahrzeug hatte er selbst gebaut.

Der Architekt versteht viel vom Handwerk. Schließlich hatte er drei Berufe gelernt, bevor er Architektur studierte. Er war Möbelschreiner, Maurer und Schlosser. Deshalb konnte er auch traditionellen Handwerkern widersprechen, wenn die ihm auf gut Badisch sagten: »Des geht net. Des ham wir noch nie so gmacht.« Bei Rolf Disch geht vieles, was bisher anders lief. Schon vor 30 Jahren propagierte er eine solare Baukultur, während Planer, Ingenieure und Architektur-Professoren noch bezweifelten, dass wir Häuser bauen können, die ihren Energieverbrauch komplett selbst produzieren, ja, sogar mehr, als sie verbrauchen.

Wir gehen mit dem Solarpionier durch seine heitere und vielfarbige Plus-Energie-Siedlung. Die Wohnungen sind ausnahmsweise lichtdurchflutet. Autos haben in der Solarsiedlung nichts zu suchen. Wofür die Bewohner sehr dankbar sind. Zur nächsten Straßenbahnhaltestelle sind es nur wenige hundert Meter. Dafür sehen wir eine Menge Spielplätze für Kinder. Jedes Haus hat einen Dachgarten. Die Wohnqualität ist hoch, die Bewohner schildern uns ihre Zufriedenheit. Die Solarsiedlung ist ans gut ausgebaute Freiburger Radwegenetz angeschlossen.

Die Siedlung hat den Schwarzwald vor der Nase. Verzicht und Askese – Begriffe, die immer noch mit »öko« verbunden werden – sehen anders aus. Stattdessen hören wir von »hoher Lebensqualität«.

Die Gretchenfrage nach dem Preis dieser Häuser beantwortet uns Rolf Disch so: »Meine Solar-Plus-Häuser kosten etwa zehn Prozent mehr als vergleichbare Häuser, die herkömmlich gebaut sind. Sie sind also kurzfristig teurer, doch mittel- und langfristig sind sie preiswerter, weil so gut wie keine Energiekosten anfallen.« Er fügt hinzu: »Wir werden künftig auf der ganzen Welt anders bauen als bisher. Hier ist bewiesen, dass es geht und wie es geht. Das Haus der Zukunft muss eine Antenne nach oben haben«, sagt uns Rolf Disch zum Abschied. Und lädt uns in sein Privathaus ganz in der Nähe seiner Siedlung ein.

»Heliotrop« – das ist Griechisch und heißt »der Sonne zugewandt« – hat er sein Haus genannt, in dem er seit Anfang der Neunziger mit seiner Frau Hanna Lehmann lebt. Das »Heliotrop« dreht sich einmal am Tag mit den Solaranlagen um die eigene Holzachse und bietet jede Stunde einen anderen und neuen Ausblick auf die sanft hügelige, grüne

Landschaft des Südschwarzwalds. Auf dem Dach dreht sich ein 55 Quadratmeter großes Solarsegel, das etwa fünfmal so viel Strom erzeugt, wie im Haus verbraucht wird. Auch hier geht es nicht um Verzicht: »Wir sehen fern, benutzen Laptops, laden Handyakkus auf, lassen die Wasch- und Geschirrspülmaschine laufen.«

Schon 2002 wurden Dischs Häuser von der Zeitschrift »Bauen mit Holz« zum »Haus des Jahres« erklärt. Holz ist Dischs hauptsächlicher Baustoff. Holz ist gespeicherte Sonnenenergie und wächst immer wieder nach. Der Architekt holt es aus regionaler, nachhaltiger Waldbewirtschaftung. Im Vergleich zu Stahl verbraucht der Baustoff Holz bei seiner Produktion etwa ein Zehntel der Energie und im Vergleich zu Aluminium ein 128stel.

2. Bauen neu denken

Als ich 1995 in der ARD meinen ersten Film zum Thema Bauen mit Holz produzierte, durfte man in Deutschland Holzhäuser nicht höher als zweistöckig bauen – aus Sicherheitsgründen. Damals wurden in Deutschland nur fünf Prozent allen Baumaterials aus Holz gefertigt, heute immerhin 20 Prozent, Österreich ist bei über 50 Prozent. Der österreichische Holzbau-Unternehmer Hubert Rhomberg baut bereits achtstöckige Holzhäuser und will in Zukunft damit noch weit höher hinaus: »Wir müssen Bauen völlig neu denken«, sagt er. »Allein im Beton stecken oft Hunderte potenziell giftige Substanzen, 40 Prozent aller schädlichen Klimagase und des weltweiten Mülls stammen aus der Bauwirtschaft wie auch 60 Prozent der auf den Straßen transportierten Fracht. Was wir heute Neubauten nennen, ist in einigen Jahrzehnten sperriger Sondermüll. Ein Holzhaus hingegen steht mehrere hundert Jahre.« In Indien und Peking, in Paris und London werden – während ich dieses Buch schreibe – Holzhochhäuser bereits mit bis zu 100 Metern Höhe gebaut. In London soll in den nächsten Jahren ein 300 Meter hohes Holzhochhaus entstehen. Seinen Besuchern erzählt Hubert Rhomberg lachend: »Wir wussten nicht, dass es nicht geht, und konnten es deswegen tun.«

Die Vorteile des Baustoffs Holz sind für Zukunftsunternehmer wie Rhomberg offensichtlich: kürzere Bauzeiten durch digital vorgefertigte Bauteile, weit längere Bewohnbarkeit, weniger Lärm und Dreck, bessere Klimabilanz. Über den gesamten Lebenszyklus sollen durch die Kombination von Sonne und Holz nur noch ein Zehntel der bisherigen Kohlendioxid-Mengen beim Bauen anfallen.

Der deutsche Holzhausbauer Günther Wolff baut gerade die ersten Keller aus Holz. »Bauen mit Beton«, sagt er, »hat eine sehr schlechte Energiebilanz.« Und fügt hinzu: »Ich bin ein Holzwurm durch und durch. Der Holzweg ist ein guter Weg.«

Die Baubranche ist mit einem Umsatz von jährlich rund zehn Billionen Dollar die umsatzstärkste Industrie der Welt. Sie hat sich aber seit Jahrzehnten kaum weiterentwickelt, weder energetisch noch technisch. Nur die Landwirtschaft ist bei der Digitalisierung noch schwächer als die Bauwirtschaft.

Die Bewohner von Rolf Dischs Solarhäusern berichteten auch von positiven gesundheitlichen Erfahrungen. Die Sonne bietet nicht nur Wärme und Strom, sondern auch gute Luft, Vitalität und Lebensenergie. Die natürliche Sonnenenergie unterstützt den inneren Stoffwechsel und regt die Selbstreinigungskräfte des Körpers an.

Eine alte Feng-Shui-Weisheit aus China besagt: »Kommt die Sonne nicht ins Haus, kommt der Doktor.« Licht ist ein existenzielles Grundnahrungsmittel. Die moderne Medizin weiß diese Selbstheilungskraft des Lichts und der Sonne endlich zu schätzen. So kann jedes Solarhaus ein Kurort werden. Rolf Disch soll jetzt 500 Solar-Plus-Häuser in Berlin bauen.

Die Sonne heilt. Diese medizinische Erkenntnis galt noch vor wenigen Jahrzehnten als Spinnerei. Doch schon in der Antike waren »Sonnenbäder« als Heliotherapie bekannt. »Helios« nannten die Griechen die Sonne (und auch ihren Sonnengott). Auch die Römer nutzten bereits »Solarien«, zum Beispiel vor 2000 Jahren. In Baden-Baden sind antike Terrassen zum Sonnenbaden noch erhalten. Jetzt erleben wir eine medizinische Renaissance der Sonne – vor allem über das Vitamin D, mit dem wir vor allem über Sonnenstrahlen versorgt werden. Schon 1903 erhielt der dänische Arzt Finsen den Nobelpreis für die Erfindung des künstlichen Sonnenlichts zur Behandlung von Infektionskrankheiten.

Jede Leserin und jeder Leser dieses Buches hat wohl schon die wohltuende und heilende Wirkung des Sonnenlichts erlebt. Warum verbringen viele ältere Menschen aus Deutschland den Winter auf Mallorca? Zunehmende Herbst-Winter-Depressionen hierzulande und erst recht in skandinavischen Ländern haben die Medizin aufgeschreckt. Auch der Lichttherapeut Jacob Liebermann meint: »Wo die Sonne nicht hinkommt, ist der Doktor nicht weit.« Die Bauwirtschaft zieht heute aus dieser medizinischen Erkenntnis Konsequenzen und baut viel mehr als früher mit Glas nach dem Motto »Holt die Sonne ins Haus«. 90 Prozent der Deutschen leiden unter Vitamin D-Mangel, primär an fehlendem Sonnenlicht. Das heißt: Anfälligkeit für Grippe und Infektionskrankheiten, Asthma, Rheuma, Alzheimer und Parkinson. Die Masse an Sonnentouristen, die es Jahr für Jahr zum Sonnenbaden in den Süden zieht, folgt offensichtlich einem richtigen Gespür für ihre Gesundheit. Warum sind moderne Architekten so sehr am Bau von Wintergärten interessiert? Wegen des Raumerlebnisses. Durch Glas kann man tagsüber den Himmel und die Wolken und nachts den Mond und die Sterne sehen. Man fühlt sich geborgen und doch nicht in einer Höhle eingeschlossen. Wenn die Sonne scheint, fühle ich mich in unserem lichten, hellen Wintergarten voller Pflanzen und Bäume besonders wohl. Hier entstand dieses Buch. Der Kontakt zum Kosmos hat mir gutgetan.

Während ich das Buch schreibe, wird in Freiburg ein neues Rathaus gebaut. Es soll, ganz im Sinne von Rolf Disch, ein solares Plus-Energie-Gebäude werden mit 840 Arbeitsplätzen. Das ästhetisch sehr ansprechende Gebäude soll mehr Energie erzeugen, als es verbraucht. Eine EU-Gebäuderichtlinie sieht vor, dass ab 2019 innerhalb der EU alle Verwaltungsgebäude nach dem Vorbild des Freiburger Rathauses und ab 2020 auch alle Privathäuser in der gesamten Europäischen Union zumindest teilweise mit erneuerbarer Energie versorgt werden müssen.

Klaus Töpfer sagte mir mal in einer Fernsehsendung: »Ökologisches Bauen heißt, nicht neu bauen, sondern sanieren und renovieren.« Die Sanierung von Gebäuden ist gegenüber dem Neubau oft die sparsamere und ökologischere Lösung. Auf der Architekturbiennale in Venedig lautete das Thema im Jahr 2012: »Reduce, Reuse, Recycle«. Es ging also um das Reduzieren von Ressourcen (das Vermeiden von Abfall), um das Wiederverwenden und Recyceln. Das ist ein neuer kategorischer Imperativ beim Bauen. Dieser lautete bisher: alles erneuern statt weiterentwickeln. Den Wert im Vorhandenen zu sehen erfordert von Architekten eine neue Aufmerksamkeit. Zurzeit macht Bauschutt noch die Hälfte allen Abfalls in Deutschland aus. Welch eine Ressourcenverschwendung!

Vor einigen Jahren traf ich Roland Koch, den früheren Ministerpräsidenten von Hessen, der gegenüber einer hundertprozentigen solaren Energiewende sehr skeptisch war. »Privathäuser können Sie wohl erneuerbar versorgen, aber doch nicht große Firmen wie BASF. Dieser Konzern verbraucht beinahe so viel Strom wie die gesamte Schweiz. Wie, Herr Alt, wollen Sie diesen Verbrauch dezentral mit Tausenden kleinen Anlagen organisieren? Unmöglich.«

Doch, das ist möglich. Mein Gegenargument: Genauso dachten die Menschen noch vor 200 Jahren bei der Lebensmittelversorgung. Lebensmittel wachsen überwiegend auf dem Land. Wie aber soll man Großstädte damit versorgen, gar Millionenstädte? Heute ist das keine Frage mehr. Wir haben eine Verkehrsinfrastruktur geschaffen, die es ermöglicht, selbst Millionenstädte mit frischen Lebensmitteln zu beliefern. Die Versorgung einer Millionenstadt mit Energie ist infrastrukturell wesentlich einfacher. Leitungen zu bauen ist weniger kompliziert als Straßen und Schienen. Millionen kleine Stromer werden die bisherigen Großkraftwerke ersetzen. Alles, was wir Kinder der Sonne dazu brauchen, ist ein »Draht« noch oben, nach ganz, ganz oben.

Eine Studie der Universität Frankfurt am Main hat unter Leitung der Energieprofessorin Martina Klärle ergeben, dass sich die 600 000-Einwohnerstadt Frankfurt allein nicht erneuerbar versorgen könnte. Windräder zum Beispiel in einer Großstadt sind schwierig. Und Biomasse wächst in Städten weit weniger als auf dem Land. Auch Wasserkraft kann eher auf dem Land gewonnen werden als in einer Großstadt. Aber, so die Studie, Frankfurt könnte sich in Kooperation mit 57 Gemeinden im Umland leicht zu 100 Prozent mit erneuerbarer Energie versorgen. Eine Chance für eine neue Kooperation von Großstädten mit ihrer ländlichen Umgebung. Was für Frankfurt gilt, gilt auch für München und Hamburg, für Köln und Berlin.

Zahlreiche Städte und Gemeinden in Deutschland sowie etwa tausend Energiegenossenschaften haben beschlossen, den kompletten Umstieg auf erneuerbare Energien bis zum Jahr 2025 oder 2030 zu schaffen. Eine ähnliche Entwicklung gibt es in Österreich, in Dänemark und in den Niederlanden. Weltfirmen wie Bosch, Siemens und General Electric haben ihre strategischen Schwerpunkte auf den raschen Ausbau der erneuerbaren Energien gelegt.

3. Mit der Sonne sozial bauen

»Häusle-Bauer können sich Solarstrom und Solarwärme ja leisten, aber was mache ich als armer Mieter oder Mieterin?«, werde ich oft in meinen Vorträgen gefragt.

In Deutschland wurde 2017 endlich ein Gesetz verabschiedet, das es Mietern ermöglicht, selbst Solarenergie zu erzeugen. Freilich – deutsche Bürokratie! – muss man dabei sehr viel beachten. Die Hürden sind wieder irrational hoch: Das Mieterstromgesetz schreibt vor, dass die Photovoltaik-Anlage nicht größer als 100 Kilowatt sein darf – warum eigentlich? – und dass das Gesamtvolumen des jährlich geförderten Zubaus 500 Megawatt nicht überschreiten darf – wieso diese Deckelung? Für erneuerbare Energie kann es nur einen Deckel geben: 100 Prozent! Wenn Wohnungsbaugesellschaften auf solare Selbstversorgung umsteigen, verlieren sie Steuerprivilegien. Das alles bremst eher, anstatt zu fördern.

Anders in den USA: Als positives Beispiel für Mieterstrom möge die Siedlung Crescent Park in Richmond, 40 Kilometer nördlich von San Francisco dienen.

Es handelt sich um 378 Sozialwohnungen der Wohnungsbaugesellschaft EAH Housing. Die Häuser wurden bereits 1968 gebaut. Die EAH entschied schon vor einigen Jahren, auf allen Dächer insgesamt etwa ein Megawatt PV-Anlagen installieren zu lassen. Der Solarstrom wird von den Bewohnern direkt verbraucht. Er hat ihre Stromrechnungen um 60 bis 80 Prozent reduziert. Kein Wunder, dass alle 378 Wohnungen komplett vermietet sind.

Doch in Deutschland bietet auch das neue Mieterstromgesetz nur wenig Chancen für die Energiewende in den Städten – der neue Bundestag sollte es novellieren.

Niederbergkirchen, ein schmucker Ort mit etwa 1 200 Einwohnern 60 Kilometer östlich von München, ist ein gutes Beispiel dafür, dass Solarstrom auch Sozialstrom sein kann. Solche Orte gibt es viele in Bayern. Aber Niederbergkirchen hat etwas ganz Besonderes. Vor dem herrlichen Alpenpanorama glänzen viele blaue Solarzellen auf den Bauernhäusern und auf der Mehrzweckhalle. Hier wird bereits mehr Solarstrom erzeugt, als alle Einwohner verbrauchen. Seit 2008 erreicht der Ort ständig den ersten Platz in der Solarbundesliga. Bislang herrschte das Vorurteil, dass Solarstromanlagen etwas für Reichere seien. Hunderte Bürger sind in Niederbergkirchen an Bürgersolaranlagen beteiligt, das Außergewöhnliche aber ist: Zu ihnen gehören nicht nur die Begüterten, sondern auch die sozial Schwachen wie Bauern, Hartz-IV-Empfänger, alleinerziehende Mütter und arme Rentner. Viele Hartz-IV-Empfänger haben keinen Euro eigenes Geld einbezahlt, sind aber trotzdem Beteiligte, mit Gewinn. Die örtliche Sparkasse hat ihre Beteiligung durch Kredite zwischen 3 000 und 30 000 Euro finanziert, sodass auch sie mit der Sonne Geld verdienen können. Die Hälfte der Einspeise-Vergütung kassiert die Bank, die andere Hälfte alle Beteiligten. Und die Gemeinde hat ein gutes Gewerbesteuereinkommen. Hans Holz, einer der Antreiber der Bürgersolaranlagen, sagt: »Unser Konzept verhilft jedem Bürger dauerhaft zu einem Einkommen, ohne jegliche Eigenmittel und ohne Berücksichtigung seiner persönlichen Finanzsituation.« Das Projekt ist somit ökologisch, aber auch sozial. Auch die finanziell Schwächeren helfen, den Atomausstieg abzusichern. Bisher gewinnen die Einwohner 180 Prozent ihres Stromverbrauchs über die Sonne, ab Sommer 2018 sollen es sogar 400 Prozent sein.

Holz erläutert: »Wir nutzen einen lokalen Rohstoff, stärken die regionale Wirtschaft und sorgen dafür, dass die sozial Schwachen ein Zusatzeinkommen haben.« Nach zwölf Jahren ist der Kredit mithilfe der Einspeisevergütung getilgt, danach erhält jeder Beteiligte im Schnitt zwischen 100 und 150 Euro im Monat – bis zu 30 Jahre lang. Niederbergkirchen ist ein Vorbild mit einer engagierten Sonnen-Sparkasse. Niederbergkirchen kann überall werden.

4. Energiequellen für alle Zeit: die Sonne und ihre Verbündeten

Wir müssen vertrauter werden mit den Energiequellen der Zukunft. Sie werden in Zukunft unseren Energiemix zu 100 Prozent ausmachen:

1. Die Kraft der Sonne: Sie ist die größte, sich selbst erneuernde Energiequelle. Die Sonne hat auch die bisherigen Energieträger Kohle, Gas und Öl produziert. Sie organisiert auch die übrigen erneuerbaren Energien wie die Kreisläufe der Wasserkraft und den Wind. Biomasse ist gespeicherte Sonnenenergie. Wie schon gesagt: In einer Stunde schickt unser Fixstern so viel Energie auf die Erde, wie die heutige Menschheit in einem Jahr verbraucht. Es gibt von Natur aus kein Energieproblem.
   1996 zeigte ich in einer ARD-Sendung den Militärflughafen Pferdsfeld in Rheinland-Pfalz. Zusammen mit der Kollegin Monika Kirschner simulierten wir per Computer den Umbau des Militärgeländes in einen riesigen Solarpark. Schwerter zu Pflugscharen – Panzer zu Solarmodulen. 15 Jahre später war die Vision Realität geworden: Für 60 Millionen Euro war auf einer Fläche von 60 Hektar der größte Solarpark von Rheinland-Pfalz errichtet worden. Er liefert jetzt Ökostrom für

20 000 Menschen und vermeidet jedes Jahr einen CO_2-Ausstoß von 17 000 Tonnen. Tausende solcher Parks können auf Industriebrachen, Militäranlagen, entlang von Autobahnen oder Bahntrassen oder auch in kleinem Maßstab auf Flachdachgaragen gebaut werden.

2. Die Kraft des Windes: Auf etwa zwei Prozent seiner Fläche könnte Deutschland mit modernen Windrädern 65 Prozent seines Stroms gewinnen. Theoretisch. Aber praktisch brauchen wir das gar nicht. Höhere Türme und größere Rotoren sorgen auch fernab der Küsten dafür, dass Windräder im Jahr bis zu 4 000 Volllaststunden erreichen. Das sind Werte, die auch auf dem Meer kaum übertroffen werden. Windstrom aus dem Binnenland macht die Energiewende unschlagbar preisgünstig. Ende 2016 halte ich einen Vortrag auf der Weltwindkonferenz in Tokio. Die neuen Speichertechnologien, die hier vorgestellt werden, zeigen den »Wind des Wandels«, ein Buch, das ich zusammen mit Hermann Scheer 2008 herausgab. Auch auf dieser Konferenz wird deutlich, dass viele Widerstände gegen Windkraft ebenso zukunftslos wie verantwortungslos und geistlos sind. Windräder töten Vögel? Das ist nur die halbe Wahrheit. Hermann Hötker vom Naturschutzbund Deutschland (Nabu) sagt dem Magazin »Focus«, dass der »Vogelschlag« bei 80 bis 90 Prozent der Anlagen keine Rolle spielt. Bei derzeit etwa 20 000 bundesweit installierten Windkraftanlagen sterben ein bis zwei Vögel pro Anlage und Jahr. Um Vogelopfer zu vermeiden, muss man bei der Errichtung der Anlagen auf genügend Ausweichreviere für Vögel achten. Bei sensibler Planung können also Windräder sogar neuen Lebensraum für gefährdete Vogelarten schaffen.
   Aber warum gleich die Windenergie verteufeln? Wer verbreitet solche Halbwahrheiten? Natürlich diejenigen, die Interesse an einer Verunglimpfung der Windenergie haben. Trotz aller windiger Proteste gewinnt Deutschland 2017 etwa 12 Prozent seines Stroms über Windräder, Dänemark bereits über 50 Prozent.

3. Die Kraft des fließenden Wassers nutzen die Menschen schon seit Jahrtausenden. Neben der Windenergie war die Wasser-

kraft lange Zeit die einzige Möglichkeit, größere Antriebsleistungen zu erbringen, um zum Beispiel Sägewerke oder Mühlen zu betreiben. Mit der Entwicklung von Generatoren erhielt die Wasserkraft am Ende des 19. Jahrhunderts eine ganz neue Aufgabe: Strom zu erzeugen.
Die Stadtwerke München betreiben bis heute zehn Wasserkraftwerke zur Stromerzeugung, davon fünf im Stadtgebiet. Die Kraft des Wassers: Noch immer fließt hierzulande viel Wasserkraft ungenutzt den Bach hinunter. 2018 werden knapp vier Prozent des Stromverbrauchs aus Wasser gewonnen. Im Jahr 1900 wurden in Deutschland zehnmal mehr kleine Wasserkraftwerke betrieben als heute: Damals 80 000, heute knapp 8 000. Die Stromkonzerne haben die kleine Wasserkraft verdrängt. Das nannten sie damals Marktwirtschaft. Aber die Kraft des Wassers liefert in Deutschland noch immer pro Jahr 20 Milliarden Kilowattstunden Elektrizität. Genug, um den Strombedarf von 12 Millionen Kunden zu decken. Entsteht in einem Wasserkraftwerk Strom, entweicht kein Gramm CO_2 in die Luft, ebenso wenig Schwefel, Stickoxid oder Staub. Aufgrund unserer Geografie ist Wasserkraft freilich begrenzt. Norwegen gewinnt über 90 Prozent seines Stroms aus Wasserkraft, Österreich 72 Prozent, die Schweiz 50 Prozent. Aber auch wir könnten unseren Anteil aus Wasserkraft am Energiemix problemlos verdoppeln.

4. Die Kraft vom Acker und vom Wald: Nach der Sonne verdanken wir unser Leben dem Boden, der Luft und dem Wasser, den Bäumen und den Pflanzen. Wir leben von einer dünnen Humusschicht von etwa 20 bis 25 Zentimetern rund um den Globus. Früchte, Bäume, Gräser und Blumen können nur gedeihen, weil sie den Trick der Photosynthese beherrschen, also Sonnenlicht in Zucker und Öle verwandeln. Direkt oder indirekt ist jede Lebensform von der Sonne, vom Regen und von Pflanzen abhängig. Die Photosynthese produziert weltweit jedes Jahr etwa 160 Milliarden Tonnen Trocken-Biomasse aus Blättern, Blüten, Stängeln und Stämmen an Land. Ähnlich wie die Wasserkraft ist auch die Energie aus Biomasse in Deutschland begrenzt, denn die meiste Ackerfläche benötigen wir für den Lebensmittelanbau und für unseren Fleischkonsum. Aber

etwa 15 Prozent der Energie kann künftig auch in Deutschland als Bioenergie produziert werden – primär aus Bioabfall. In meiner Heimatstadt Baden-Baden bringen die Bürger jedes Jahr 12 000 Tonnen Bioabfall zusammen: Laub und Gras, Grünschnitt und Heu, Stroh und Heckenschnitt, Holzabfälle und Speisereste. Das Biogas wird in einem Blockheizkraftwerk zu Strom und Wärme umgewandelt. Tausende Baden-Badener haben so umweltfreundliche Energie – aus Abfällen!

Die Biotonne, in der Bioabfälle gesammelt werden, ist in Deutschland noch immer nicht flächendeckend eingeführt. Deshalb landen jedes Jahr sechs Millionen Tonnen wertvolle Abfälle im Restmüll. Daraus ließe sich klimafreundlich Gas und Kompost gewinnen. Eine Stadt mit einer halben Million Menschen könnte mit grüner Heizenergie versorgt werden.

Mit dem urzeitlichen Lagerfeuer begann die Geschichte der Holzenergie. Heute leistet Holz das Gros der Versorgung mit erneuerbarer Wärme in Deutschland. Beim Verbrennen von Holz wird nur so viel Kohlendioxid frei, wie die Pflanze beim Wachsen gespeichert hat. Die energetische Nutzung von Holz, dem Schatz des Waldes, ist also klimaneutral.

Im Wald wächst Wärme und Strom – Tschüss Öl und Gas –, es gibt jetzt eine nachwachsende Alternative. Das Potenzial an Bioenergie ist gewaltig, wenn wir die richtigen Technologien und die richtigen Pflanzen einsetzen. Schilfgras, die am schnellsten wachsende Pflanze der Welt, bringt etwa zehnmal mehr Biomasse als der in Deutschland so häufig angepflanzte Raps. Landwirte können auch Energie- und Rohstoffwirte werden. Bioenergie ist das Multitalent der Erneuerbaren: Sie ist speicherbar, und wir können Strom, Wärme und Fahrzeugsprit daraus gewinnen. Der aus Biogas produzierte Strom ist nicht nur grund-, sondern auch spitzenlastfähig. Biogas eignet sich auch hervorragend als Ersatz für flexible Gaskraftwerke, die zum Ausgleich der schwankenden Erzeugung von Solar- und Windkraftstrom genutzt werden. Die 9 000 Biogasanlagen in Deutschland vermeiden pro Jahr 15 Millionen Tonnen CO_2. Biosprit muss nicht aus malaysischem Palmöl hergestellt werden, das geht auch mit heimischem Stroh, aus Schlachtabfällen, Pflanzenresten und Industrieabgasen. In unseren Dörfern steckt viel mehr Energiepotenzial, als wir glauben. Aber noch viel mehr Energie haben wir direkt unter uns.

5. Die Kraft aus der Erde: 99 Prozent unserer Erdmasse sind im Innern mindestens 1 000 Grad heiß. Unter der Erde ist viel Energie gespeichert. Je tiefer, desto mehr.
   In Paris werden seit 30 Jahren 250 000 Wohnungen mit Wärme aus der Tiefe versorgt. San Francisco erzeugt seinen Strom fast zu 100 Prozent über Erdwärme. In Gegenden vulkanischen Ursprungs wie in Island oder auf den Azoren und in El Salvador, aber auch in München Unterhaching, wird der gesamte Stromverbrauch über Geothermie organisiert. Und weil das in Unterhaching so gut und preiswert funktioniert, wird es jetzt in weiteren 16 Regionen Bayerns geplant. Die Geothermische Vereinigung Deutschlands schätzt, dass ein Viertel des deutschen Stromverbrauchs künftig aus der Tiefe gewonnen werden kann. Viele Neubauten gewinnen schon heute ihre Wärme über Geothermie-Anlagen. Die anfänglichen Probleme, die es an einigen Orten – wie in Staufen bei Freiburg oder in Basel – in den letzten Jahren mit Bohrungen gab, sind erkannt und lösbar.

6. Die Kraft aus dem Meer: Die Gesamtleistung der Brandung an den Küsten der Welt übersteigt zwei Billionen Watt und reicht theoretisch, den Energiebedarf der Menschheit 76-mal zu decken. Das heißt: Auch aus der Kraft des Meeres kann viel Energie gewonnen werden. Das Energiepotenzial der Meere ist wetterunabhängiger und besser planbar als Sonnen- oder Windstrom. Fachleute rechnen damit, dass langfristig fünf bis zehn Prozent des weltweiten Energiebedarfs damit gedeckt werden.
   An Weihnachten 2004 erlebte ich in Südindien die Auswirkungen des Tsunami, der rund um den Indischen Ozean 220 000 Menschenleben forderte und Milliardenschäden anrichtete. Wie wäre es, wenn es gelänge, die ungeheure Kraft des Meeres für die Energiegewinnung zu nutzen, fragte ich mich damals. In Saint Malo an der französischen Atlantikküste erzeugt ein Gezeitenkraftwerk schon seit vielen Jahrzehnten sauberen Strom für 250 000 Menschen. Der Wissenschaftliche Dienst

des Deutschen Bundestags geht davon aus, dass in der Praxis 15 Prozent des weltweiten Stromverbrauchs aus Wellenkraftwerken gewonnen werden können. Wir können die Meeresenergie nutzen über Gezeitenkraftwerke wie in der Bretagne in Frankreich, über Wellenkraftwerke, wie sie bereits in England und in den USA entwickelt und erprobt worden sind, oder auch über Strömungskraftwerke, die praktisch Windmühlen unter Wasser sind.

Wenn wir uns dieser Energiequellen bewusst werden, erfahren wir, was die Naturvölker schon immer wussten: »Wir haben diesen Planeten nicht von unseren Eltern geerbt, sondern von unseren Kindern geliehen.« Die aufgezeigten Möglichkeiten über den gesamten Energiemix zeigen, dass die Energiewende nicht nur theoretisch, sondern auch praktisch in relativ kurzer Zeit, mittelfristig, möglich ist. Wir leben jetzt in der Zeit des Übergangs vom Öl-, Kohle- und Atomzeitalter zum Solarzeitalter. Peter Sloterdijk schrieb dazu in einem Nachruf auf Hermann Scheer in der »Zeit«: »Es ist die grausame Ironie dieser Übergangszeit, dass es lange weniger schlimm kommt als angekündigt, bis es schlimmer kommt als befürchtet.«

5. Die Energiewende beschleunigen

Nur eine Beschleunigung der Energiewende macht sogenannte »Brücken« ins Solarzeitalter wie Kohle- oder Atomkraft überflüssig. Und nur durch eine Beschleunigung werden wir den Klimawandel noch stoppen können – vielleicht sogar noch bei 1,5 Grad Celsius, wie es das Pariser Klimaabkommen vorsieht.

Al Gores neuer Film »Immer noch eine unbequeme Wahrheit« beginnt hoffnungsvoll. Er zeigt den früheren US-Vizepräsidenten, der Ende 2015 wesentlich am Erfolg des Pariser Klimaabkommens beteiligt war, in einer Szene unter den Jubelnden aus der ganzen Welt, die das Abkommen als historisch und als Durchbruch zur Rettung des Planeten feierten. Die USA, lange der Bremser eines solchen Abkommens, hatten jetzt zusammen mit China zu den Vorantreibern gehört. Dann ein harter Schnitt im Film: US-Präsident Trump verkündet im Frühjahr 2017 den Ausstieg der USA aus dem Vertrag. Angela Merkel soll an diesem Abend vor dem Fernseher geweint haben. Und wie erging es dem weltweiten Klimaaktivisten Al Gore? »Wir machen weiter. Egal was Trump sagt oder tut. Er hat unsere Bewegung von unten nur stärker gemacht. Aber wir müssen viel, viel schneller werden. Es ist ein Wettlauf mit der Zeit. Wir müssen den politischen Wendepunkt erreichen, bevor die Erde den klimatischen Wendepunkt erreicht.«

Arnold Schwarzenegger, einst Schauspieler und danach republikanischer Gouverneur Kaliforniens, attackiert seinen Parteifreund Donald Trump heftig: »Der Präsident entscheidet nicht über die Zukunft Amerikas. Kalifornien führt die Revolution der alternativen Energien an, egal was der Präsident sagt. Es sind die Städte, die Bundesstaaten, die Regionen, die den Kampf gegen den Klimawandel gewinnen. Wir lassen uns von Trumps Irrsinn nicht aufhalten … Im grünen Sektor gibt es schon heute mehr Jobs als in der Öl- und Kohleindustrie.«

Es reift die Erkenntnis, dass die alten Energien eine immer größere untragbare Belastung sind: Deshalb wollen im Herbst 2017 bei Umfragen in Deutschland über 90 Prozent der Menschen einen rascheren Ausbau der erneuerbaren Energien.

Wenn uns jetzt über Wind, Sonne und Wasser ein kostenloser Treibstoff ohne nennenswerte Folgekosten zur Verfügung steht, dann bedeutet das auch eine riesige wirtschaftliche Chance für die Industrieländer und eine noch viel größere für die Entwicklungsländer mit viel Sonne. Das wichtigste Potenzial zur Nutzung dieser Chance ist die weltweite Zustimmung der Menschen zu dieser Wende. Ein Windrad oder eine Solaranlage ist in wenigen Tagen oder Wochen installiert. Alte Großkraftwerke hingegen benötigen Jahrzehnte.

Die Frage aller Fragen heißt: Können wir der Katastrophe, in die uns die alte Energiewirtschaft führt, durch den raschen und vollständigen Wechsel zu den Erneuerbaren noch entkommen? Der Klimavertrag von Paris ist die größte Chance, die die Welt hatte, um aus der selbst verschuldeten Klimafalle herauszufinden. Doch dieser Vertrag greift den Kern unseres so erfolgreichen Wirtschaftsmodells an. Klimapolitik muss mehr sein, als Absichtserklärungen zu unterschreiben. Klimapolitik bedeutet, jetzt alten Energie-Ländern wie Russland und Saudi-Arabien, Venezuela und Kuweit bei einem Plan für die Zukunft zu helfen.

Die weltweite Bewegung zur Rettung des Weltklimas steht in der Tradition aller großen moralischen Bewegungen: der Friedensbewegung, der Frauenbewegung, der Umweltbewegung, der Tierrechtsbewegung und der Kinderschutzbewegung. Auch dabei zeigt sich die Notwendigkeit, »Betroffene zu Beteiligten zu machen«, wie es Robert Jungk formulierte.

Die »Energie-Experten« der überkommenen Konzerne haben es immer schwerer. In vielen Städten hat die Kommune »Solarkataster« eingerichtet, über die jeder Hausbesitzer am Computer per Mausklick rasch ablesen kann, wie viel Solarernte er über sein Hausdach oder seine Fassade erwarten kann.

Politiker, die es ernst meinen mit einer beschleunigten Energiewende, sollten sich für vier fundamentale ordnungspolitische Grundsätze einsetzen:

1. für einen bleibenden Vorrang für erneuerbare Energien im Strommarkt,
2. für einen Vorrang für die Erneuerbaren in der Raumordnungspolitik und in der öffentlichen Bauleitplanung,
3. für eine fundamentale Umwandlung der Energiesteuern zu einer Schadstoffsteuer, deren Höhe sich nach dem tatsächlichen Schadstoffausstoß richtet (alle schadstofffreien Energieträger wären steuerbefreit; die Gesundheitsgefährdung und Umweltverschmutzung würde sich in der Schadstoffsteuer niederschlagen),
4. für ein Verständnis der Energie-Infrastruktur als Gemeinschaftsgut, in der die kommunale Energievorsorge eine zentrale Rolle spielt.

Diese vier kommunalen Grundsätze entsprechen dem energetischen Imperativ unserer Zeit und zugleich sozialethischen Werten sowie marktwirtschaftlicher Vernunft. Der Energiewechsel ist – wie schon aufgezeigt – auch ein ökonomischer Imperativ. Das Wachstum von erneuerbaren Energien weltweit ist ungebremst, weil sie auch ökonomisch sinnvoll sind.

Al Gore: »Alles andere, als die Welt zu retten, wäre unmoralisch.« Das aber heißt, sich dem Systemkonflikt zu stellen. Das bisherige Energiesystem ist seit Jahrzehnten eingespielt. Dabei haben einige wenige Prozent erneuerbarer Energie das System bisher nur wenig gestört. Deshalb wurden die Erneuerbaren am Anfang auch nur belächelt. Jetzt aber, da die neuen und erneuerbaren Konkurrenten im Stromsektor bereits ein Drittel Anteil überstiegen haben, beginnt erst der Endkampf. Der Ausgang dieses Kampfes ist absehbar: Kurz vor seinem Tod wurde der frühere Eon-Chef Wulf Bernotat gefragt, wo er nicht mehr investieren würde. Seine Antwort: »In Energiekonzerne.« Zuvor ist er sieben Jahre Chef des größten deutschen Energiekonzerns gewesen. Am Schluss seiner Amtszeit hatte er den Konzern für die lange verschmähten erneuerbaren Energien geöffnet.

6. Nicht die Mächtigen, die Bewussten gestalten die Zukunft

Dem Niedergang der alten Energieträger steht ein riesiges Wachstum der Erneuerbaren gegenüber. Dass sich die nahezu unendlich vorhandenen erneuerbaren Energien vollständig durchsetzen, hat die Natur durch die Endlichkeit der alten Energieträger bereits entschieden: Es gibt keine Eon-Sonne und keinen RWE-Wind. Es geht jetzt im Sinne eines der herausragenden Ökonomen des 20. Jahrhunderts, des Österreichers Joseph Schumpeter, um einen Prozess »schöpferischer beziehungsweise kreativer Zerstörung« des alten Energiesystems. Diese Zerstörung ist notwendig, so Schumpeter in seinem Hauptwerk »Kapitalismus, Sozialismus und Demokratie«, »damit Neuordnung stattfinden kann«. Mit diesem Prozess ist zum Beispiel ein riesiges Investitionsprogramm in die bessere Dämmung von Häusern verbunden, die dann keine klassischen Heizungen mehr brauchen, sondern ihren minimalen Wärmebedarf mit kombinierten Holz-Solar-Heizungen oder auch mit Geothermie abdecken können – klimaneutral.

Sensible und schöpferische Menschen sind immer die Vorläufer des Neuen. Die Zukunft werden weniger die Mächtigen bestimmen, sondern die Bewussteren. Wir können Förderer eines neuen solaren Bewusstseins, eines bewussteren Seins werden, eines neuen Ökohumanismus des 21. Jahrhunderts. Dies kann gelingen, wenn wir die alten Gefängnisse der Vorschriften und Regulierungen verlassen und unsere Energie und unseren Wohlstand im Einklang mit der Natur und in Übereinstimmung mit den göttlichen

Gesetzen schaffen. Es wird ein Wohlstand sein, der nicht länger auf Kosten anderer geht. Wenn viele Menschen vom Erfolg der Energiewende überzeugt sind und dabei mitarbeiten, dann wird er sich auch einstellen. Dabei müssen wir nicht erst die alten Energieversorger um Erlaubnis bitten. Wir müssen die überall auf der Welt – direkt vor unserer Haustür, unter unseren Füßen und über uns – vorhandenen erneuerbaren Energien einfach nutzen.

Unsere erste Solaranlage wurde 1992 auf unserem Hausdach installiert. Unsere solar beleuchtete Hausnummer funktioniert seit 20 Jahren, und meine erste Solaruhr bekam ich vor 16 Jahren geschenkt. Die Weiterentwicklung dieser integrierten Solartechnologien bis hin zum Solar-Dachziegel steigert sich beinahe von Jahr zu Jahr. Die Effizienz von Solarzellen hat sich seit unserer ersten Anlage beinahe verdoppelt. Die Preise sind um etwa 90 Prozent gefallen.

Beispiele, die zeigen, dass und wie die Energiewende beschleunigt werden kann und beschleunigt wird:

1. Die Grameen Bank von Muhammad Yunus hat in den letzten 20 Jahren über Minikredite für die Ärmsten dafür gesorgt, dass im armen Bangladesch heute über vier Millionen Photovoltaik-Anlagen installiert sind – dreimal mehr als im reichen Deutschland.
2. Das deutsche EEG hat bewirkt, dass seit dem Jahr 2000 über 200 Milliarden Euro in erneuerbare Energie investiert wurden, etwa zehnmal mehr als in alte Großkraftwerke. Über 90 Prozent dieser Investitionen haben individuelle Investoren, Stadtwerke und Betreiber-Gemeinschaften geleistet. Etwa 1 000 Energiegenossenschaften haben sich das Ziel gesetzt, ihre Stromversorgung bis 2030 zu 100 Prozent erneuerbar zu organisieren. Durch das EEG sind über 300 000 neue Arbeitsplätze geschaffen worden.
3. Über 60 Prozent der im Jahr 2016 in Deutschland neu errichteten Wohngebäude werden ganz oder teilweise erneuerbar beheizt.

4. Nicht mehr Deutschland, sondern China ist heute Solar- und Windweltmeister. Die Investitionen in Windkraft wurden allein im Jahr 2016 um 30 Prozent gesteigert, bei Solarenergie sogar um 72 Prozent. Insgesamt wurden 2016 in China über 100 Milliarden Dollar in erneuerbare Energien investiert, zusätzliche 32 Milliarden im Ausland. Das Reich der Mitte macht das große grüne Geschäft. Bis 2020 will China weitere 340 Milliarden Dollar erneuerbar investieren. Pünktlich zum Amtsantritt von Präsident Trump in Washington erklärte die Regierung in Peking, 100 im Bau befindliche Kohlekraftwerke schließen zu wollen. China kann zu einer treibenden Kraft einer weltweiten, grünen Transformation werden.
5. Noch schneller als China will Indien zu 100 Prozent erneuerbar werden. Bis 2022 will das Milliardenvolk seinen Anteil an erneuerbarer Energie vervierfachen. Begründung: Sonne und Wind seien preiswerter als Kohle- oder Atomenergie. Im südindischen Kerala gibt es den weltweit ersten komplett mit Solarenergie betriebenen Flughafen, in Kochi und in Neu-Delhi wurde der erste solarbetriebene Zug eingeweiht. In ganz Indien entstehen kleinere und größere Solarfirmen. Indien hat 300 Sonnentage im Jahr. Im Vergleich zu Kohle ist Solarenergie auch für Investoren weit attraktiver. Im indischen Bundesstaat Westbengalen wurden innerhalb von fünf Jahren 3 000 Dörfer mit erneuerbarer Energie elektrifiziert.
6. Die südpazifische Inselnation Tokelau hat den Wechsel von einer 100-prozentigen Diesel- zu einer 100-prozentigen Solarstromversorgung in einem Jahr geschafft. Der Solarstrom wird in Tokelau in Batterien gespeichert, um ihn auch nachts nutzen zu können. Solarstrom auch nachts. Die solare Grundlast ist da.
7. In den USA sind die Kosten für Photovoltaik-Anlagen seit 1970 um den Faktor 154 gefallen: Von 100 US-Dollar pro Watt auf 65 US-Cent. In derselben Zeit ist der Preis für ein Barrel Erdöl um etwa das Zwanzigfache gestiegen. Allein damit ist völlig klar, wem die Zukunft gehört: dem Solarzeitalter. Wenn man diese Zahlen zusammennimmt, ergibt sich, dass im Vergleich zum Erdölpreis der Solarpreis um den Faktor 5 355 verbessert wurde. So die Berechnung des Energiefachmanns Tony Seba im Silicon Valley. Er hat weiter er-

Bigi und Franz Alt: Sie sind seit über 50 Jahren verheiratet, beide sind Träger des Deutschen und Europäischen Solarpreises – Franz Alt auch des Welt-Windpreises.

Seit 1992 produzieren die Alts Strom und Wärme mit Hilfe der Sonne und freuen sich: »Die Sonne schickt uns keine Rechnung«.
Ihre Internetseite: sonnenseite.com

© Bigi Alt

Der Dalai Lama und Franz Alt sind seit 1982 befreundet.
Ihr gemeinsames Buch »Ethik ist wichtiger als Religion« ist ein Weltbestseller und in 22 Sprachen übersetzt.

© Bigi Alt

Der Dalai Lama zu Franz Alt: »Religiös ist, wer mitarbeitet an der Bewahrung der Schöpfung«.

© Bigi Alt

Michail Gorbatschow und Franz Alt kennen sich seit 1995. Sie haben das Buch geschrieben »Nie wieder Krieg – Kommt endlich zur Vernunft«. Es ist in acht Sprachen übersetzt.

© Volker Wiciok

Sonnenfreunde: US-Expräsident Jimmy Carter erzählt Franz Alt, dass er auf das Weiße Haus in Washington Solaranlagen installieren ließ, aber sein Nachfolger diese wieder entfernt hat.

© Bigi Alt

Der Banker der Armen und Friedensnobelpreisträger Muhamad Yunus hat in Bangladesch über vier Millionen kleine Solaranlagen über Minikredite finanziert.

© Guido Bergmann

Bundeskanzlerin Angela Merkel, Hermann Scheer und Franz Alt starten 2008 die Initiative zur Gründung der Weltagentur für erneuerbare Energien, IRENA, in Abu Dhabi, in der heute 156 Länder der Menschheit organisiert sind.

© Privat

Die hessische SPD-Politikerin Andrea Ypsilanti und Solarpapst Hermann Scheer präsentieren mit Franz Alt dessen Buch »Sonnige Aussichten«.

© Dieter Klink

Norbert Blüm, CDU-Politiker, und Franz Alt verbindet seit über 40 Jahren eine politische Freundschaft in sozialen und ökologischen Fragen.

© Privat

Les Paris de la Seine musicale. Der solare Musiktempel an der Seine in Paris. Die Sonne scheint überall.

© Privat

Die CDU-Politikerin Julia Klöckner und Franz Alt weihen in Mainz eine Solaranlage kombiniert mit kleinen Windrädern ein.

© Bigi Alt

Franz Alts Fernsehzuschauer haben 50 Millionen Euro gespendet, damit in Bangladesch 1,3 Millionen Blinde wie die 15-jährige Hasna und der 22-jährige Salaudin nach einer Augenoperation wieder sehen können.

© Privat

Auf Einladung des Bürgermeisters von Fukushima, Kaoru Kobayashi, spricht Franz Alt in Japan über die solare Energiewende.

Der Autor auf seinem Solardach in Baden-Baden.

Franz Alt hat sich in den letzten Jahren am Südpol und am Nordpol, in Grönland und in Alaska von Wissenschaftlern die dramatische Eisschmelze erklären lassen.

rechnet, dass sich gegenüber Atomstrom der Solarstrompreis um den Faktor 1 540 verbessert hat, gegenüber dem Erdgas um den Faktor 2 275 und gegenüber dem Kohlepreis um den Faktor 900. Noch Fragen?

8. Paris ist die erste Stadt in Europa, die erwägt, Öl- und Gaskonzerne für die Folgekosten des Klimawandels zu verklagen. Da wird gerade eine Lawine losgetreten, welche die Energiewende dramatisch beschleunigen kann, weil sie ungeahnte finanzielle Folgen für die alten Großkonzerne haben wird. Anfang Februar 2018 hat der Pariser Stadtrat eine entsprechende Resolution verabschiedet. Paris nennt dabei die Stadt New York als Vorbild. Deren Schadensersatzansprüche richten sich gegen die Weltkonzerne BP, Shell, Exxon Mobil und Chevron. Diese seien mitverantwortlich für die horrenden Klimaschäden weltweit, so New Yorks Oberbürgermeister. Auch Los Angeles hat eine entsprechende Klage angekündigt. Es wird Zeit, dass die Politik ihre Bürger schützt und die fossilen Konzerne verantwortlich macht für das, was sie verursachen.

Zwei Hauptgründe für die rasante Entwicklung: Der Solarmarkt ist heute ein Massenmarkt, und jeder Massenmarkt führt zu niedrigen Produktpreisen. Zudem sind Solarzellen immer effizienter geworden. Deshalb gibt es 2018 in Kalifornien Wohngebiete, in denen 90 Prozent der Häuser Solardächer haben.

Eine Studie des Weltzukunftsrats hat ergeben, dass sich die jährlichen Kosten nicht genutzter erneuerbarer Energie inzwischen auf mehr als drei Billionen (3 000 Milliarden) Dollar an verschwendetem Naturkapital anhäufen. Das Solar-, Wind-, Wasserkraft- und Bioenergiepotenzial, das wir jeden Tag nicht nutzen, ist unwiederbringlich verloren. Doch in den derzeitigen wirtschaftlichen Planungen kommt die Zukunft einfach nicht vor. Die heutige Ökonomie ist zukunftsblind und deshalb nicht ökonomisch. Die dringendsten Neuerungen, die wir heute brauchen, sind nicht technologische Innovationen, sondern Ökonomen, die noch rechnen können. Hauptsächlich den Ökonomen fehlt »Lust auf Zukunft«.

Der bisherige Weg zur Energiewende zeigt, dass weder technische noch wirtschaftliche Gründe dem schnellen Wechsel zu den Erneuerbaren im Weg stehen, sondern ausschließlich die Widerstände der etablierten Energiekonzerne und eine halbherzige Politik.

IV.

LUST AUF VERKEHRSWENDE – AUTOFAHREN IST HEILBAR

1. Ist Autofahren heilbar?

Heute Nacht sah ich im Traum diesen Buchtitel: »Nur elektrische Mobilität ist gerecht.« Ich fliege nur selten. Mein letzter Flug hatte sieben Stunden Verspätung. Seit bald zehn Jahren habe ich kein Auto mehr. Zu meiner letzten längeren Autofahrt war ich eingeladen. Wegen mehrerer Staus hatten wir drei Stunden Verspätung. Mein letzter ICE fiel ganz aus. Mein vorletzter ICE hatte 40 Minuten Verspätung. Deutschland ist Stau- und Verspätungsland – in vielerlei Hinsicht. Wir werden mobil bis zum Stillstand. Rasender Stillstand. Das Ende des Straßenverkehrs, so wie wir ihn kennen, ist unausweichlich. Erst dadurch werden intelligentere Verkehrskonzepte möglich.

Als ich vor Kurzem auf einem Flughafen gelandet war, stiegen etwa 200 Leute aus dem Flugzeug, fast alle nahmen sich draußen ein Taxi und standen dann gemeinsam im Stau, den sie selbst erzeugten.

2017 standen die deutschen Autofahrer so häufig im Stau wie nie zuvor. Es gab hierzulande 723 000 Staus, ein Rekord. Die Länge dieser Staus summierte sich auf 1,45 Millionen Kilometer. Die Zahl der Stunden, die Autofahrer im Stau steckten, summierte sich auf 457 000, das sind 52 Jahre Stau. Der dadurch entstandene volkswirtschaftliche Schaden wird auf etwa 245 Milliarden Euro im Jahr geschätzt. In München stand 2017 jede Autofahrerin und jeder Fahrer 51 Stunden im Stau. Ohne einen Preis für die Straßennutzung wird sich daran nichts ändern. Wir müssen auch den Verkehr neu denken. Deutschlands Ruf als Autoland würde sich verbessern, wenn ein solcher Preis – abhängig von Ort und Zeit – für alle gewinnbringend umgesetzt würde. London, Stockholm, San Diego und Mailand haben damit positive Erfahrungen gemacht. Eine Welt ohne Stau ist möglich.

Einem Land, das so immobil ist wie Deutschland heute, fehlt ganz einfach geistige Mobilität. Es ist der politische Wille, der im Stau steckt. Der Berliner Flughafen wird nie fertig, der Stuttgarter Tiefbahnhof verschlingt immer weitere Milliarden Euro, und die neue ICE-Vorzeigestrecke München-Berlin bringt nach einem Vierteljahrhundert Planung sowie Kosten von zehn Milliarden Euro die Ehrengäste der Jungfernfahrt ganze fünf Minuten schneller ans Ziel als noch 1933. Zugegeben: Danach hat sich die Fahrtzeit stark verkürzt.

Dennoch: Wer mit klarem Blick auf die Welt schaut, sieht: Immer mehr Menschen, immer mehr Autos, und deshalb immer weniger Platz. Also: Zu viele Autos stören einfach. Heißt die Lösung Verzicht? Nein, neue Formen der Mobilität und eine höhere Lebensqualität werden jetzt möglich.

Die einfachste und schnellste Lösung wäre ein kostenloser öffentlicher Personennahverkehr (ÖPNV). Dafür würden wohl viele schnell umsteigen. Immerhin denkt die neue Bundesregierung darüber nach. Ein Vorbild könnte die Erfahrung der Kleinstadt Templin, 80 Kilometer nördlich von Berlin, sein. Von 1997 bis 2003 war hier der ÖPNV für alle kostenlos. Die Fahrgastzahlen stiegen in wenigen Jahren von 41 000 auf über 600 000. Der Autoverkehr ging zurück, der Feinstaub war unter Kontrolle. Neue Haltestellen wurden eingerichtet, Linien ausgebaut, Fahrscheine abgeschafft. Finanziert wurde das Ganze durch eine stark erhöhte Kurtaxe. Die Kurgäste beschwerten sich aber, sodass 2003 eine »Jahreskurkarte« für alle zum sehr günstigen Preis von 44 Euro eingeführt wurde.

Taugt Templin als Vorbild? Der ÖPNV weit billiger als bisher, aber doch nicht ganz kostenlos? Weitere Experimente werden es zeigen. Freie Fahrt für alle wird nicht länger ein Exotenthema bleiben. Polen ist Europas Spitzenreiter beim kostenlosen ÖPNV, er funktioniert dort bereits in 40 Städten und Gemeinden.

Die erste Frage der Bedenkenträger: Wie soll ein kostenloser ÖPNV finanziert werden? Meine Antwort: Der Ticketverkauf bringt bisher sechs Milliarden Euro pro Jahr. Allein die Abschaffung des Dieselprivilegs bei der Mineralölsteuer würde sieben Milliarden Euro in die Staatskasse spülen, die Streichung der Entfernungspauschale fünf Milliarden. Die Finanzierung scheint kein Problem – auf den ersten Blick. Wenn sich aber die Fahrgastzahl verzehnfacht, kostet der Ausbau der Infrastruktur so viel, dass vielleicht wie in Templin doch eine geringe Gebühr erhoben werden muss. Kinder, Rentner, Arbeitslose und Behinderte könnten wohl davon befreit werden.

Jede und jeder spürt: Immer mehr Pendler, immer mehr gestresste Arbeitnehmer, immer schlechtere Luft. Die ersten deutschen Großstädte diskutieren Fahrverbote für ältere Dieselautos. 60 Prozent aller deutschen Arbeitnehmer pendeln von ihrem Wohnort zum Arbeitsplatz in einen anderen Ort. Und die meisten Pendler fahren mit einem PKW zur Arbeit. Durchschnittlich 17 Kilometer am Tag – zweimal. Die Zahl der Pendler in Frankfurt stieg seit dem Jahr 2000 um 14 Prozent, die Zahl der Wochenendpendler hat sich verdreifacht.

Es ist ein Gesetz der Verkehrspolitik: Wer immer mehr Straßen baut, erntet immer mehr Autos. Übrigens: In den Nachrichten zum Dieselskandal hören wir immer, es drohen Fahrverbote – warum hören wir nicht, es »droht« saubere Luft?

Und in den Dörfern? Immer weniger Tante-Emma-Läden, immer weniger Bäckereien, immer weniger Metzgereien, immer weniger Sparkassen. Das heißt, dass immer mehr Dörfler zum Einkaufen in die Stadt fahren müssen oder zum Supermarkt am nächsten Stadtrand. Hinzu kommt, dass die Zahl der LKW auf unseren Straßen einen Höchststand erreicht hat, auch weil die Bahn ihren Güterverkehr sträflich vernachlässigt und permanent abgebaut hat.

Und welche Verkehrspläne hat die Bundesregierung für die Zukunft? Der Verkehrswegeplan 2030 sieht unter den »vordringlichen Bedarfsprojekten« 800 neue Straßenprojekte und 27 neue Bahnprojekte vor. Das Ergebnis ist absehbar: Noch mehr Staus in der ohnehin schon geplagten Staugesellschaft.

Kein Wunder, dass unter den drei Säulen der Energiewende – der Stromwende, der Wärmewende und der Verkehrswende – die Verkehrswende bisher am wenigsten Treibhausgase eingespart hat – genauer gesagt: gar keine. Deutsche PKW fahren zwar etwas energieeffizienter als noch 1990, aber es fahren eben viel mehr Autos auf unseren Straßen als noch 1990.

In allen deutschen Metropolen steigen die Pendlerzahlen – das hat das Deutsche Institut für Wirtschaftsforschung errechnet. Wie aber kann die Zahl der Pendler wieder sinken?

Wir brauchen dafür eine Politik der kurzen Wege, also eine ganz andere und intelligentere Stadt- und Verkehrsplanung. Das heißt: den öffentlichen Verkehr ausbauen und mehr Arbeitsplätze zu den Menschen bringen (und nicht immer mehr Menschen über immer größere Entfernung an ihre Arbeitsplätze). Auch das ist eine Frage der Gerechtigkeit und der Gesundheit. Denn immer mehr Kilometer zur Arbeit bedeuten Stress, weniger Freizeit und schlechtere Gesundheit. Stress belastet die körperliche und psychische Gesundheit. Kein Wunder, dass in dieser Situation 81 Prozent der Deutschen eine Verkehrswende für notwendig halten. Dazu gehört ein Tempolimit, das 70 Prozent der Frauen, aber nur 50 Prozent der Männer fordern.

Immerhin werden zurzeit mehr Wohnungen gebaut als in den letzten 18 Jahren – vor allem Mehrfamilienhäuser in Ballungsräumen. Das ist ein erster Schritt zu weniger Verkehr. Aber bis zu einer spürbaren Entlastung wird es Jahre dauern. Der Nachteil: Wenn viele Wohnungen gebaut werden, steigen die Grundstückspreise, sodass auch viele Arbeitnehmer sich eine Wohnung in der Stadt nicht leisten können.

In Frankfurt am Main liegt zum Beispiel der Quadratmeterpreis einer Wohnung im Schnitt bei 4 000 Euro – 50 Prozent mehr als noch vor fünf Jahren.

Also müssen die Städte mehr Sozialwohnungen anbieten. Wir können außerdem hoffen, dass die Digitalisierung der Arbeitswelt mehr Home-Office ermöglicht und die meisten, wenn auch nicht alle Fahrten zur Arbeit überflüssig macht. Eine dritte Möglichkeit ist der starke und attraktive Ausbau des öffentlichen Verkehrs. Heute fahren etwa 80 Prozent der Arbeitnehmer mit dem Auto zu Arbeit und nur 20 Prozent mit dem ÖPNV. Die Politik sollte sich zum Ziel setzen, dieses Verhältnis bis 2030 auf 50:50 zu verändern und bis 2050 auf etwa 20:80 zugunsten der öffentlichen Verkehrsmittel. Beim ÖPNV habe ich 70-mal mehr Sicherheit als im PKW!

Der Umstieg aufs Fahrrad hat schon Millionen Autokilometer in Städten wie Münster, Osnabrück, Oldenburg, Heidelberg oder Freiburg eingespart. Schon mittelfristig wird eine zukunftsorientierte Verkehrspolitik um eine CO_2-Steuer und um Straßenbenutzungsgebühren oder um eine stärkere steuerliche Entlastung von E-Fahrzeugen nicht herumkommen. Eine weitere Möglichkeit ist die Abschaffung der Pendler-Pauschale. Mit dieser Pauschale wird belohnt, wer pendelt. Wie lange noch?

Notwendig ist also eine Verkehrspolitik, die menschenfreundlich ist und nicht autofreundlich.

Der Mobilitätsforscher Stefan Rammler sagt: »Wenn man die Wege besser planen würde, müsste kein LKW durch die Stadt tuckern.« Aber bessere Planung allein bringt nicht mehr Platz.

Das Auto ist eine tolle Erfindung. Es ist praktisch und bequem und schenkt uns große Freiheiten. Und dennoch stellt sich immer mehr die Frage, ob das heutige Auto wirklich das Verkehrsmittel der Zukunft ist. Wie wir uns in zehn, zwanzig oder dreißig Jahren fortbewegen, hat entscheidenden Einfluss auf unsere Lebensqualität und auf die Frage nach der Lust auf Zukunft. Und nach der Luft, die wir dann noch atmen können.

Wie lange fahren wir noch die alten Dreckschleudern? Deutschland ist heute noch Dieselland. Anders als in den USA oder Japan war lange Zeit jedes zweite neu gekaufte Auto hierzulande ein Diesel. Die Deutschen glaubten ihren Autobauern und Politikern, die ihnen den Diesel als umweltfreundlich anpriesen. Erst jetzt nach dem Diesel-Skandal geht der Diesel-Anteil an den verkauften PKW zurück.

VW-Chef Matthias Müller noch im Mai 2017: »Der moderne Diesel ist Teil der Lösung und nicht des Problems.« Oder der frühere Verkehrsminister Alexander Dobrindt: »Ohne den Diesel bekommen wir große Probleme, unsere Klimaschutzziele einzuhalten.« Heute wissen wir: Wir wurden belogen und betrogen.

Jetzt herrscht plötzlich Diesel-Alarm in der ganzen Republik. In 17 Städten drohen Fahrverbote, weil Bürger und Umweltverbände auf Einhaltung der Grenzwerte für Stickstoffoxide klagen: In Aachen, Berlin, Bonn, Darmstadt, Düsseldorf, Essen, Frankfurt, Gelsenkirchen, Hamburg, Köln, Limburg, Mainz, München, Offenbach, Reutlingen, Stuttgart und Wiesbaden.

Konkrete Fahrverbote sind bereits geplant in Stuttgart, Düsseldorf und München. Von 15 Millionen Dieselautos sind wahrscheinlich drei Millionen betroffen. Doch der Kampf um saubere Luft eskaliert. Ein Autokrieg hat begonnen. Millionen Bürger fürchten um ihre Gesundheit. Die Neuzulassungen für Diesel sinken. Die Autos sind immer weniger wert. 2017 haben sich beim Neuwagenkauf nur noch 20 Prozent der bisherigen Diesel-Fahrer für einen Diesel entschieden.

Schon wird die Frage diskutiert: Wie lange gibt es überhaupt noch Verbrennungsmotoren? Skandinavische Regierungen haben darauf bereits eine Antwort: Ab 2030 ist Schluss. In Paris soll schon 2024 Schluss damit sein.

Etwa 150 Menschen demonstrieren im Mai 2017 am Stuttgarter Neckartor, dem dreckigsten Platz der Republik, gegen die Diesel-Verschmutzung. An dem Ort, an dem das Auto erfunden wurde. Sie haben mich als Redner eingeladen. Menschen, die hier leben und arbeiten, sind mit ihren Ideen zur Verkehrswende weiter als die Politik. Denn sie sind Betroffene und Verletzte. Und sie rechnen auf ihren Plakaten vor, dass die Stickoxidemissionen jährlich 10 000 Menschen in Deutschland das Leben kosten, durch Feinstaub sollen es sogar 45 000 sein. Das Bundesumweltamt bestätigt diese Zahlen. Regelmäßig werden hier am Neckartor die Grenzwerte für Feinstaub und Stickoxide um ein Mehrfaches überschritten. Eine ältere Demonstrantin, die kein Auto besitzt, fragt ratlos: »Warum sollen wir noch länger unter den Autobesitzern leiden?« Die Demonstranten sind nicht grundsätzlich gegen das Auto, aber sie werfen ihrem Heimatkonzern vor, dass er die Zukunft des emissionsfreien Elektroautos verschlafen habe. Und einer erinnert an das Schicksal der Uhrenindustrie im nahen Schwarzwald. Dort habe es einst 30 000 Arbeitsplätze gegeben. Heute noch 1 000, weil ein technologischer Sprung verpennt wurde.

Der Verkehrsingenieur Thilo Becker von der Uni Dresden:

»Arme sind von der Luftverschmutzung stärker betroffen als Reiche. Strengere Abgasstandards sind nicht nur für die Umwelt gut, sondern verbessern auch die Lebensbedingungen einkommensschwacher Schichten.« Die Risiken, an Herzerkrankungen, Allergien, Asthma und Lungenkrebs zu erkranken, steigen. Das werden die Wähler nicht mehr allzu lange hinnehmen.

Es ist absehbar, dass schon mittelfristig der Diesel ganz verboten wird und langfristig alle Verbrennungsmotoren. In den USA werden Manager aus der Automobilindustrie, welche die Vorschriften zum Schutz des Lebens aus Gewinnsucht missachtet haben, mit Gefängnis bestraft. In Deutschland werden sie von der Regierung empfangen.

Von 83 Millionen Deutschen fahren zurzeit 46 Millionen PKW. Deutschland ist eine PS-Gesellschaft – mit allen Konsequenzen. Um die 3 000 Verkehrstote im Jahr, etwa 30 000 Menschen werden dauerhaft verstümmelt – also so viele, wie in einer Kleinstadt wohnen. Hinzu kommt: Mehr als 40 000 vorzeitige Todesfälle jedes Jahr wegen der Autoabgase. Lungenkrebs, Herzerkrankungen, akute Lungenentzündungen. Und die Bundesregierung, deren Mitglieder per Eid versprochen haben, Schaden vom deutschen Volk abzuwenden? Kniefall vor der Autoindustrie!

Spärliche Tempolimits in Städten und auf Autobahnen, aber kein generelles Tempolimit, das viele Staus verhindern und manches Menschenleben retten würde. Selbst bei offensichtlichen und nachgewiesenen Gaunereien und Betrügereien mit krimineller Energie wie beim Diesel-Skandal spricht die Bundeskanzlerin verniedlichend von »Problemen«. Wichtiger ist noch immer »freie« Fahrt für »freie« Bürger. Offensichtlich ein Menschenrecht. Aber nur in Deutschland, der Rest der Welt hat selbstverständlich Tempolimit. Wir Deutschen haben offenbar Benzin im Blut.

2. Ist Autofahren ein Grundrecht?

Warum ist dem Mythos Auto nicht mit rationalen Argumenten beizukommen? Zumindest nicht in Deutschland? Warum fahren Franzosen, Italiener, Spanier kleinere Autos als wir, und warum ist in den USA ein Tempo von 115 Stundenkilometern selbstverständlich? Warum müssen 1,5 Tonnen Blech bewegt werden, um 70 Kilogramm Mensch zu befördern?

Der Mythos besagt: Autounfälle passieren halt. Das lässt sich nicht ändern. Doch das ist falsch. *Wir* verursachen sie. In der Bahn bin ich um ein Vielfaches sicherer als im Auto. Der Sommerozonsmog entsteht nicht von selbst. *Wir* produzieren ihn. Und die Politik handelt nach dem Motto: Leute, sperrt eure Kinder ein, damit ihr mit euren Autos draußen ruhig weiterspielen könnt.

Vor 35 Jahren gingen in Deutschland noch 60 Prozent aller sechs- bis zehnjährigen Kinder zu Fuß zur Schule, heute noch 6 Prozent. Hauptursache dafür, dass mehr Kinder mit dem Auto oder mit dem Bus zur Schule gefahren werden, ist – paradoxerweise – die Angst vor dem Auto. Ergebnis: Noch mehr Autos auf den Straßen. Ich konnte als Kind auf den Straßen meines badischen Dorfes Untergrombach noch Fußball, Fangen und Verstecken spielen.

Heute ist das Auto der größte Feind der Kinder. Jedes vierte Kind, das stirbt, ist ein Todesopfer des Straßenverkehrs. Etwa jedes zweihundertste heute geborene Kind wird im Laufe seines Lebens von einem Auto getötet. Jeder tausendste Autofahrer tötet im Laufe seines Lebens einen Menschen, und jeder achte PKW-Fahrer verletzt einen Mitmenschen.

Außerdem werden allein in Deutschland jedes Jahr durch den Straßenverkehr 220 000 Rehe, 200 000 Hasen,

30 000 Wildschweine und 15 000 Hirsche getötet. Das sagt die Statistik. Nicht aufgeführt sind Millionen von Vögeln, Kröten, Igeln, Eichhörnchen, Füchsen, Katzen und Hunden.

Auch ökonomisch ist das Auto ein Desaster: Autofahrer nutzen ein »Fahrzeug«, das mehr als 23 Stunden am Tag nicht fährt, sondern steht. Das »Fahrzeug« ist ein »Stehzeug«. Welcher Unternehmer, der rechnen kann, kauft sich Maschinen, die nur vier Prozent der Zeit genutzt werden? Ökonomisch und ökologisch ist unser Verhältnis zum Auto irrational – gesellschaftspolitisch wohl die größte Fehlkonstruktion der Industriegeschichte. In vielen Innenstädten macht die Parkplatzsuche bereits 40 Prozent des Verkehrs aus.

In Zukunft werden sich immer mehr Menschen, die ein gutes Leben haben wollen, fragen, warum sie jeden Monat 500 Euro für ein Auto ausgeben sollen, wenn es auch billiger, sicherer, schneller und umweltfreundlicher geht.

Die Vermutung, dass das Auto ein billiges Fortbewegungsmittel sei, ist ein frommer Selbstbetrug. Ein durchschnittlicher Arbeitnehmerhaushalt zahlt in Deutschland ein Fünftel seines Nettoeinkommens fürs Auto. Autofahren ist teuer, umweltzerstörend und lebensgefährlich. Wir leben in einer Autodiktatur mit schrecklichen Folgen, die wir verdrängen. Deshalb nochmal eine Zahl, die sicher auch für viele Leser dieses Buches unglaublich scheint: Seit 1945 gab es weltweit 120 Millionen Verkehrstote auf unseren Straßen. Wer es nicht fassen kann, der recherchiere diese Zahl selbst. Das Auto tötet mehr Menschen als Ebola oder Malaria. Afrika ist der Kontinent mit den meisten Verkehrstoten. In Libyen sterben von 100 000 Einwohnern 74 durch Autos, in Deutschland vier, in Österreich fünf, in Schweden zwei. Die Hälfte aller Verkehrstoten sind Radfahrer, Fußgänger und Motorradfahrer.

Eine positive Ausnahme ist in Deutschland die Stadt Freiburg. Hier wurden in den letzten Jahren politisch viele Tempo-30-Zonen durchgesetzt. Diese Strategie hat dazu geführt, dass im Zentrum der Universitätsstadt 29 Prozent aller Wege zu Fuß, 34 Prozent mit dem Fahrrad, 16 Prozent mit öffentlichen Verkehrsmitteln und nur noch 28 Prozent mit dem Auto zurückgelegt werden. Ein echter Fortschritt. In Münster werden bereits über 40 Prozent aller Wege mit dem Fahrrad gefahren. Der deutsche Spitzenwert wird aber in der 160 000-Einwohnerstadt Oldenburg erreicht: Zu Fuß gehen hier neun Prozent, mit dem Bus fahren drei Prozent. Aber mit dem Rad 43 Prozent – genauso viel wie mit dem Auto. Damit liegt die Stadt europaweit noch vor Amsterdam und Kopenhagen auf Platz eins.

Wer Menschen zum Radfahren bewegt, muss auch Stellplätze anbieten. Am Hauptbahnhof in Utrecht wurde soeben ein Parkhaus eröffnet, das Platz für 12 500 Fahrräder bietet. Das größte der Welt. Die ersten 24 Stunden sind gratis, danach kostet jeder Tag 1,25 Euro. Amsterdam, Groningen, Den Haag: Viele Städte ahmen jetzt dieses Konzept nach. In Groningen werden bereits 70 Prozent aller Wege mit dem Fahrrad zurückgelegt. In Deutschland 11 Prozent. Groningen hat die sauberste Luft aller niederländischen Kommunen. Die Innenstadt ist wunderschön – Bäume statt Parkplätze. Die größte deutsche Radstation steht in Münster am Hauptbahnhof mit 3 500 Stellplätzen. Je Autoparkplatz lassen sich auf einem Fahrrad-Stellplatz acht bis zehn Fahrräder unterbringen. Fahrradverkehr ist letztlich nur zu fördern, wenn dem Auto Platz genommen wird.

München zum Beispiel: Bayerns Hauptstadt wirbt seit 2011 offensiv und mit kommunalem Geld für eine neue Fahrradkultur. 1995 fuhren nur sechs Prozent der

Münchner mit dem Fahrrad, heute fast dreimal so viele. Die »Radl-Hauptstadt-Kampagne« hat bereits Hunderttausende zusätzlich aufs Fahrrad gebracht. Freude, Genuss und Vergnügen stehen im Mittelpunkt des Werbens fürs Fahrrad – da wurde wohl etwas von der Autowerbung abgeschaut.

Oder Aachen: Hier wurden inzwischen 5 500 Elektroautos für die Post in ganz Deutschland gebaut. Schon 2010 begannen die beiden Professoren Achim Kamper und Günther Schuh zusammen mit ihren Studenten, ein Elektroauto für die Post zu entwickeln. Inzwischen haben sie den großen deutschen Autokonzernen gezeigt, wie Zukunft geht: Ab 2018 werden hier Jahr für Jahr mindestens 20 000 E-Autos gebaut. So wird die Post in Deutschland schon in wenigen Jahren zu 100 Prozent elektrisch unterwegs sein und immer mit Ökostrom fahren. Schon 2013 durfte ich mit diesem praktischen Postauto Probe fahren und habe mich gefragt: Warum können zwei Wissenschaftler und ihre Studenten, was Zehntausende Ingenieure bei großen deutschen Autokonzernen nicht können oder nicht dürfen? Die beiden Professoren wollen künftig einen elektrischen Kleinwagen für jedermann produzieren zum Preis von unter 16 000 Euro. 4 000 Euro staatliche Prämie gehen noch ab. Die Autopioniere wollen in den nächsten Jahren 100 000 E-Autos auf die Straße bringen. Die taz schrieb dazu: »Zwei Professoren rocken die Autowelt.«

Oder Hamburg: Ab 2020 dürfen in der Millionenstadt nur noch Busse ohne Emissionen fahren. Beim Diesel-Gipfel hat die Bundesregierung ganz nebenbei 100 Millionen Euro für den Kauf von E-Bussen lockergemacht. Da geht natürlich noch viel mehr. Es kann sein, dass sogar das Land des Volkswagens langfristig ein Volk ohne Wagen wird.

Oder Wiesbaden: Die Stadt will ab 2022 nur noch emissionsfreien öffentlichen Nahverkehr.

Oder Oslo: Die Stadtregierung hat beschlossen, dass das Zentrum von Norwegens Hauptstadt bis 2019 autofrei wird. Oslo will Europas Umwelthauptstadt werden und seine CO_2-Emissionen bis 2020 um 50 Prozent senken. Es geht darum, die Stadt wieder den Menschen zurückzugeben. Ein Großteil der Bürgerinnen und Bürger hat die Nase einfach voll – von schlechter Luft.

Oder Helsinki: Ab 2020 soll jeder Punkt der Stadt mit Bus, Bahn, dem Fahrrad oder dem Elektro-Leihauto zu erreichen sein.

Oder Kopenhagen: Dänemarks Hauptstadt reduziert jedes Jahr ihre Parkplätze, baut zweispurige Fahrradschnell-Straßen mit grüner Welle zulasten der Autofahrer und fördert den öffentlichen Verkehr. BMW betreibt hier bereits 400 Elektro-Leihautos. Es gibt über 600 Ladestellen. Kopenhagen zeigt auch, dass die Förderung des Fahrradverkehrs überwiegend zulasten des Autoverkehrs geht. Durch den Rückbau von Straßen und Garagen entstehen Orte für Cafés, für Grünanlagen, Kinderspielplätze und Radwege.

Oder Stockholm: Seit 2016 kostet eine Fahrt in die Innenstadt mit dem Benzinauto 12 Euro und 12 Euro die Fahrt hinaus. Autofahren wird nicht verboten, aber teurer und damit reduziert.

Oder Amsterdam: Die Fahrradlobbyistin Cornelia Dinc sagt: »Radfahren ist das beste Mobilitätskonzept für die Lebensqualität der Menschen: bessere Luft, mehr Platz in der Stadt, entspanntes Tempo.« Die junge Frau ist in Calgary in Kanada aufgewachsen und meint heute: »Da mussten wir für jeden Einkauf das Auto nehmen. Dass wir in Amsterdam gar nicht mehr wissen, wohin mit den Rädern, ist eigentlich ein Erfolg.« Ein Luxusproblem. Amsterdam wird seit Jahren zur »besten Fahrradstadt der Welt« gekürt.

Oder Paris: 2016 hat die Stadt ausgerechnet zum Auftakt des Autosalons das rechte Seine-Ufer dauerhaft zur Fußgängerzone erklärt. Hier dürfen nur noch Fußgänger und Radfahrer verkehren. Mit 100 Millionen Euro soll der Radverkehr gefördert werden. Ab 2024 sollen in Paris keine Dieselfahrzeuge und ab 2030 keine Benziner mehr fahren dürfen.

Oder London: Jahr für Jahr sterben etwa 10 000 Menschen in der Stadt an Luftverschmutzung. Englands Hauptstadt hat die City-Maut verschärft und plant das Aus für Dieselantriebe. Als die City-Maut 2003 eingeführt wurde, quälte sich der Autoverkehr mit gerademal elf Kilometern in der Stunde durch die Acht-Millionen-Stadt. Die U-Bahn fährt fünfmal schneller. Schon im ersten Jahr ließen 50 000 Autofahrer ihren Wagen stehen, und 400 000 Londoner stiegen auf den öffentlichen Nahverkehr um. Inzwischen zahlen Autofahrer in London 16 Euro Maut – pro Tag. Ältere Londoner erinnern sich noch mit Grausen an den »Great Smog« im Jahr 1952, als ihre Hauptstadt in einer Abgaswolke versank. Zehntausende bekamen Atemprobleme, 12 000 Menschen starben.

Oder Oxford: Die berühmte Universitätsstadt ist konsequenter als London. Schon ab 2020 werden alle Benziner und Dieselfahrzeuge aus der Innenstadt verbannt. Weder Taxen noch Busse noch Privatautos dürfen durchs Zentrum fahren. Alle fünf Jahre wird die Verbotszone erweitert. Ab 2035 dürfen in ganz Oxford nur noch Elektroautos unterwegs sein.

Oder Moskau: Ab September 2017 gibt es in Russlands Hauptstadt 20 Kilometer neue Radwege, für die erstmals Autofahrbahnen verengt wurden. 300 Ampeln für Radfahrer ließ Moskaus Oberbürgermeister montieren.

Oder Wien: 70 Prozent des Verkehrsaufkommens in Österreichs Hauptstadt sind Radfahrer, Fußgänger oder öffentlicher Verkehr. Weniger als 30 Prozent der Wiener fahren noch mit dem Auto.

Oder Shenzen: In der südchinesischen 12-Millionen-Stadt sind bereits 16 000 E-Busse unterwegs, kein einziger Benzin-Bus mehr sowie 13 000 Elektrotaxis. Weltrekord als Greencity.

Oder Tokio: Ein Parkplatz kostet pro Monat um die 400 Euro. Ohne Parkplatz-Nachweis gibt es keine Autozulassung mehr. In Japans Hauptstadt besitzen nur noch 18 Prozent der Einwohner ein Auto. 95 Prozent des gesamten Verkehrs in Tokio ist öffentlicher Verkehr. S- und U-Bahnen fahren im Drei-Minuten-Takt. Das Smartphone ist für junge Japaner längst wichtiger als ein Auto.

Oder Indien: Ab 2030 müssen alle Neuwagen elektrisch fahren.

Oder die USA: Acht Bundesstaaten haben sich zu einer Initiative vereinigt, die bis 2025 über drei Millionen E-Autos auf die Straße bringen wollen.

Oder die Schweiz: Helvetia ist das Land der Eisenbahn-Fans. Wie in kaum einem anderen Land spielt hier der öffentliche Verkehr eine wichtige Rolle. 2 479 Kilometer fährt ein Schweizer jedes Jahr mit der Bahn, im weit größeren Deutschland sind es nur 1 115 Kilometer, dazwischen liegt Österreich mit 1 426 Kilometern. Jeder zehnte Schweizer hat ein »Generalabonnement«, eine Art Bahncard 100. Schweizer pflegen eine beispiellose Liebe zu Bus, Bahn und Tram. Das Geheimnis des Erfolgs: Schweizer Züge sind pünktlich und sehr zuverlässig.

Die größte Stadt der Schweiz, Zürich, plant jetzt sogar eine unterirdische Güter-Rohrpost: eine Cargo Sous Terrain! Ab 2045 sollen Güter in einem ausgeklügelten Tunnelsystem unterirdisch verschickt werden. Somit könnten 40 Prozent des Güterverkehrs von der Straße verschwinden. In Zürich setzt die Stadtpolitik voll auf den öffentlichen Verkehr. Wer im Stadtviertel Kalkbreite wohnen will, darf kein Auto besitzen.

Auf allen Autobahnen der Schweiz gilt ein Tempolimit von 120 Stundenkilometern. Der Mensch ist nicht mehr dem Auto zu Diensten, sondern umgekehrt.

4. Die Verkehrswende beginnt (fast) überall

Wir erleben gerade den Beginn der Verkehrswende. Der Grund dafür ist klar: Luftverschmutzung. Die jüngsten Zahlen der Weltgesundheitsorganisation (WHO) zeigen das ganze Ausmaß des Problems: 92 Prozent aller Menschen leiden an Luftverschmutzung. An den Folgen sterben weltweit jährlich mehr als sechs Millionen. Die WHO: Betroffen sind »praktisch alle Länder der Welt und alle Teile der Gesellschaft«.

Der Stadtplaner Professor Heiner Monheim fordert einen breiten Wettbewerb der Kreativen für eine neue Fahrradkultur. Er geht davon aus, dass Design und Technik das moderne Fahrrad, erst recht das E-Fahrrad, zum Statussymbol modebewusster Städter machen. Die wöchentliche Kilometerleistung der Radler nimmt bereits schneller zu als die Kilometerleistung der Autofahrer. Wir Deutschen zeigen halt gerne unsere Statussymbole vor.

Die Autowerbung auf der ganzen Welt ist sentimental und oft verlogen. Sie verspricht Freiheit, Abenteuer und Schnelligkeit. In Wahrheit bewegen wir uns mit einem Auto in deutschen Innenstädten mit einer Durchschnittsgeschwindigkeit von 15 Kilometern pro Stunde. Pferdefuhrwerke im Mittelalter brachten es auf 17 Stundenkilometer.

Die Welt aus der Sicht des Autos heißt: Die Städte gehören uns – die Menschen sind hier nur zu Gast. In der vom Hurrikan zerstörten texanischen Stadt Houston sind 65 Prozent des Innenstadtgebiets für Autos reserviert, 2,5 Prozent sind grüne Parks.

Im 21. Jahrhundert schmücken sich noch immer Dutzende Länder und Regierungen mit dem Titel »Autoland«. China ist nur mit Hilfe seiner Autoindustrie zur zweitstärksten Industriemacht der Welt aufgestiegen und zum größten Autoproduzenten. Als ich nach Maos Tod 1976 für die »Tagesschau« und den »Weltspiegel« in Peking war, sah ich aus meinem Hotelzimmer nahe am »Platz des Himmlischen Friedens« 15 Fahrradspuren – alle voll, und eine einzige Autospur – nahezu leer. 30 Jahre später hatte ich am selben Platz dieses Bild vor Augen: Acht Autospuren – alle voll. Eine einzige Fahrradspur – fast leer.

Peking heute: Mehr als sechs Millionen Autos rollen täglich über eine der sechs Ringstraßen. Fast die Hälfte des Jahres umringt ein graugelber Smog-Schleier die Stadt. Es stinkt nach Kohlebrand und Schwefel. In Peking, Kanton und Shanghai starb die Fahrradkultur. Die neue chinesische Mittelschicht steht heute lieber mit dem Auto im Stau. Der traditionelle chinesische Radler ist heute eine eher seltene, bedrohte Spezies.

Indiens Ministerpräsident Modi schwärmt von »Cars made in India«. VW hat schon vor Jahrzehnten sowohl in Südafrika wie auch in Brasilien, in Mexiko und Argentinien mit Hilfe der jeweiligen Regierungen Millionen Autos produziert und verkauft. Als VW 2014 ein neues Werk im brasilianischen Bundesstaat Santa Carina ansiedelte, sprach der Gouverneur des Staates von »Sieg und Segen«.

Deutschlands Wirtschaftswunder nach 1945 ist ohne VW und ohne Kohle nicht denkbar. Das Auto ist sexy und mehr. Das Auto – »Eure Eiligkeit« spottet die Süddeutsche Zeitung. In der deutschen Autobranche arbeiten rund 800 000 Menschen – da sind aber auch die Bäcker und Metzger mit eingerechnet, bei denen VW-Angestellte einkaufen. Angela Merkel spielt im Bundestagswahlkampf 2017 die Jeanne d'Arc der deutschen Autobauer und meint, wir brauchen Diesel- und Benzinautos noch »viele, viele Jahre«. Vielleicht braucht die Kanzlerin auch hier erst ihr fossiles Fukushima, bis sie zum Rückzug bläst. Das kann sich rächen. Als Physikerin weiß sie es natürlich besser, aber als Politikerin taktiert sie – wieder einmal.

Künftig wird es eher heißen: *Ein* E-Auto – viele Fahrer. Mit dem Smartphone ein Auto suchen, bestellen, einsteigen, losfahren. So einfach kann und wird wohl auch Carsharing werden. Die Digitalisierung verändert unser Leben – und ganz sicher auch unsere Mobilität. Das aber bedeutet eine Revolution. Wir können künftig elektrisch mit vielleicht noch 20 Prozent der heutigen Autos fahren und damit schneller vorwärtskommen als heute. Das Gemeinschaftsauto fährt dann rund um die Uhr und nicht nur eine halbe Stunde am Tag. Derzeit steht ein »Fahrzeug« 96 Prozent seiner Lebenszeit. Künftig wird es vielleicht 96 Prozent fahren. Dann brauchen wir 80 Prozent weniger Fläche für die Mobilität.

Der beschränkte Platz, der uns auf diesem Planeten zur Verfügung steht, wird gerade neu verteilt: zwischen Fahrrädern, Autos, Gehwegen und öffentlichen Verkehrsmitteln.

Die Frage wird konkret: Wie viel Auto verträgt die Stadt?

Schon heute stehen in vielen deutschen Innenstädten Gemeinschaftsfahrzeuge am Straßenrand, die preisgünstiger als ein Taxi gemietet werden können. Der Markt wächst rasant. Fachleute schätzen, dass er bis 2021 um das Sechsfache wachsen wird. Deutschland ist schon heute weltweit der wichtigste Carsharing-Markt. Im Land der großen Autokonzerne gibt es 2018 schon weit über eine Million registrierte Nutzer. Die Hälfte von ihnen hat kein eigenes Auto – ein Drittel hat das eigene Auto bereits abgeschafft. Weltweit erwartet die Autobranche bis 2021 über 35 Millionen Car-Sharing-Nutzer und einen Umsatz von 4,7 Milliarden

Euro jährlich. Auch die Generation Y will Autos eher teilen als besitzen. Dienst-Fahrräder sollen künftig steuerlich absetzbar sein – das erweitert den Spielraum und führt zu Kombinationen wie Bahncard, Fahrrad, Auto.

5. Wie entkommen wir der Mobilitätskrise?

Heute gilt noch diese Prioritätenliste bei der Mobilität:

1. Auto
2. Bus
3. Bahn
4. Fahrrad
5. Fußgänger

Ob wir diese Priorität so umkehren können?

1. Fußgänger
2. Fahrrad
3. Bahn
4. Bus
5. Auto

Noch scheint das unrealistisch. Ein Fortschritt wäre schon, wenn wir mittelfristig eine intelligenter gemischte Prioritätenliste mit weniger Autoverkehr hinbekommen würden als heute. Vielleicht helfen uns dabei die zunehmenden Staus, ein wachsendes Bewusstsein für mehr Lebensqualität im dicht besiedelten Deutschland, bald wieder höhere Benzinpreise und hoffentlich eine langsam steigende Benzinsteuer, die weniger bürokratisch, gerechter und umweltfreundlicher wäre als eine Pauschal-Maut. Wer viel fährt, soll auch mehr bezahlen. Das wäre ein marktwirtschaftliches Verursacherprinzip.

Hilfreicher als Fahrverbote sind Angebote für einen attraktiveren öffentlichen Verkehr und mehr sichere Fahrradwege. Eine gute Wirtschafts- und Umweltpolitik darf nicht strangulieren, sie soll stimulieren. Wenn die Politik Umweltschutz will und außerdem, dass die Leute mehr Rad fahren, dann muss sie ihnen auch den Weg ebnen. Dass heute noch Straßen geplant und gebaut werden ohne Radwege, ist schlicht unzeitgemäß. Immer mehr junge Menschen erkennen, dass es so nicht weitergehen kann und steigen zum Beispiel aufs Fahrrad um. Es ist preiswert, macht keinen Dreck und keinen Lärm, keinen Gestank und schont Ressourcen. Auf kurzen und mittleren Strecken ist es meist schneller als alle Alternativen.

Oft wird die Unpünktlichkeit der Deutschen Bahn der Pünktlichkeit der Schweizer oder Japanischen Bahn gegenübergestellt. Ich kenne alle drei Bahnen ganz gut. Die Schweizer Bahn wie die japanische sind unvergleichlich service- und kundenfreundlicher. Und pünktlicher ohnehin. Das ist richtig. Als ich das letzte Mal in Japan mit dem Shinkansen fuhr, lernte ich, dass im Land der aufgehenden Sonne diese superschnellen Züge im Durchschnitt sieben Sekunden Verspätung je Zug haben. Sie verkehren auf wichtigen Strecken im Sieben- und Zehn-Minuten-Takt – auf der Hauptstrecke zwischen Tokio und Osaka im Drei-Minuten-Takt. Auf japanischen Autobahnen gilt Tempo 100, die windschnittigen Shinkansen-Schnellzüge fahren in der Spitze über 300 Stundenkilometer. Und nur in einer japanischen Bahn kann man erleben, was mir zwischen Tokio und Fukushima widerfuhr: Der Schaffner entschuldigt sich in sehr höflichen Worten dafür, dass der Shinkansen einige Sekunden zu früh abfuhr! Hängt die demgegenüber lahme und oft verspätete Deutsche Bahn nur mit einem schlechten Bahn-Management zusammen? Jeder verspätete Zug erschüttert das Vertrauen der Kunden in die Bahn.

Die beiden Mittel, die Deutsche Bahn pünktlicher zu machen, sind der effektive Ausbau der Infrastruktur sowie eine moderne Digitalisierung. Dazu ist aber primär die Politik gefordert. Sowohl Japan wie die Schweiz investieren viel, viel mehr Geld in den Gleisbau, aber auch in die vielen Knoten und Engpässe. Zum Beispiel: Unser südliches Nachbarland investiert pro Person und Jahr 308 Euro in die Bahn, Deutschland gerade mal 53 Euro – etwa ein Sechstel. Pünktlichkeit hat eben ihren Preis. Die Politik muss völlig andere Prioritäten setzen. Wir müssen nicht nur das Auto, wir müssen noch viel mehr die Bahn neu denken. In der Schweiz liegt der Anteil des Personentransports mit der Bahn etwa dreimal so hoch wie in Deutschland, in Japan viermal so hoch.

Die Schweizer Bahn fährt zu 100 Prozent mit grünem Strom aus Wasserkraft. 100 Prozent Ökostrom: Das soll in Deutschland erst bis zum Jahr 2050 der Fall sein.

Das deutsche Schienennetz ist an der Grenze der Belastbarkeit. 29 000 Züge rollen tagtäglich über unsere Schienen. Und die Politik will, dass es noch mehr werden. Das geht aber nicht bei der heutigen Infrastruktur. Das Problem: Die deutschen ICE teilen sich ihre Gleise mit dem Regional- und dem Güterverkehr. Das ist in Japan für den flotten Shinkansen undenkbar. Er hat seine Strecke für sich allein. Auch in Frankreich hat der TGV sein eigenes Netz, auf dem nur Hochgeschwindigkeitszüge fahren.

Da können hierzulande nur die Wähler nachhelfen. In der Schweiz ist das einfacher als in Deutschland, denn dort setzen die Wähler in direkter Demokratie und per Volksabstimmung auch die Verkehrsprioritäten. Aber auch Deutschland muss vom Autoland zum Bahnland werden. Die jüngeren Wähler haben schon ein weit weniger erotisches Verhältnis zum Auto als meine Generation. Es ist ja auch kein Anzeichen für Lebensqualität, wenn viele Männer mehr Lebenszeit im Stau verbringen als beim Sex.

Nur mit einer weiteren Ökologisierung der Verkehrs- und Energiepolitik, der Steuer- und Landwirtschaftspolitik, der Bau- und Arbeitspolitik sowie durch den Abbau umweltschädlicher Milliardensubventionen für die alten Technologien wird unser Land wieder zukunftsfähig. Um diese Zukunft mit einem ökologischen Wirtschaftswunder zu organisieren, braucht Deutschland einen parteiübergreifenden Reform-Konsens, ähnlich wie 2011 beim Atomausstieg. Ökonomische und ökologische Vernunft weiter gegeneinander auszuspielen ist weder ökologisch noch ökonomisch und schon gar nicht zukunftsfähig. Es sollte schick werden, mehr Rad zu fahren, statt in immer längeren Staus zu stecken.

Für das Jahr 2030 kann ich mir für Deutschland dieses Verkehrs-Szenario vorstellen:

1. Rückgang des motorisierten Individualverkehrs durch:
   - generelle Geschwindigkeitsbegrenzungen,
   - mehr Investitionen im öffentlichen Verkehr,
   - Rückbau von Straßen zugunsten der Schiene,
   - weniger Parkplätze,
   - autofreie Innenstädte,
   - Taxen, die nachts zum öffentlichen Verkehrsmittel werden.

2. Ausbau des öffentlichen Verkehrs durch:
   - mehr Züge im Nahverkehr,
   - Ausbau des Straßenbahnnetzes,
   - grundsätzliche Vorfahrt für Busse und Straßenbahnen,
   - Umwandlung von KFZ-Spuren in Bus- und Taxispuren,
   - Taxiruf in Bussen und Straßenbahnen,
   - bessere Vernetzung zwischen Fern- und Nahverkehr,
   - bessere Kundeninformationen.

3. Ausbau von Fahrradwegen durch:
   - Fahrradwege und Fahrradnetze in allen Städten (durch die Umwandlung von Kfz-Spuren),
   - Vernetzung von öffentlichem Verkehr und Fahrrad,
   - Fahrradzentren an allen Bahnhöfen,
   - bequeme Radmitnahme in Zügen, Bussen und Straßenbahnen.

4. Ausbau des Fußgängerverkehrs durch:
   - mehr Zebrastreifen,
   - Parkverbote auf Gehwegen,
   - verbreiterte Bürgersteige,
   - Umbau von Parkplätzen in Spiel- und Aufenthaltsstraßen,
   - mehr Bäume in der Stadt.

Viele dieser Vorschläge sind in manchen Städten bereits realisiert, aber nirgendwo alle: In Münster und Freiburg, in Bremen und Solingen, in Heidelberg und Berlin, in Rostock und auf Rügen, in Homburg (Saar) und Bielefeld. Kein Kommunalpolitiker, der nicht sofort mit dem Umsetzen dieses menschenfreundlichen Verkehrskonzepts beginnen könnte. Die Praxis zeigt: Mobilität mit weniger Autos und Flugzeugen ist schon heute möglich, wenn die Politik die Weichen richtig stellt. Wer eine grüne Stadt will, muss den Konflikt mit den Autofahrern wagen. Solange wir jedoch ein Grundrecht aufs Autofahren beanspruchen und eher volle Landstraßen und leere Regionalzüge bevorzugen, kann es keinen Weg aus der Autofalle geben.

Das Verkehrs- und Gesundheitsproblem wird noch dadurch verschärft, dass sich die Zahl der Fluggäste bis 2050 etwa verdreifachen soll und ebenso die Zahl der mit Schweröl fahrenden Kreuzfahrtschiffe. Marktwirtschaftlich funktioniert das alles nicht.

Die Fluggesellschaften bekommen in der EU jedes Jahr von den Steuerzahlern 30 Milliarden Euro »geschenkt«, weil sie im Gegensatz zur Bahn von der Kerosin- wie auch von der Mehrwertsteuer befreit sind. Im Luftverkehr sind grundlegende Regeln der Marktwirtschaft außer Kraft gesetzt. Ähnliches gilt für Kreuzfahrtschiffe. Sie dürfen noch immer mit dem umweltschädlichsten Stoff fahren, mit Schweröl, das nirgendwo an Land erlaubt ist. So finanzieren Steuerzahler hochbezahlte Manager und Vielflieger oder Luxusreisen auf Luxusdampfern.

Machen Luxusliner wirklich Träume wahr, wie es uns die Werbung vorgaukelt? Kreuzfahrt-Urlauber atmen an Bord die Abgase von Schweröl ein. Meine Kollegen der Fernsehmagazine »plusminus« und »WISO« haben in sehr eindrucksvollen Sendungen aufgezeigt, wie ungesund Kreuzfahrt-Luft ist. Die Steuervorteile dafür sind nicht nur unökologisch, sie sind auch unsozial und gesundheitsschädlich. Messungen ergaben, dass die erlaubten Grenzwerte bis auf das 475-fache überschritten werden. Das alles passiert, während viele Bahnverbindungen auf der Strecke bleiben.

Dass es auch anders geht als heute, zeigt die Insel Usedom: 1992 sollten hier die Eisenbahnen stillgelegt werden, weil nur noch 260 000 Menschen pro Jahr mit der Bahn fuhren. Doch mit Hilfe von Investitionen, einem modernen Marketing und vor allem durch die Einführung des Stundentakts im Winterhalbjahr und des Halbstundentakts im Sommer benutzen heute über 2,6 Millionen Fahrgäste im Jahr die Usedomer Bäderbahn – eine Verzehnfachung. Ähnlich positive Entwicklungen der Fahrgastzahlen auch bei anderen Bahnen: Eine Verachtfachung bei der Taunusbahn, eine Verdreifachung bei der Kraichgaubahn, eine Vervierfachung bei der Gräfenbergbahn, eine Verfünffachung bei der Vogtlandbahn. Und entsprechend weniger Autos. Die Bahn hat Zukunft, wenn sie es nur will. Das Rückgrat einer postfossilen Mobilität für Alle ist nicht das Auto, sondern die Schiene.

Doch weder die Politik noch die Deutsche Bahn haben bisher einen erkennbaren Fahrplan für die Zukunft. »Die Bahn«, so die Süddeutsche Zeitung, ist »der traurige Beleg dafür, dass Deutschland noch immer eine Autorepublik ist«.

Bisher gibt es keine Antwort auf die zentralen Fragen, welche Rolle die Bahn künftig im Verhältnis zum Bus, zum Auto, zum Lastwagen, zum Binnenschiff spielen soll. Im Berliner Betrieb setzt sich keine Partei mit Ausnahme der Grünen wirklich für die Bahn ein. Der Vorrang für den Ausbau der Straßen ist blamabel für eine Nation, die wohl auch in Zukunft Industrienation bleiben und zugleich das Klima schützen will. Die Autobahnen sind mit LKW verstopft, und dennoch geht der Güterverkehr auf der Schiene zurück. Im Vergleich zum LKW verbraucht die Bahn im Güterverkehr neunmal weniger Energie und erzeugt 30-mal weniger Schadstoffe. Im Personenverkehr verbraucht die Bahn 3,5-mal weniger Energie pro Person und verursacht achtmal weniger Schadstoffe. Dennoch gibt es wie gesagt auf den Schienen keine effiziente Trennung von öffentlichem und Güterverkehr, und PKW und LKW überschwemmen die Straßen. Das ist nicht hinnehmbar, und es reicht nicht, wenn die Bundeskanzlerin alle paar Jahre einen neuen Bahnchef einsetzt.

»Kennen Sie Deutschland? Im Süden die Berge, im Norden das Meer – und dazwischen: viel Teer«, sagt man scherzweise in Berlin. Kein Wunder also, dass im Verkehrssektor der Ausstoß an CO_2 seit 1990 nicht gesunken, sondern sogar leicht gewachsen ist. Viele Städte ersticken in Smog, Feinstaub und Verkehr. Viele E-Autos und mehr öffentlicher Verkehr könnten bewirken, dass vor allem die Zentren sich wieder erholen. Die Mehrheit der Bürger wünscht sich genau das. Der Psychoanalytiker Alexander Mitscherlich beschrieb schon 1965 die »Unwirtlichkeit der Städte«. Es ist höchste Zeit, ihre Wirtlichkeit wiederherzustellen.

Der Dieselskandal im Jahr 2015 ist der letzte Beweis dafür, dass die deutsche Autopolitik an ihre Grenze gekommen ist.

6. E-Auto und autonomes Fahren: sie kommen!

Selbstverständlich werden wir auch in Zukunft Auto fahren. Aber wir werden andere Autos fahren. Wir werden anders, digitalisierter und autonomer fahren. Wir werden insgesamt weniger fahren.

Heute gehen 95 Prozent aller Straßenverkehrsunfälle auf menschliches Versagen zurück. Sollte diese Horrorzahl durch intelligente Technik wesentlich gesenkt werden können, dann ist autonomes Fahren eher ein Heils- als ein Schreckensszenario. Wenn autonome Fahrzeuge gemeinschaftlich genutzt werden, kann die heutige Mobilität wieder vom Kopf auf die Füße gestellt werden.

General Motors will schon 2019 die ersten selbstfahrenden Roboter-Taxis auf die Straße bringen, BMW im Jahr 2021. Ein Leasing-System von selbstfahrenden E-Autos könnte den durch heutige Autos verursachten Flächenfraß zum großen Teil beenden. Was bisher »Mein Auto« hieß, kann künftig »Unser Auto« werden. Elf Familien – ein Auto? Warum auch nicht?

Im Jahr 1900 fuhren bereits in New York mehr Elektroautos als Benziner. Im selben Jahr hatte der berühmte Autokonstrukteur Ferdinand Porsche sein erstes E-Auto auf der Pariser Weltausstellung gezeigt. Ein Auto mit Holzkarosserie. Die Motoren befanden sich in den beiden Vorderrädern. Der Strom war in einem 400 Kilogramm schweren Akku gespeichert. Die Spitzengeschwindigkeit betrug 50 Stundenkilometer, und die Batterieleistung reichte für 50 Kilometer. Ludwig Lohner, Fabrikant aus Wien, in dessen Auftrag Porsche damals tätig war, brachte den Vorteil des

Elektromobils weitsichtig so auf den Punkt: »Durch Benzinmotoren in großer Zahl wird die Luft erbarmungslos verdorben.« Vom Klimawandel war noch keine Rede.

Es war der Erste Weltkrieg, der dem Benziner zum Durchbruch verhalf. An der Front war es einfacher, Benzin zu beschaffen als Strom. Der Verbrennungsmotor war und ist die bessere Kriegsmaschine, weil Erdöl eine nahezu unschlagbar höhere Energiedichte hat. Akkus sind davon bis heute weit entfernt. Dafür liegt aber der Wirkungsgrad von E-Motoren bei fantastischen achtzig bis neunzig Prozent – viermal höher als beim Benziner.

Nicht nur Elon Musk, der Investor des E-Auto-Herstellers Tesla, sondern Ingenieure auf der ganzen Welt sind davon überzeugt, dass das Zusammenspiel von Fahrzeug und Batterie in den nächsten Jahren stark verbessert werden kann und deshalb die Zukunft dem Elektroauto gehört. Sicher ist, dass der massenhafte Einstieg in die E-Mobilität nicht an fehlenden Ladestellen scheitern wird. Nur Bedenkenträger können vermuten oder behaupten, dass es am Schluss in Deutschland nicht genug Steckdosen geben kann. Willkommen in der Auto-Steinzeit.

2017 fahren in Deutschland die ersten E-Busse ohne Fahrer, autonom. Was zunächst als Spinnerei beginnt, wird in wenigen Jahren selbstverständlich sein. Die Deutsche Bahn wird ab 2018 ihre ersten Kunden mit selbstfahrenden Taxen und selbstfahrenden Kleinbussen zum nächsten Bahnhof bringen. Wenn autonom fahrende Autos künftig rund um die Uhr unterwegs sind und jede und jeder sein Auto abrufen kann, wenn er eines braucht, dann wird es hierzulande vielleicht bald nur noch ein Fünftel der heutigen Autos geben: öffentliche Autos, auf die jeder zu jeder Zeit Zugriff hat. Also: Aus den heutigen 46 Millionen PKW in Deutschland werden dann vielleicht noch 12 Millionen. Bahnkunden brauchen dann kein eigenes Auto mehr.

7. Haben Daimler und Co. das E-Auto verschlafen?

Die Bundesregierung wollte bis 2020 eine Million E-Autos auf deutschen Straßen haben. Dieses Ziel wurde inzwischen aufgegeben. Bis 2030 sollen es sechs Millionen sein. Dieses Ziel scheint mir realistischer. Jede größere Innovation läuft schleppend an und wächst dann ab einem bestimmten Punkt exponentiell. Deshalb will Volvo schon ab 2020 nur noch E-Autos und Hybrid-Fahrzeuge bauen. Alle anderen werden diesem Weg folgen.

In Israel wurde vom Software-Unternehmen SAP ein interessantes Experiment mit E-Autos gestartet: Batterien werden nicht geladen, sie werden an der Tankstelle einfach ausgetauscht. Eine leere gegen eine volle Batterie. Umtauschzeit: etwa eine Minute – weniger als beim bisherigen Tanken. Tausende Umtauschstationen sind geplant. 2019 soll der Versuch auf 100 000 E-Autos ausgedehnt werden.

Das Design für ein attraktives zukünftiges E-Auto muss erst noch erfunden werden. Es wird auf jeden Fall anders klingen und so leise fahren, dass Fußgänger, Radfahrer und ältere Menschen, die sich bisher nach Gehör vorwärtsbewegt haben, sich umstellen müssen. E-Autos bremsen auch intelligenter. Sie wandeln die Bremsenergie in Strom um und laden die Batterie damit wieder auf. Wer den Fuß vom Gaspedal nimmt, erzeugt Strom.

Im digital vernetzten Mobilitätssystem von morgen wird das Elektroauto mit dem öffentlichen Verkehr, dem E-Taxi, mit Carsharing oder Leihfahrrädern vernetzt sein. Die bisherigen Automobilhersteller werden Mobilitätsanbieter werden müssen, wenn sie weiterhin Umsatz generieren wollen.

In der Zeit der E-Autos kann es auch Straßen geben, auf denen man künftig während der Fahrt seinen Akku aufladen kann. »Fahren wäre nicht länger ein Weg, Energie zu verbrauchen, sondern auch ein Prozess, um sie zu erzeugen«, sagt Paul Bunje von der California Energy Commission. In Kalifornien, Frankreich und in den Niederlanden wurden die ersten Solarstraßen gebaut – Straßen, in die Solarzellen integriert sind und die Solarautos während des Fahrens mit Strom versorgen. Solarstraßen klingen heute noch wie Zukunftsmusik. Das kann tatsächlich Musik für eine bessere Zukunft sein. So könnte die Diskussion um die Reichweitenangst beendet werden. Erste Testergebnisse in Frankreich zeigen, dass ein Kilometer Straße mit Solarpanels reicht, um eine 5 000-Einwohnerstadt mit öffentlicher Beleuchtung zu versorgen.

Der Strom liegt künftig auch auf der Straße. »Es gibt in Deutschland fast eineinhalb Milliarden Quadratmeter horizontale Flächen, auf denen man Sonnenstrom gewinnen könnte«, sagt Lukas Renken von der Technischen Hochschule Aachen. Besonders gut geeignet, da wenig bzw. nicht befahren, sind Parkplatzzufahrten, Seiten- und Mittelstreifen von Autobahnen, Marktplätze und der Raum zwischen Eisenbahnschienen. Das Bundesforschungsministerium lässt bereits prüfen, welches Photovoltaik-Straßenpflaster sich am besten als solarer Straßenbelag in der Zukunft eignet. Neuartige Photovoltaik-Beläge können unsere Verkehrswege in Solarkraftwerke verwandeln. Frankreichs Umweltministerium hat angekündigt, bis 2021 tausend Kilometer Straße photovoltaisch aufzurüsten.

Dieter Zetsche, Vorstandschef der Daimler AG, gibt auf dem Pariser Autosalon 2016 das schicke Motto aus: »Liberté, egalité, E-Mobilité«. Und VW – immer schon etwas größenwahnsinnig – kündigt dabei an: »Wir bauen 2025 bei Volkswagen eine Million Elektroautos pro Jahr und werden insgesamt 25 verschiedene Elektrofahrzeuge im Konzern haben.« Schon ein Jahr später wurden auf der Automesse

IAA in Frankfurt aus 25 bereits 30 verschiedene E-Autos. Reichweite? »Bis zu 600 Kilometer.« Allerdings hatte VW auch schon mal das Ein-Liter-Auto angekündigt, ohne es je in Serie zu bauen. Im großen Wettbewerb der flotten Ankündigungen will Daimler bis 2022 zehn Elektromodelle und BMW bis 2025 25 bauen. Nur wenn die Bundesregierung ein Datum für den Ausstieg aus dem Benzin- und Dieselmotor beschließt, wird der Verkehrssektor morgen einen Beitrag zum Klimaschutz leisten. Andere EU-Länder sind uns auch dabei voraus.

Dass eine solche Politik auch in Deutschland möglich ist, zeigt eine Studie des Wuppertal-Instituts im Auftrag von Greenpeace: Ab 2035 kann Deutschland ohne Öl und Benzin auskommen: Durch einen beschleunigten Ausbau der Infrastruktur können sich Rad- und öffentlicher Verkehr verdoppeln und die Zahl der privaten PKW halbieren. Das heißt: Statt wie heute 548 PKW auf 1 000 Einwohner nur noch auf 200. Die verbliebenen PKW fahren CO_2-neutral. Die Studie verpflichtet die Bundesregierung, ab 2035 keine Autos mit Verbrennungsmotor mehr zuzulassen. Der Großteil der Güter wird von der Straße auf die Schiene verlagert. Nach einer Studie des Umweltbundesamts unterstützen 91 Prozent der Deutschen diesen Plan.

Der von der Bundesregierung im Jahr 2016 verabschiedete »Klimaschutzplan 2050« verpflichtet den Verkehr dazu, bis 2030 40 Prozent weniger Treibhausgase auszustoßen als 1990. Doch 2017 sind es noch etwas mehr als 1990. Öko wird's nicht von allein. Im Jahr 2017 fahren in Oslo bereits 42 Prozent der Neufahrzeuge elektrisch, in Deutschland unter zwei Prozent.

8. Auto und Psyche

Neue Verkehrspolitik braucht positive Botschaften und überzeugendere Alternativen. Der Psychoanalytiker Micha Hilges nennt das Auto »aus vielfachen Gründen Quelle infantiler Lustbefriedigung«. Jede alternative Verkehrspolitik muss also erhebliche psychologische Widerstände einkalkulieren. Nach Hilges hat das Auto einen »hohen Unterhaltungswert«, aber einen »geringen Beförderungswert«. Dass Autofahren für viele Menschen in ihrer alltäglichen Erlebnisarmut eine wichtige Lustquelle ist, wollen Umweltfundamentalisten nicht wahrhaben. Es ist wenig erfolgreich, mit Verzichtsappellen gegen diese Lustquelle anzukämpfen. Für Autofans wirken Umwelt-Ayatollahs wie Spielverderber. Sie fühlen sich angegriffen und – fahren weiter Auto.

Wie es vielleicht gehen könnte, zeigen die Züricher Verkehrsbetriebe mit Plakaten, auf denen öffentlich der Zuwachs der Fahrgastzahlen bei ihrer attraktiven Tram angezeigt wurde. Die Benutzer bekommen eine Art »Wir-Gefühl« und finden es spannend, eine Entwicklung zu verfolgen, an der sie selbst aktiv teilnehmen. Der Autohersteller Nissan publizierte diese Anzeige: »Tramfahren ist okay. Autofahren ist okay. Auf das richtige Verhältnis kommt es an.« Nissan schenkte seinen Kunden ein Jahresabo der öffentlichen Verkehrsmittel für den gesamten Kanton Zürich.

In der Schweiz und in Japan ist Bahnfahren ein Volkssport, in Deutschland ist es das Autofahren.

Nur mit einer attraktiven Verkehrswende kann die Energiewende vollendet werden. Viele politische Probleme sind Herausforderungen für die nächsten zwei oder vier Jahre. Das Klima- und Energieproblem ist das Überlebensproblem des 21. Jahrhunderts – ein Jahrhundert-, wenn nicht *das* Jahrtausendproblem.

V.

LUST AUF AGRARWENDE

1. Ist die Landwirtschaft wirklich grün?

Am Hauptbahnhof in Osnabrück lese ich auf einem Plakat des Deutschen Bauernverbandes: »Ohne uns werden Sie nicht satt. Ein Landwirt ernährt 145 Menschen pro Jahr. Darauf sind wir stolz. Wir machen Landwirtschaft echt grün. Eure Landwirte – gestern – heute – morgen – immer.«

Alles im grünen Bereich in der Landwirtschaft, wirklich? Das war einmal. Die ganze Welt leidet unter Artensterben. Die Natur braucht 30 000 Jahre, um eine neue Spezies zu schaffen, aber wir rotten pro Tag weltweit 150 Tier- und Pflanzenarten aus. In Deutschland ist inzwischen jede dritte Tier-, Pflanzen- und Pilzart vom Aussterben bedroht. Dabei wissen wir: Ohne Tiere und ohne Pflanzen keine Menschen. Wir alle stehen auf den Schultern unserer älteren Geschwister im Tier- und Pflanzenreich. Mit dem dramatischen Artensterben sind wir die erste Generation, die Gott voll ins Handwerk pfuscht.

In Deutschland gibt es 8 995 Flüsse. Davon sind nach Auskunft der Bundesregierung 93 Prozent in schlechtem Zustand, weil in ihnen die natürliche Gemeinschaft von Fischen, Pflanzen und Kleintieren zerstört ist. Die häufigsten Ursachen für diesen schlechten ökologischen Zustand sind Dünger und Spritzmittel aus der Landwirtschaft. Im Ökosystem Fluss ist die biologische Vielfalt akut bedroht.

Schon 1962 schrieb die US-Schriftstellerin Rachel Carson in ihrem Ökobestseller »Der stumme Frühling«: Über allem »liegt der Schatten des Todes« und vernimmt nur noch »Schweigen über Feldern, Sumpf und Wald«. Inzwischen wurde aus dem stummen Frühling auch ein stummer Sommer. Nicht nur in den Getreidegürteln der USA, sondern auch in den Sojafeldern Brasiliens und in den Feldern der Monokulturen Europas.

Wie heißt es im schönen Volkslied: Alle Vögel sind schon da! Von wegen. Viel zu viele sind schon weg – und zwar für immer. Kommt *kein* Vogel geflogen …

Im Oktober 2017 wurde wissenschaftlich belegt, was Tier- und Umweltschützer schon lange befürchten: In Deutschland geht die Zahl der Insektenarten dramatisch zurück, um 76 Prozent in den letzten 25 Jahren. Sogar in Naturschutzgebieten. Eine ökologische Katastrophe vor aller Augen – freilich lautlos, stumm. Insekten und kleinere Meerestiere haben fast keine Lobby. Wenn ein Atomkraftwerk in die Luft geht, haben die Medien monatelang ein Megathema. Starke Bilder. Wenn Kleingetier für immer verschwindet, ist das keine Meldung wert. Keine Bilder.

In den Zukunftsszenarien der Agrarlobby hingegen wird Glyphosat wie eine Massenvernichtungswaffe beschrieben, die dafür sorgt, dass auch künftig alle zu essen haben, weil sie alle störenden »Unkräuter« vernichtet. 2017 wurden erstmals über eine Million Tonnen dieses Pflanzengifts verkauft. Der große Produzent Monsanto bietet praktischerweise zugleich gentechnisch veränderte Genpflanzen an, die gegen Glyphosat unempfindlich sind. So werden die Chemie-Bauern noch abhängiger von Monsanto beziehungsweise von der Leverkusener Bayer AG, die gerade dabei ist, Monsanto zu übernehmen.

Die Samen von gentechnisch veränderten Pflanzen sind unfruchtbar, sodass Bauern künftig jedes Jahr neues Saatgut von der Chemieindustrie kaufen müssten. Da Glyphosat aber auch Mikroorganismen wie Würmer vernichtet und Vögel, Reptilien oder Amphibien von diesen abhängig sind, ist dieses Gift auch verantwortlich für das Massensterben im noch fruchtbaren Ackerboden. Übrig bleiben biologische Wüsten, auf denen bald nichts mehr wächst.

Der Streit um Glyphosat und das große Insektensterben machen deutlich, dass die industrialisierte Landwirtschaft immer weniger mit Land und immer mehr mit Wirtschaft zu tun hat.

Die Langzeitwirkung aller Unkrautvernichtungsmittel ist, dass sich der Boden von einem bestimmten Übermaß an verweigert, weil er völlig unfruchtbar geworden ist. Es rührt sich nichts mehr.

Hinter dem Vernichten dessen, was der Menschen nicht unmittelbar benötigt, steckt eine Verachtung der Kultur des Kleinen. Und kein Verständnis für die Folgen einer selbstzerstörerischen Agrarpolitik, obwohl diese zu einem dramatischen Verlust der Kleintiere und nicht absehbaren Folgen für uns Menschen führt. Wenn die Medien das Thema vernachlässigen, verdrängt es die Politik erst recht. Nach 50 Jahren Journalismus weiß ich, wovon ich rede. Oft haben mich Politiker gebeten, ein Thema aufzugreifen, damit auch ihre Partei- oder Regierungskollegen sich damit beschäftigen müssen. Liebe Journalistenkollegen: Greift das Thema Insektensterben so ernsthaft auf, wie wir vor 35 Jahren die Themen Waldsterben oder FCKW behandelt haben. Nur dann wird die Politik reagieren – so wie damals: Heute schrumpft das Ozonloch, und in Deutschland, dem Land des Waldsterbens, wächst der Wald wieder. Das beweist: Wir Menschen können erkennen, erneuern und erfinden.

Der Streit um das Pflanzengift Glyphosat macht deutlich: Es geht um nichts weniger als um den Erhalt unserer Lebensgrundlagen. Der ehemalige Landwirtschaftsminister Christian Schmidt (CSU) hat mit seiner Zustimmung zur weiteren Verwendung von Glyphosat in der Europäischen Union Gift für das Land gesät. Im Namen seiner Partei steht das »C«, das Mut für eine Politik zur Bewahrung der Schöpfung fordert. Aber der Mann geht feige vor der Agrar- und der Chemielobby in die Knie.

Die offizielle Begründung für Schmidts Zustimmung zu Glyphosat: Die Weltgesundheitsorganisation habe das

Gift ja nur als »wahrscheinlich krebserregend« eingestuft. Mit diesem Kniefall vor der Chemieindustrie wird die industrielle Massenproduktion von billigen Rohstoffen für die globale Lebensmittelindustrie gefördert zulasten einer kleinen bäuerlichen Landwirtschaft. Genau deshalb sind in Deutschland seit 2013 mehr als 10 000 Bauernhöfe verschwunden. Mit dieser Agrarpolitik werden Tiere, Böden und Pflanzen mit Chemie vollgepumpt, das Grundwasser mit Nitrat verseucht, das Klima weiter aufgeheizt und das Artensterben beschleunigt. Diese EU-Agrarpolitik vernichtet die Natur und die Landwirte.

Viele Bauern hängen am Tropf von Glyphosat wie ein Junkie an der Nadel. 37 Prozent der Felder werden in Deutschland mit dem Gift traktiert. Glyphosat ist die Droge der heutigen Landwirtschaft.

Was ist die Alternative? In der DDR war das Gift verboten, und Österreich sowie Frankreich wollen es verbieten. Es geht also auch ohne. Der Landwirtschaftsredakteur der taz, Jost Maurin, über die Alternative: »Es hilft nichts, die Junkies müssen ihr Leben umstellen. Statt zum Beispiel Raps und dann zwei Jahre lang Weizen anzubauen, könnten sie mehr Früchte auf dem Feld abwechseln. Dann wüchse weniger Unkraut. Oder sie säen zwischen Maisreihen Hülsenfrüchte, die Unkraut verdrängen. Sie könnten das Unkraut auch maschinell bekämpfen: mit einem Striegel etwa, der den Boden nicht so tief aufreißt und weniger Erosionen verursacht als der Pflug. Das alles ist kein Hexenwerk, sondern uraltes Handwerk. Die Bauern müssten wieder auf ihr traditionelles Wissen vertrauen – und nicht mehr auf den Chemiedealer.«

Sicher, manche Lebensmittel würden durch mehr Handarbeit etwas teurer. Aber sollte uns das die Artenvielfalt und unsere Gesundheit nicht wert sein?

Die Fernsehköchin Sarah Wiener sagt dazu: »Ökologischer Landbau wird die Zukunft sein.« Agrarökologie ist die Alternative zur chemieabhängigen, industrialisierten Landwirtschaft.

Wir haben verlernt, mit der Natur zu leben, und nennen es auch noch »Fortschritt«. Als »Kurzzeitparasiten« schaufeln wir unser eigenes Grab.

Kein anderer Wirtschaftszweig trägt so massiv zum Verlust von Artenvielfalt, zur Klimaerhitzung, zur Gefährdung unserer Gesundheit und zum Leid der Tiere bei wie die industrialisierte Fleischwirtschaft. Davon profitieren nur wenige Konzerne. Kleine und mittlere Betriebe haben das Nachsehen. Bei Umfragen sagen 80 Prozent der Deutschen »Wir haben es satt« und sprechen sich für eine Veränderung in der Tierhaltung aus.

Wir essen extrem viel Fleisch – viel zu viel Fleisch, wie jeder gute Arzt bestätigt: 60 Kilogramm pro Nase jedes Jahr. Was weder gut für die Gesundheit ist noch verträglich für die Umwelt. Um das entsprechende Futter zu produzieren, setzen die Landwirte Pestizide ein und pflanzen Monokulturen. Beide Todsünden führen zum Artensterben. Diese Zusammenhänge aufzuzeigen ist nicht extrem, sondern vernünftig.

Viele Krankheiten beginnen auf dem Teller. In der ayurvedischen Medizin gilt der Grundsatz: Dein Essen sei deine Medizin. In Indien heißt kochen »Kitchen Medicine«. 30 Kilogramm Fleisch im Jahr sind gesünder und vernünftiger als 60. Wenn aber die Grünen dieses Thema zu einem Wahlkampfthema machen wie zum Beispiel in Form eines vorgeschriebenen Veggie-Days in der Woche, werden sie vom Wähler und von uns Journalisten abgestraft. Und das war noch ein sehr harmloser Vorschlag, gemessen an dem, was wirklich notwendig wäre.

Der Klimawandel, der von der Massentierhaltung erheblich vorangetrieben wird, ist eine schallende Ohrfeige, die uns die Natur verpasst. Ob wir sie – die Ohrfeige – noch rechtzeitig verstehen? Wir müssen lernen, das Prinzip Freiheit um das Prinzip Verantwortung zu ergänzen. Sonst wird uns eine Ökodiktatur nicht erspart bleiben.

Zurück zur real existierenden Landwirtschaft: Wenn Landwirte häufig zu viel Gülle auf ihre Felder ausbringen, steigt der Nitrat-Gehalt im Grundwasser. Nitrat ist schädlich für die Gesundheit, also müssen es die Wasserwerke aus dem Trinkwasser herausfiltern. Das kostet Geld – bis zu 134 Euro jährlich je Haushalt, hat das Umweltbundesamt errechnet. Wenn aber Medien dann berichten, dass wegen des Nitrats im Grundwasser der Wasserpreis steigen wird, skandalisiert der Bauernverband im Verbund mit manchen Medien diese Rechnung. Doch das vom Nitrat verursachte Artensterben ist kein Thema.

Chemieindustrie, Autowirtschaft, Pharmaunternehmen, Atomlobby, Gewerkschaften, Kirchen, Parteien und Bauernverband haben am heftigsten protestiert, wenn wir in meiner Fernsehsendung »Report Baden-Baden« solche Zusammenhänge aufgezeigt haben. Viele gerichtliche Auseinandersetzungen waren die Folge. Auch das ist kein Grund zu jammern: Das gehört in einer offenen, demokratischen Gesellschaft zum Geschäft wirklicher journalistischer Aufklärung. Ohne Kampf gab es noch nie einen Fortschritt.

Wenn es Insekten schlechtgeht, geht es der Natur insgesamt schlecht. So steht es in einer Studie der renommierten Fachzeitschrift Plos One. Und warum ist das so?

Insekten bestäuben 80 Prozent der Wildpflanzen in Deutschland, und 60 Prozent der Vögel benötigen sie als Futter. Die Studie liefert den Beleg dafür, dass der Artenschwund wirklich ein großflächiges Problem ist. Schon frühere Studien belegten den starken Rückgang von Fliegen und Faltern, von Bienen, Käfern und Schmetterlingen.

Die Untersuchungsorte repräsentieren ganz unterschiedliche Lebensräume wie Heidelandschaften, Gras-

oder Brachflächen. Hier liegt oft ein grünes Leichentuch über dem Land. Unsere Landschaften sind häufig vereinheitlicht, voller Monokulturen und ertrinken in Nährstoffen.

Dass Bienen wichtig sind, um Blüten zu bestäuben, wissen bereits Kindergartenkinder, aber kaum jemand weiß, dass Fliegen, Käfer und Wespen dasselbe tun. Und noch weniger Menschen ist bewusst, dass ohne diese Nutztiere das Ökosystem zusammenbrechen würde. Viele Pflanzen würden nicht mehr bestäubt und könnten sich nicht mehr vermehren. Unzählige Tiere, die Insekten jagen, wären ohne Futter und würden aussterben. Der renommierte US-Artenforscher Eduard O. Wilson: »Es sind die Kleinsten, die unsere Welt am Laufen halten.«

Je mehr verschiedene Bienenarten es gibt, desto höher die Wahrscheinlichkeit, dass alle Blüten auch bestäubt werden. Deshalb ist die Vielfalt so wichtig.

Im Ernst: Das große Sterben beginnt bei den Kleinsten und macht vor Menschen nicht halt. Denn heute werden dreimal so viele Lebensmittel, deren Produktion von Bestäubung durch Insekten abhängt, hergestellt wie noch vor 50 Jahren. Äpfel, Birnen, Kirschen und Pflaumen, Gurken und Heidelbeeren werden oft von Tieren bestäubt, Kiwis und Melonen fast immer. Eine Serviceleistung, für die Ökonomen einen Wert von 200 bis 500 Milliarden Euro pro Jahr berechnen.

Die industrielle Landwirtschaft ignoriert jedoch die unbezahlten Dienste von Bienen und anderen Bestäubern. Insgesamt werden etwa zwei Drittel der Kulturpflanzen, welche die Welt ernähren, von Insekten und anderen Tieren bestäubt, um Früchte und Samen zu produzieren. Die 100 wichtigsten Pflanzenarten, welche für die Ernährung der Weltbevölkerung unerlässlich sind, werden zu drei Viertel von Bienen bestäubt. Die Art und Weise, wie heute in der

Landwirtschaft »Schädlingsbekämpfung« betrieben wird, bedroht deren wichtigste Helfer. Albert Einstein meinte sogar: »Wenn die Biene einmal von der Erde verschwindet, hat der Mensch noch vier Jahre zu leben.« Hoffen wir, dass er sich wenigstens bei der Jahresangabe geirrt hat.

2. Der Deutsche Bauernverband verschläft öko

Der Klimawandel allein kann die rasante Geschwindigkeit des Artensterbens nicht erklären. Eine größere Rolle spielt die Intensivlandwirtschaft mit ihrem großen Pestizid- und Düngemitteleinsatz. Darüber sind sich die Forscher einig. 94 Prozent der untersuchten Flächen waren von Intensivlandwirtschaft umgeben.

Wie immer reagiert der Deutsche Bauernverband im Abwehrritual. Es verbieten sich »voreilige Schlüsse« – es müsse erst mal weiter untersucht werden. So wird immer argumentiert, wenn man nicht handeln will. »Weitere Studien sind nötig«, sagt auch die Landwirtschaftsökologin Alexandra-Maria Klein von der Universität Freiburg. Warten aber könnte für viele Insektenarten zu spät sein. Die endgültige Klärung der Todesursache macht die ausgestorbenen Arten nicht mehr lebendig.

Landwirte und Umweltaktive sollten in Sachen Insektensterben an einem Strang ziehen, und auch der Bauernverband sollte sich nicht immer wieder von den Agro-Konzernen missbrauchen lassen. Das Insektensterben und das dadurch ausgelöste Vogelsterben gefährden nicht nur die Natur, sondern auch die Landwirtschaft und letztendlich auch uns Menschen, egal ob Naturschützer oder Landwirt.

Die EU verteilt jedes Jahr um die 60 Milliarden Euro an die Landwirtschaft. Es ist so einfach: Wenn künftig nur noch Geld bekommt, wer umweltschonend wirtschaftet, ist die Agrarwende in wenigen Jahren erreicht. Zum Wohl der Landwirte, der Verbraucher, der Tiere und der Menschen – allerdings nicht zum Wohl der heutigen Chemie- und Lebensmittellobby.

Freilich ist die Landwirtschaft nicht allein für das Artensterben verantwortlich. Wissenschaftler nennen als weitere Treiber des Insektentods: Zersiedlung, Klimawandel, Landschaftsfragmentierung, Infrastrukturmaßnahmen.

Manche Autofahrer mögen ja denken: »Ist doch ganz praktisch, wenn meine Scheiben nicht immer von zermatschten Insekten verklebt sind. Und warum müssen Insekten denn unbedingt geschützt werden? Eisbären sind doch viel niedlicher!«

Insekten sind aber nötig, damit Ökosysteme überhaupt funktionieren. Ohne Insekten finden Eidechsen, Vögel und Frösche nicht genug zu fressen. Und eine Welt ohne Schmetterlinge ist viel weniger schön und weniger bunt. Politisch heißt das: Ohne eine Einschränkung der chemischen Spritzereien wird es nicht gehen.

3. 181 pestizidfreie Kommunen

Immerhin: Ein Anfang für Alternativen ist bereits gemacht. 90 Städte und Gemeinden in Deutschland haben Ende 2017 beschlossen: Bei uns wird es kein Glyphosat geben. Drei Monate später waren es bereits 181 Städte und Gemeinden.

Mit dem Bekenntnis zur pestizidfreien Kommune werden die Kommunalpolitiker ihrer Verantwortung für Mensch und Natur gerecht. Sie zeigen, dass es auch ohne Glyphosat geht. Und sie bieten Schutzräume für Bienen, Insekten und Wildbienen. »Blütenreich, blütenrein und ohne Gift« sollte und könnte das Motto aller Städte und Gemeinden werden. Sie sind Orte der Erholung und Produktion von Obst, Gemüse und Honig, an denen Gifte nichts zu suchen haben.

Kein Umweltministerium, kein Umwelt- oder Tierschutzverband, kein grüner Umweltminister konnte oder wollte bisher das große Aussterben stoppen. Jeden Tag verliert die Natur in Deutschland rund 90 Fußballfelder Fläche an den Straßen- oder Siedlungsbau. Die Präsidentin des Bundesamtes für Naturschutz, Beate Jessel, empfiehlt eine »Kehrtwende«. Bisher vergeblich. Die Katastrophe verläuft leise. Deshalb nimmt sie kaum jemand wahr. Die Chancen für Insekten steigen, wenn ein Bauer anfängt, ökologisch zu wirtschaften. Also: Rettet die Insekten! Dabei kann es schon helfen, wenn man den eigenen Garten weniger mit Chemie bearbeitet. Gärten sind ein Insekten-Refugium. Doch in China und Kalifornien müssen schon 2018 viele Obstbäume per Menschenhand bestäubt werden, weil die Bienen ausgestorben sind.

Gegenüber 1990 sind bis 2015 in Deutschland 38 Prozent der Feldlerchen, 65 Prozent der Braunkehlchen, 76 Prozent der Kiebitze und 84 Prozent aller Rebhühner ausgestorben. Viele Kollegen schreiben und manche Wissenschaftler sagen: »Die Natur rächt sich.« Nein – die Natur rächt sich nicht, sie reagiert aber auf menschliches Fehlverhalten.

Nur eine radikale Wende zur Biolandwirtschaft könnte die Vielfalt und wohl auch die Zukunft der Landwirtschaft noch retten. Wir brauchen eine Landwirtschaft, die Klima, Boden, Tiere und Wasser schützt. Dabei müssen wir lokal säen, wenn wir global denken. Das versucht zum Beispiel ein Bündnis, das 2015 gegründet wurde. Kleinbauern, Forscher, Konsumenten und Politiker wirken daran mit, dass mit Hilfe einer nachhaltigen Landwirtschaft der Planet gekühlt statt aufgeheizt wird, Menschen sich gesund ernähren können sowie Frieden und Wohlstand für alle gefördert werden. Das geht mit neuen Ökotechniken wie Humusaufbau und Permakultur oder wieder mit dem bewährten alten Fruchtwechsel. Humus besteht zu 58 Prozent aus Kohlenstoff, der durch Humusbildung wieder zurück in den Boden gebracht werden kann. In der Luft haben wir zu viel CO_2 – im Boden brauchen wir es. Entwaldung, Monokulturen, Pestizide und Kunstdünger haben riesige Mengen fruchtbarer Böden zerstört. Kohlenstoff wurde emittiert, dieser oxidierte in der Luft zum Treibhausgas CO_2.

Ohne fruchtbare Böden keine Zivilisation: Kein Wein und kein sauberes Wasser, kein Brot und keine Butter, kein Mehl und kein Mahl, kein Rasen und keine Rose, keine Flora und keine Fauna. Doch die Böden befinden sich in einer schleichenden Krise. Es ist die am meisten unterschätzte Krise unserer Zeit. Der Boden ist die vergessene Lebensgrundlage – auch in der Umweltpolitik. Wer weiß schon, dass in einer Handvoll Boden mehr Kleinlebewesen existieren, als Menschen auf der Erde leben?

Die heimliche Bodenkatastrophe führt dazu, dass – wie eine UNO-Studie voraussagt – schon bis 2025 die gesamte Mittelmeerregion zerstört sein kann – ein Gebiet, das die Wiege unserer westlichen Zivilisation ist. Mehr als 90 Prozent aller landwirtschaftlichen Böden in der Welt sind krankheitserregend und völlig übernutzt. Wir müssen eine neue Bodenpolitik praktizieren und ein neue Bodenethik lernen.

Der Boden ist ein Tausendsassa: Er speichert Treibhausgase, ist ein Wasserreservoir, ernährt uns und bietet Lebensraum für Pflanzen und Tiere, er baut Schadstoffe ab, produziert Biomasse, ist Lagerstätte für Rohstoffe und beinhaltet das Archiv der Natur- und Kulturgeschichte.

Schon vor 500 Jahren bemängelte Leonardo da Vinci: »Wir wissen mehr über die Bewegung der Himmelsgestirne als über den Boden unter unseren Füßen.« Der Zukunftsforscher Robert Jungk meinte dazu: »Ein besonders eklatantes Beispiel für dieses Versagen ist der mangelnde Schutz für das, was wir Europäer von den vorhergehenden Generationen erbten und den kommenden Generationen weitergeben sollten: Luft, Wasser, Boden, Kulturdenkmäler.«

Das Bundesumweltministerium ist »zuständig« für Tiere und Pflanzen, Luft, Boden und Wasser. Doch im Kabinett sind die Minister für Wirtschaft, Verkehr und Landwirtschaft meist stärker als die Umweltministerin. Sie haben die stärkeren Lobby-Gruppen hinter sich. Und das große Geld.

Vertrauen in die Kraft der Erde – das war einmal das Grundkapital der Landwirtschaft. Jesus von Nazareth zum Beispiel, den ich den ökologischen Jesus nenne, war voll von diesem Urvertrauen: »Denn *von selbst* bringt die Erde Frucht hervor.« (Markus 4,28) Inzwischen glauben wir, mit Chemie, Pestiziden, Fungiziden und Gentechnik kräftig nachhelfen zu müssen. Das ist der exakte Beweis dafür, dass wir das Urvertrauen in die Natur verloren haben.

Die UNO hat schon vor 25 Jahren errechnet, dass auf unserem Planeten 12 Milliarden Menschen ernährt werden könnten. Während jedoch noch immer 800 Millionen Menschen hungern und mehr als 20 Millionen jedes Jahr verhungern, sind bereits 1,2 Milliarden übergewichtig und 400 Millionen sogar fettleibig. Darunter immer mehr Kinder. Die subventionierte Landwirtschaft in den Industrieländern macht viele lokale Landwirtschaften in Asien, Afrika und Lateinamerika kaputt.

Es gibt genug gesunde Lebensmittel für alle. Allein das Getreide, mit dem wir Tiere füttern, könnte die Hälfte der Menschheit ernähren. Es gibt kein Mengen-, aber ein Gerechtigkeits- und Verteilungsproblem. Allein das Essen, das wir in Europa wegwerfen, reicht zweimal, um alle Hungernden der Welt satt zu bekommen. Lebensmittel gehören aber nicht in die Tonne, sondern auf den Teller.

Bis vor etwa 70 Jahren war Gott der eigentliche Partner der Landwirte – der Gott der Natur und des Kosmos, des Lebens, des Wassers und des Bodens. Landwirtschaft war weitgehend ökologisch. Doch wegen der fatalen Landwirtschaftspolitik der Europäischen Union haben die Bauern heute ihren Chemiedünger- und Pestizid-Einsatz mehr als verfünffacht. Sie mussten rationalisieren und mechanisieren, vergrößern und erweitern oder – aufgeben.

Dagegen ist jedes Stück Land, das heute ökologisch bewirtschaftet wird, jedes Feld, auf dem kein Gift gespritzt wird, eine Fläche der Hoffnung. Feuerroter Mohn, zartblaue Kornblumen, sonnengelbe Kamille: Auf Bioäckern sind sie noch zu finden. Biobauern pflegen Ackerraine und Feldhecken naturgemäß. Sie wissen, dass von jeder Ackerwildblume 13 Insektenarten leben. Biologisch bewirtschafteter Boden ist wichtiger Lebensraum für bedrohte Arten, Oase für Schmetterlinge und Singvögel, Rebhühner und Igel. Arten, die verschwunden sind, können nie wieder zurückgeholt werden.

Biobauern ersetzen Chemie durch Wissen und Arbeit und durch Achtsamkeit im Umgang mit Boden, Wasser und Pflanzen sowie durch einen würdevollen Umgang mit den bäuerlichen Nutztieren. Wer weiß, wie in der Natur alles aufeinander wirkt, kann leichter auf chemische Hilfsmittel verzichten. Er versteht, dass nur in einem gesunden Boden gesunde Lebensmittel wachsen können.

Immerhin: In Deutschland arbeiten bereits 40 000 landwirtschaftliche Unternehmen ökologisch. Sie beweisen, dass eine umweltgerechte Landwirtschaft, eine schonende Lebensmittelverarbeitung und artgerechte Tierhaltung möglich sind.

2017 stellten jeden Tag fünf deutsche Bauern eine Landwirtschaftsfläche von 500 Hektar auf Bio um. Jetzt wirtschaften elf Prozent der Landwirte ökologisch. Die neue Bundeslandwirtschaftsministerin Julia Klöckner will, dass bis 2030 in Deutschland 20 Prozent der landwirtschaftlichen Fläche biologisch bewirtschaftet werden. Und der Vorsitzende der Biolandwirte, Felix Prinz zu Löwenstein, ist sich sicher: »Wir werden dieses Ziel früher erreichen.« Immerhin: Die Nachfrage nach Bioprodukten entwickelt sich dynamisch. 2017 erreichte der Biomarkt in Deutschland erstmals einen Umsatz von über zehn Milliarden Euro.

Die Stadt Kopenhagen hat in ihren öffentlichen Einrichtungen bereits einen 90-prozentigen Bioanteil erreicht: gentechnikfrei, schmackhaft, gesund und nachhaltig. Die Kantinen des Bundestags und die 16 Landtagskantinen könnten sich daran orientieren. Das wäre doch mal ein Anfang.

In Indien habe ich ein landwirtschaftliches Projekt gefilmt, in dem Bauern gezeigt wird, wie sie Erosion verhindern und mit Kompost düngen können. Ihre Bioparzellen haben inzwischen höhere Erträge als benachbarte, mit Stickstoff gedüngte Böden. Der kompostgedüngte Boden nimmt mehr Wasser auf, und deshalb geben längst versiegte Quellen wieder Wasser. Durch besseres Wassermanagement haben diese südindischen Bauern bis zu drei Reis-Ernten im Jahr, früher konnten sie nur einmal ernten. Sie müssen sich jetzt nicht mehr verschulden durch den Kauf von Kunstdünger und Pestiziden. Früher sind diese Bauern oft in die Slums der Großstädte gezogen, weil sie zu wenig ernteten, jetzt kommen sie zurück, produzieren gesunde Lebensmittel und haben ein Auskommen.

Die Hauptursache von Hunger ist nicht ein Mangel an Nahrung, sondern ein Mangel an Zugang zu Nahrung.

Die Ernährungsorganisation der Vereinten Nationen hat errechnet, dass pro Tag und Mensch zurzeit 5 000 Kilokalorien produziert werden. Das ist etwa zweieinhalbmal so viel, wie wir brauchen.

»Es ist genug für alle da. Wir müssen den Hunger bekämpfen und nicht die Natur«, sagt der Biolandwirt und Vorsitzende des Bundes Ökologische Lebensmittelwirtschaft, Felix Prinz zu Löwenstein.

Statt Chemie einzusetzen, lassen Biobauern die Natur arbeiten, zum Beispiel in Form von Nützlingen wie der Schwebefliege. Deren Larven ernähren sich von Blattläusen, sie schützen also die Pflanzen. Eine abwechslungsreiche Fruchtfolge, organische Düngung und schonende Bearbeitung erhalten die natürliche Fruchtbarkeit der Böden.

Aber nicht nur Tiere haben ihre Schwierigkeiten mit der heutigen Chemie-Landwirtschaft. Das Verbraucherministerium in Berlin geht davon aus, dass wir schon seit Jahrzehnten jedes Jahr etwa 80 Milliarden Euro an Gesundheitskosten wegen falscher Ernährung aufwenden müssen. Nichts ist so teuer wie billige Nahrungsmittel. Ernährungsbedingte Krankheiten machen jährlich fast ein Drittel der Gesamtkosten im deutschen Gesundheitswesen aus.

Fertigprodukte, Fast Food und Soft Drinks mögen ja cool sein, aber sie verkürzen unser Leben: Zu viel Zucker, zu viel Fett und zu wenig Vitamine und Mineralstoffe.

Die wesentlichen Kritikpunkte an der heutigen Chemie-Landwirtschaft sind:

- Massentierhaltung ist ökonomisch sehr effektiv, aber ökologisch und gesundheitlich schädlich und ethisch nicht zu verantworten. Tiere sind keine Maschinen.
- Die Vereinten Nationen schätzen, dass die Landwirtschaft global um die 15 Prozent für die Treibhausgase verantwortlich ist.
- Die Böden werden durch zu viel Chemie geschädigt und veröden häufig.

- Schadstoffe sickern in den Boden und zerstören dort das Leben.
- Unsere Kulturlandschaften werden monotoner. Viele Tier- und Pflanzenarten finden in diesen Agrarwüsten keinen Platz mehr und verschwinden für immer.
- Dünger und Pflanzenschutzmittel vergiften das Wasser. Flüsse und Seen kippen um, die Flüsse transportieren Nitrate und Pestizide ins Meer.
- Das Grundwasser, unser wichtigstes und wertvollstes Lebensmittel, ist gefährdet. 1870 wurde das Wasser in Deutschland einmal gefiltert. 1955 musste es bereits dreimal chemisch aufbereitet werden, um wieder trinkbar zu sein. Heute achtmal.

4. Die Chemie-Landwirtschaft ist am Ende

Der Weltagrarbericht der UNO und der Weltbank stellte schon 2008 unmissverständlich fest: Die bisherige Landwirtschaft ist keine Option.

Sind die Bauern an all dem schuld? Deutsche Landwirte mästen viel mehr Schweine, Rinder und Hühner, als für die Versorgung der Bundesbürger notwendig wäre. 1993 kamen in Deutschland im Durchschnitt auf einen landwirtschaftlichen Betrieb noch 101 Schweine, 2013 waren es bereits 985. Tiere als Industrieprodukt: Die EU macht's möglich, und für das wirtschaftliche Überleben vieler Bauern ist es auch nötig. Das Resultat: Hauptsächlich im sogenannten Schweinegürtel steigen die Nitrat-Werte im Grundwasser besorgniserregend, klagt zum Beispiel der Oldenburgisch-Ostfriesische Wasserverband.

Tausende Tonnen Fleisch werden in alle Welt exportiert: Auch Milchprodukte nach China, Hähnchen nach Afrika und Schweinefleisch nach Russland. Die Schattenseite dieses »Erfolgs«: Eine Menge Gülle und Mist bleiben zurück –

nämlich hier in Deutschland. Viele Millionen Nutztiere produzieren oft auch giftige Abfälle, jedes Jahr Hunderte Millionen Tonnen Gülle. Deshalb sind in jedem vierten deutschen Wasserspeicher die Nitrat-Werte überschritten. Vor allem im deutschen Nordwesten und Nordosten, in den Zentren der deutschen Viehwirtschaft. Die Nitrat-Belastung im Grundwasser ist eine Zeitbombe.

In Niedersachsen sind bereits 60 Prozent der Trinkwasser-Entnahmestellen nicht mehr trinkwassergeeignet, weil sie zu viel Nitrat enthalten. Dieses Nitrat muss dem Wasser entzogen werden, was aufwendig und teuer ist. Auch wegen des Nitrats sind bereits 25 Prozent des Ostsee-Bodens biologisch tot.

5. Für eine nachhaltige deutsche Leitkultur

In Deutschland verzehrt man pro Kopf durchschnittlich im Laufe seines Lebens zwei Rinder, ein halbes Kalb, 30 Schweine, 20 Schafe, 400 Hühner, 20 Puten und zusätzlich viel Fisch. In Niedersachen zum Beispiel leben mehr Schweine als Menschen. Dieser Fleischkonsum ist ein größeres Klimaproblem als alle Autofahrten und Flugreisen zusammen.

Dabei essen Männer beinahe doppelt so viel Fleisch wie Frauen. Sein Fleisch ist ihr Gemüse. Doch die Zukunft ist vegetarischer und ökologischer. Rechtspopulisten wie zum Beispiel die AfD und Pegida oder auch Teile der CSU und CDU fordern immer wieder eine »deutsche Leitkultur«, ohne zu sagen, was diese sein soll. Wie wär's denn, wenn dieses deutsche Leitbild einer nachhaltigen Entwicklung gerecht würde? Dann ginge es darum, die Bedürfnisse derzeitiger Generationen zu befriedigen, ohne die Bedürfnisse künftiger Generationen zu gefährden. Eine nachhaltige, sinn- und gewinnvolle deutsche und europäische Leitkultur wäre das.

Rund 18 Prozent aller von Menschen verursachten Treibhausgase entstehen bei der Fleischproduktion. Vor allem Rindfleisch ist ein Klimakiller. Im Rindermagen vergärt Gras. Dabei entsteht Methan. Und dieses entweicht durch Rülpsen und Furzen und wirkt 25-mal so klimaschädlich wie CO_2. Beim Ausbringen von Dünger entweicht Lachgas, das sogar 300-mal so klimaschädlich ist wie CO_2.

Insgesamt werden bereits 70 Prozent der gesamten landwirtschaftlichen Fläche der Welt für Viehfutter gebraucht. Die massenhafte Viehhaltung zerstört den Planeten und ist zugleich so billig wie nie zuvor. McDonalds kann seine Burger nur deshalb für einen Euro verkaufen, weil Wasser- und Landverbrauch bei der Fleischproduktion nichts kosten. Würden die Klimaschäden mit berechnet, dann müsste Fleisch 40 Prozent teurer sein, und die meisten Leute würden und könnten nur noch Bioprodukte kaufen.

Die weltweit üppige Fleischproduktion und der massenhafte Fleischkonsum haben zur Folge: Entwaldung, Wüstenbildung, Wasserknappheit, Überdüngung, Artensterben, Hunger, Armut und soziale Unruhen. Ein Veganer, so wird im Film »Cowspiracy« vorgerechnet, spart gegenüber einem Fleischesser jeden Tag 380 Liter Wasser, 20 Kilogramm Getreide und über 2 000 Kilogramm CO_2 ein.

Im Schnitt isst heute jeder Menschen doppelt so viel Fleisch wie noch vor 50 Jahren – Tendenz stark steigend. Die meisten Schlachttiere haben in den dunklen Ställen der Massentierhalter nie das Sonnenlicht gesehen. Ein Huhn verbringt sein ganzes Leben auf einer Fläche, die so groß ist wie ein DIN-A4-Blatt und weiß wahrscheinlich gar nicht, dass es ein Huhn ist. So wie ein Schwein, das nicht wühlen kann, nicht weiß, dass es ein Schwein ist.

Glückliche Kühe, glückliche Hühner und glückliche Schweine müssen mehr sein als ein Werbegag. Heute werden die Tiere für unseren Gaumen geboren, gefoltert und getötet. Noch bei keiner Bundestagswahl stand das Ende der Tierausbeutung auf dem Programm einer Volkspartei – schon gar nicht bei den Parteien mit dem hohen »C« im Namen!

Warum essen wir Menschen so gerne Fleisch? »Am wichtigsten ist der Geruch von Fleisch«, sagt Pat Brown, Chef der kalifornischen Firma Impossible Food. Alle Fleischesser mögen das – zumindest unbewusst. Gegen die dadurch notwendige Massentierhaltung müssten zum Beispiel auch die Kirchen aufschreien. Tierquälerische Massentierhaltung ist eine Perversion der Idee vom Zusammenhang allen Lebens und von der Heiligkeit des Lebens. Auf den geistigen Zusammenhang von Militarismus und Fleischkonsum hat Leo Tolstoi aufmerksam gemacht: »Solange es Schlachthöfe gibt, wird es Schlachtfelder geben.«

Doch die christlichen Theologen haben uns 2 000 Jahre lang vorgebetet, dass Tiere keine Seele hätten. Unser Umgang mit Tieren ist eines der größten moralischen Defizite unserer Zeit. Vielleicht werden wir eines Tages niederknien und die Tiere um Verzeihung bitten müssen.

Die hiesigen Wasserversorger müssen immer mehr Chemie in zunehmend teuren Verfahren aufwenden, um das »Trinkwasser« wieder trinkbar zu machen – auch wegen der Massentierhaltung. Die Europäische Union treibt eine Klage gegen Deutschland voran, um hierzulande eine schärfere Dünge-Verordnung zu erreichen. Die aktuelle Überdüngung gefährdet Gesundheit und Umwelt. Nur Ökolandwirtschaft fördert die Fruchtbarkeit der Böden.

Der Präsident des Deutschen Bauernverbandes, Joachim Rukwied, sagt: »Die Agrarwende, wie viele sie sich vorstellen, wird nicht kommen.« Aber das bestehende System ist an seine Grenzen gekommen: Die herkömmliche Landwirtschaft gefährdet Grundwasser, Klima und Umwelt. Damit die zusammengepferchten Tiere sich nicht selbst zerfleischen, werden Schweinen die Schwänze und Hühnern die Schnäbel abgeschnitten. Ferkel werden ohne Betäubung kastriert, männliche Küken zu Zehntausenden geschreddert. Der Bauernpräsident hat recht, wenn er auf die katastrophale ökonomische Situation seiner Mitglieder hinweist. Andererseits haben die meisten Bauern die neuen Chancen der Ökolandwirtschaft nicht sehen wollen und deshalb auch nicht ergriffen: In Deutschland werden gerade mal sechs Prozent der Lebensmittel ökologisch hergestellt, aber 20 Prozent werden bereits nachgefragt und müssen importiert werden.

Erst subventionieren wir die Chemie-Landwirtschaft mit Milliardengeldern, und danach müssen wir mit noch mehr Milliarden Euro die gesundheitlichen Folgen wieder beseitigen. Es ginge auch intelligenter, wenn wir die Biolandwirtschaft mehr unterstützen würden.

6. Der Raubtier-Kapitalismus in der Landwirtschaft

Bauer zu sein ist ein hartes Geschäft. Vor 200 Jahren waren noch 70 Prozent der Bevölkerung als Bauern tätig. Die meisten von uns kommen ursprünglich aus der Landwirtschaft. 1950 waren es noch etwa zehn Prozent, heute in Deutschland nur noch 1,5 Prozent. Durch technischen Fortschritt kann ein Bauer heute 15-mal mehr Menschen ernähren als noch vor 70 Jahren. Futter-Roboter versorgen das Vieh mit Nahrung. Automaten melken die Kühe, und Drohnen überwachen die Weiden. Freilich: Um wirtschaftlich agieren zu können, müssen die meisten Bauern auf Masse statt auf Klasse setzen. Ein Bauer im Allgäu erzählt mir, sein Vater habe 40 Kühe gehalten, die je 5 400 Liter Milch pro Jahr produzierten, er halte 150 Kühe, die je 8 300 Liter Milch geben. In den USA sollen Kühe bis zu 15 000 Liter pro Jahr produzieren. Solches »Wachstum« funktioniert natürlich nur mit heftigen Hormongaben, die wiederum dazu führen, dass das Euter nach zwei Jahren krank ist. Jedes Wachstum hat seine Grenzen. US-Bauern sprechen schon von »Wegwerf-Kühen«.

Die frühere Umweltministerin Barbara Hendricks: »Wir erleben in der Landwirtschaft Raubtier-Kapitalismus in Reinkultur.«

Seit 1950 erlebt Europa das größte Bauernsterben seiner Geschichte. Mitte des letzten Jahrhunderts gab es in Deutschland noch 1,65 Millionen landwirtschaftliche Betriebe mit 4,8 Millionen Erwerbstätigen, heute sind es noch 286 000 Betriebe mit 650 000 Beschäftigten. Es gibt kaum einen anderen Wirtschaftszweig mit ähnlich massiven Strukturveränderungen. Manche Bauern nehmen es mit Humor: Die schleswig-holsteinischen Bauern machten ihrem Landwirtschaftsminister Robert Habeck in einem offenen Brief einen kuriosen Vorschlag: »Wir Bauern garantieren ab morgen 100 Prozent Biolandwirtschaft, 100 Prozent Tierwohl und 100 Prozent Artenvielfalt in Schleswig-Holstein.« Dafür aber forderten sie von ihrem Minister: »Sie stellen alle Landwirte ein, gern zum Landesmindestlohn.« Das bedeute dann einen Stundenlohn von 9,18 Euro bei einer Wochenarbeitszeit von 38,5 Stunden, inklusive 30 Tage Urlaub pro Jahr.

Habeck antwortete ebenfalls mit Humor: »Interessanter Vorschlag. Dann wollt ihr also, dass wir euch enteignen? Dabei würde das Land wahrscheinlich einen guten Schnitt machen.«

Keine andere Arbeit hängt so sehr von den Launen der Natur ab: von Hagel, Gewitter, Frost und Hitze. Dadurch kann ein Großteil der erwarteten Ernte vernichtet werden.

Bauern haben nur selten nach acht Stunden Feierabend. Sonntagsarbeit ist selbstverständlich, auch an solchen Tagen haben ihre Tiere Hunger.

Jahr für Jahr sterben in Deutschland mehrere Tausend kleine und mittlere Bauernhöfe. Die restlichen Betriebe werden immer größer und mit ihnen die Maschinen. Landwirte werden mehr und mehr abhängig von Chemieriesen, deren Saatgut und dem Lebensmittelgroßhandel, der ihnen die Preise diktiert. Wer das Saatgut hat, hat die Macht.

Der billige Milchpreis ist für kleine und mittlere landwirtschaftliche Betriebe eine Katastrophe. Sie bekommen 22 Cent pro Liter und bräuchten 43, um davon leben zu können. Wenn ein Bauer in der Gastwirtschaft eine Flasche Mineralwasser bestellt, dann muss er dafür so viel bezahlen, wie er für zehn Liter Milch bekommt.

Die Konsumenten werden bei jedem Lebensmittelskandal kritischer, aber kaufen immer noch nach dem Motto »Hauptsache billig«. Ein durchschnittlicher Deutscher hat im Jahr 1950 etwa 50 Prozent seines Einkommens für Lebensmittel ausgegeben – heute gibt er noch knapp 12 Prozent dafür aus. Für die meisten Bauern ist diese Entwicklung existenziell.

»Geiz ist geil« ist noch immer die Devise beim Lebensmitteleinkauf. Wer aber Billigfleisch, Billigmilch und Billigkäse kauft, unterstützt die Art von Landwirtschaft, die ohne das Unkrautvernichtungsmittel Glyphosat nicht mehr auskommt. Wer dieses Gift nicht schlucken will, muss etwas mehr für gute Lebensmittel bezahlen. Wer nach der Energiewende endlich auch die Agrarwende will, muss auf Bio umsteigen und etwas mehr Geld ausgeben. Alles andere ist scheinheilig. Konsequent ist noch nicht, wer gegen Glyphosat-Einsatz unterschreibt, sondern, wer im Supermarkt nur noch zu Biofleisch, Biomilch und Biogetreideprodukten greift, die glyphosatfrei produziert wurden.

Ein Ende der Massentierhaltung ist in Deutschland, in Österreich und in der Schweiz bei Umfragen zwar mehrheitsfähig. Doch im Wahlkampf und in der Wahlkabine wird das zum Nebenthema. Die Kraft der Verbraucher wird sträflich unterschätzt – vor allem von Verbrauchern. Jede und jeder von uns ist ein Teil des Problems. Die Frage bei jedem Einkauf müsste sein: Wie werde ich Teil der Lösung? Doch viele Verbraucher leben in der Vorstellung: Bauern brauchen wir nicht – wir haben doch »Aldi« und »Lidl«. Auch deshalb erleben wir seit Jahrzehnten das größte Bauernsterben der Geschichte.

Konsum ist Politik mit dem Einkaufswagen. Ich kann darauf achten, dass die Eier, die ich kaufe, aus meiner Region stammen. Meinetwegen soll der Nitrateintrag im Oberflächengrundwasser nicht mehr steigen, und ich kann – wenn ich noch Fleisch esse – auch dafür sorgen, dass durch mich nicht weiter die Massenhaltung von Schweinen gefördert wird. Freilich: Auch ich weiß, dass einem beim Einkaufen all das auch zu viel werden kann. Andererseits kann aber niemand mehr behaupten, er habe nie etwas von Massentierhaltung und Hungerlöhnen von Kaffeebauern gehört.

Ist eine Landwirtschaftswende eine Illusion? Richtig ist, dass sich vor allem Chemieriesen wie Monsanto und die Gentechnik-Lobby dagegen wehren. Aber die Atomlobby in Deutschland war auch über Jahrzehnte sehr stark, doch der Widerstand der Bevölkerung war langfristig stärker. Die Gentechnik hat in Europa nicht Fuß fassen können, weil sich die Verbraucher zusammen mit den Bauern dagegen gewehrt haben. In demokratischen Staaten genügt eine kritische Masse, um eine Umkehr zu bewirken. Das ist unsere Chance.

7. Die Zehn Gebote des Ökolandbaus

Die Fruchtbarkeit des Bodens ist das wahre Kapital des Bauern. Auf Böden gedeihen fast alle unsere Lebensmittel. Dieses Kapital ist freilich nicht beliebig vermehrbar – es ist aber verbesserbar.

1. Ökologische Landwirtschaft beachtet die naturgesetzlichen Kreisläufe zwischen Boden, Wasser, Luft, Pflanze, Tier und Mensch. Ökologisch-biologische Landwirtschaft denkt und arbeitet ganzheitlich. Die alte Landwirtschaft bewirkt zu viel Durchlauf und zu wenig Kreislauf.
2. Im ökologischen Landbau werden lokale und betriebliche Rohstoffe eingesetzt.
3. Die Bodenlebewesen werden durch achtsame Bodenbearbeitung gut gepflegt und ernährt. Das heißt: organisch düngen und Stallmist verwenden. Gründünger fördert bodenbiologische Prozesse.
4. Die richtige Kombination von Ackerbau und Viehzucht bedeutet: maximal 1,4 Stück Großvieh je Hektar.
5. Fruchtfolgen und Pflanzen werden nach den Bedingungen des Standorts angepasst.
6. Zur vorbeugenden Pflanzenhygiene gehört die Förderung der Nützlinge.
7. Tiefes Lockern und flaches Wenden verbessert die Bodenstruktur und fördert den Humusgehalt. Ohne Boden kein Essen.
8. Artgerechte Tierhaltung bedeutet, viele Bewegungsmöglichkeiten für Tiere zu schaffen. Sie werden mit Produkten vom eigenen Hof gefüttert. Kranke Tiere erhalten Naturheilmittel.
9. Ökobauern machen die Kulturlandschaft durch Hecken, Teiche und Obstanlagen attraktiver. So entstehen auch Nist- und Unterschlupfplätze für Vögel, Insekten und andere Nützlinge.
10. Ökobauern arbeiten nicht mit Kunstdünger und chemischen Pflanzenbehandlungsmitteln, verwenden keine Chemie zum Nachreifen ihrer Produkte und keine Hormone für Pflanzen und Tiere.

Diese zehn Gebote machen aus dem Landwirt wieder einen Kulturwirt. Er hat einen der umfassendsten, vielseitigsten, interessantesten und wichtigsten Berufe der Welt. Dieser Beruf ist eine Berufung. Es geht beim biologischen Landbau nicht um Gewinnmaximierung, sondern um Gewinnoptimierung. Zum Gewinn gehört selbstverständlich auch das Geld. Aber das ist nur ein Teil des Ganzen.

Wer nur an kurzfristigem Profit interessiert ist, kann die biologische Wirtschaftsweise nicht verstehen. Die Rücksichtnahme auf die Bodenfruchtbarkeit bringt langfristig ein Optimum an Gesundheitsgewinn und Dauereinkommen, aber nur selten maximale kurzfristige Gewinne. So erwirtschaftet der Ökolandbau riesige Gewinne für die Gesellschaft: Schutz vor Bodenerosion, Landschaftsästhetik, sauberes Trinkwasser, Humusaufbau, Artenvielfalt, gute Luft und gesunde Lebensmittel.

Ein praktisches Beispiel der Stadt München: Schon vor 15 Jahren durfte ich den Stadtwerken den »Hundertwasser-Preis« überreichen. Die Stadt hatte Bauern um München angeboten, auf Biolandwirtschaft umzusteigen, und sie dabei finanziell unterstützt. Damit sollte das Grundwasser der Millionenstadt geschützt werden. München hatte jedes Jahr viele Millionen Euro für die Grundwasseraufbereitung ausgeben müssen, weil die herkömmliche Landwirtschaft zu viel Chemie eingesetzt hatte und damit das Grundwasser in und um München belastete. Ich habe damals den Stadtwerksdirektor gefragt, was der Umstieg die Stadt gekostet hat. Seine Antwort, bei der er herzlich lachte: »Weit weniger, als wir vorher für die Wasseraufbereitung ausgeben mussten.«

8. Das Wunder in der Wüste

Was biologische Landwirtschaft zu leisten vermag, hat der visionäre Gründer Dr. Ibrahim Abouleish in der Wüste Ägyptens bewiesen. Er hat in Österreich, Deutschland und in den USA Chemie, Philosophie, Pharmakologie und Medizin studiert und begann 1977, die ägyptische Wüste nachhaltig zu beleben. Sein Unternehmen »Sekem« steht heute voll in Blüte. Sekem heißt auf Deutsch »Lebenskraft«. Das Wunder in der Wüste beschäftigt heute 2 000 Menschen in nachhaltiger Landwirtschaft. Zur Sekem-Gruppe gehören ein Kindergarten, eine Gesamtschule, eine Berufsschule sowie eine heilpädagogische Schule. 2012 wurde von Sekem die erste Universität im arabischen Raum gegründet, die sich ökologisches Wirtschaften und nachhaltige Entwicklung zum Ziel gesetzt hat.

Am Anfang hatte Ibrahim Abouleish diese Vision: »Tief in meinem Innern lebt ein Bild: Mitten in Wüste und Sand sehe ich mich aus einem Brunnen Wasser schöpfen. Achtsam pflanze ich Bäume, Kräuter und Blumen, tränke ihre Wurzeln mit dem kostbaren Nass. Das kühle Brunnenwasser lockt Tiere und Menschen an, die sich daran erquicken und laben. Bäume spenden Schatten, das Land wird grün, Blumen verströmen ihren Duft, Insekten, Vögel und Schmetterlinge zeigen ihre Hingabe an Gott, den Schöpfer, als sprächen sie die erste Sure des Koran. Die Menschen, das geheime Gotteslob vernehmend, pflegen und achten alles Geschaffene als Abglanz des Paradiesgartens auf Erden.«

Nach dieser Vision schuf der begnadete Unternehmer sein Werk in einer lebensfeindlichen Umgebung. Diese Vision war für ihn – wie er schreibt – wie ein »Auferstehungsmotiv«.

Als Abouleish die Heliopolis-Universität in Kairo – eine Hoffnung für ein neues, demokratisches und nachhaltiges

Ägypten – gründete, sagte er: »Wir streben eine Zukunft an, in der jeder Mensch sein Potenzial entfalten kann, in der Menschen in Sozialformen zusammen leben, die auf Menschenwürde bauen und in denen alles wirtschaftliche Handeln in Übereinstimmung mit ökologischen und ethischen Grundsätzen geschieht … Herausforderungen der Zukunft wie Klimawandel, Ressourcenknappheit, Bevölkerungszuwachs oder die zunehmend auseinanderklaffende Schere zwischen Arm und Reich erfordern neue Problemlösungen.«

2018 errechnete Oxfam, dass zurzeit 42 Milliardäre auf der Welt mehr besitzen als die 3,7 Milliarden der ärmsten Menschen. Den Studenten der Abouleish-Universität wird daher in Lehre und Praktika vermittelt, dass all unsere Ressourcen – Wasser, Energie und Nahrung – begrenzt sind und dass die Zukunft Menschen braucht, die nachhaltig und verantwortungsvoll denken und handeln. Hier soll den Studenten eine »Wissenschaft des Geistes« und der Begeisterung vermittelt werden.

Ägypten hat 90 Millionen Einwohner und nur 5 Prozent fruchtbaren Boden entlang des Nils. Das Land leidet unter Wasserknappheit, Wüstenbildung, Klimawandel und großen sozialen Problemen wie Massenarmut und Massenarbeitslosigkeit. Doch Abouleishs Traum einer nachhaltigen grünen Oase 60 Kilometer nordöstlich von Kairo wurde Wirklichkeit. 2015 zeichnete die UNO die Sekem-Initiative mit dem »Land for Life Award« aus.

Inzwischen sind weitere Sekem-Zentren in Ägypten entstanden. 800 Vertragsbauern arbeiten nach den strengen biologischen Kriterien des biologisch-dynamischen Landbaus.

Vor 35 Jahren ließ sich die Schweizer Landwirtin Angela Hofmann von Abouleishs Vision anstecken und zog mit 40 Schweizer Kühen nach Sekem. Heute ist sie dort die Landwirtschaftskoordinatorin. Ihre Kühe leben mit ägyptischen

Rindern und Holstein-Kühen zusammen. Sekem hat etwa 300 Milchkühe, Kälber und Stiere.

Fairer Handel, soziale Sicherung, medizinische Versorgung und kulturelle Angebote für die Mitarbeiter und ihre Familien gehören zur Sekem-Philosophie. In 10 bis 15 Prozent der Arbeitszeit werden die Mitarbeiter weitergebildet. Fünf Firmen der Sekem-Initiative verarbeiten Demeter-Rohstoffe zu hochwertigen Textilien, natürlichen Arzneimitteln und einer Vielzahl von Lebensmitteln. Sekem-Tees sind in ganz Ägypten bekannt und werden geschätzt

Abouleishs Sohn Helmy, heute Geschäftsführer von Sekem, sagt: »Viele Menschen betrachten den Glauben, die Welt positiv gestalten zu können, als verrückt oder als illusionär. Aber Träume verändern die Welt.«

Neben den Vorteilen, welche die nachhaltige Landwirtschaft für die Fruchtbarkeit des Bodens hat, ist die biologische Landwirtschaft auch kostengünstiger als die konventionelle, wenn beispielsweise die Kosten für die Verschmutzung von Boden, Luft und Wasser mit einkalkuliert werden. Ökologische Landwirtschaft ist produktiver als chemisierte Landwirtschaft. Es ist nur ein Gebot der Gerechtigkeit, dass die Lebensmittelpreise die ökologische Wahrheit sagen.

Eine nachhaltige Landwirtschaft ist der Schlüssel zur Überwindung des Hungers in den Dritte-Welt-Ländern. Die UNO hat dieses Ziel 2015 in ihre Sustainable Development Goals aufgenommen. Um dieses Ziel, die Überwindung des Hungers bis 2030, zu erreichen, muss außerdem ein globaler Mindestlohn von einem Dollar pro Stunde in allen armen Ländern eingeführt werden. Dabei darf es keine Ausnahmen geben, sonst nutzen die Großkonzerne diese Schlupflöcher. Das Ziel eines globalen Mindestlohns von einem Dollar muss die UNO durchsetzen. Eine Näherin in Bangladesch »verdient« heute 25 Cent in der Stunde. Wenn sie künftig einen Dollar verdient, dann kann sie in einem Entwicklungsland ein Leben in Würde führen. Die Wirksamkeit dieses Instruments hängt davon ab, dass es global und für alle gilt. Dann wird es eine Win-win-Situation geben und endlich eine Stärkung der Wirtschaft in den armen Ländern. Für Dr. Abouleish war neben der ökologischen Entwicklung die soziale Frage ebenso wichtig.

Mit der Einführung eines globalen Mindestlohns von einem Dollar je Stunde wird sich die Lebenssituation von mehr als einer Milliarde Menschen am unteren Ende der sozialen Pyramide sofort, tiefgreifend, nachhaltig und wettbewerbsneutral verbessern und zu einer weltweiten Befreiung menschlicher Potenziale führen.

9. Eine Vision erblüht in Bayern

Einen ähnlichen Traum verwirklichte in Deutschland der früher größte Metzger Europas, Karl Ludwig Schweisfurth. Seine Firma »Herta« (»Wenn's um die Wurst geht«) beschäftigte 5 500 Mitarbeiter. 1999 schreibt der inzwischen zum Ökolandbau und zum Ökometzger Bekehrte:

»Ich habe seit den Fünfzigerjahren alle Facetten und Möglichkeiten miterlebt, wie wir im Glauben an den Fortschritt immer mehr Technik und Chemie einsetzten, um die Lebensmittel ›sicherer‹ und haltbarer zu machen, immer schöner anzuschauen und immer billiger ... Aber wo ist denn das Leben in den Lebensmitteln geblieben? Es ist durch all das Erhitzen, Hocherhitzen, durch Raffinieren, Härten, Bleichen, durch all die vielen chemischen Substanzen, die Hilfs- und Zusatzstoffe – alles in Übereinstimmung mit den Gesetzen – langsam, unmerklich und leise wie auf Katzenpfoten aus unseren Lebens-Mitteln verschwunden. Wir haben heute überwiegend tote Nahrungsmittel vor uns auf den Tellern. Geprägt von naturwissenschaftlichem Denken haben wir gelernt, nur den materiellen Teil eines Lebens-Mittels zu betrachten. Wir wissen – fast – alles über die materielle Zusammensetzung, über Eiweiße, Fette, Kohlenhydrate, über Vitamine und Enzyme, über Spurenelemente und Schadstoffe, soweit wir sie messen können, und haben für alles Höchst- und Mindestwerte festgelegt, kontrollieren diese auch sehr genau. Aber nach uralter Weisheit ist das Ganze mehr als die Summe seiner materiellen Teile. Was aber ist dieses MEHR, das das Leben ausmacht?«

Eine spannende Frage. Schweisfurth beantwortet sie selbst:

»Wenn man – wie ich – das Geistige für wahrscheinlich hält, dann muss man alles tun, diese Kräfte und Wirkungen bei der Erzeugung von Lebens-Mitteln Stufe um Stufe zu schützen und zu bewahren, bis in uns hinein, bis zum Augenblick, in dem wir uns unsere Speisen einverleiben und sie in uns spüren. Mit folgenden Erkenntnissen sind die Grundregeln und Leitlinien für unser Tun vorgegeben: nichts unnötig hinzufügen, was die Natur so nicht kennt. Nichts wegnehmen, was von Natur aus dazugehört. Nichts unnötig verändern, was nicht verändert werden muss, um essbar zu sein. Nichts unnötig lagern, verpacken oder transportieren. Alles wieder nahe zusammenbringen, die Landwirtschaft, die Be- und Verarbeitung von Pflanzen und Tieren und deren Vermarktung: aus der Region, für die Region … So gesehen sind unsere lebendigen, lebensfördernden Lebens-Mittel vorbeugende Medizin für Gesundheit, Wohlbefinden und ein langes Leben.«

Das sind die zentralen Erkenntnisse dieses klugen Ökonomen und Ökologen, Metzgers und Landwirts. Schweisfurth ist heute einer der erfolgreichsten Biobauern Deutschlands und ein Pionier der ökologischen Lebensmittelproduktion. Seine Vision, als er 1984 nochmal ganz von vorne anfing und seinen Traum von einem »Leben und Arbeiten in besserem Einklang mit der Natur« verwirklichte, erzählte er mir in einer Fernsehsendung meiner Reihe »Querdenker« so: »Wer mit Boden, Pflanzen und Tieren umgeht und Lebens-Mittel für Menschen erzeugt, trägt hohe Verantwortung. Wir brauchen ethische Grundsätze, die uns sagen, was wir tun müssen und was wir nicht tun dürfen, sonst sind wir ohne Orientierung. In der Landwirtschaft müssen wir wieder alles zusammenbringen, was zusammengehört: Die Bauern, die Lebensmittel-Handwerker und die passionierten Verkäufer als Mittler zum Verbraucher. Ich will die vom Aussterben bedrohte alte Handwerkskunst der Bauern, Bäcker, Brauer, Käser und so weiter wieder zurückholen, natürlich ökologisch. Wir müssen bei unserer Arbeit wieder mehr die Würde des Menschen und der Tiere beobachten.«

10. Landwirtschaft im Umbruch

Dauerhaft werden wir uns wieder wirkliche Lebensmittel einverleiben wollen. Viele Studien zeigen, dass ein hoher Gemüse- und Obstverzehr vor chronischen Krankheiten wie zu hohem Blutdruck, Schlaganfall, Krebs oder Koronarer Herzkrankheit schützt. Der World Cancer Research Fund empfiehlt, zur Krebsvorbeugung täglich 400 Gramm Gemüse und 250 Gramm Obst zu essen. In Deutschland tun dies aber nur 15 Prozent der Bevölkerung.

Die Landwirtschaft ist im Umbruch. Mehr Ökoanbau ist angesagt. Eine Vielzahl von Berufskombinationen machen die bäuerlichen Tätigkeiten für junge Leute wieder attraktiv. Die bäuerliche Wertschöpfung lässt sich kombinieren und vermehren in Zusammenarbeit mit Bäckereien, Käsereien, Metzgereien, Brauereien, Gaststätten und Tourismus. Bäuerliche Arbeit lässt sich vermehren durch Synergie-Effekte mit regionalen Herkunftsbezeichnungen und betriebseigenen Spezialitäten.

Bäuerinnen und Bauern werden – wie heute schon – in nichtlandwirtschaftlichen Hauptberufen arbeiten und Landwirtschaft als Nebenerwerb betreiben. Flexibilität ist das Zauberwort der Zukunft. Die steigenden Möglichkeiten der Freizeitbeschäftigung werden Berufskombinationen erleichtern. Nach den Jahren der Krise der Landwirtschaft kann eine neue ökologisch orientierte, vielseitige Landwirtschaft ein besseres Image und viel Goodwill in der Öffentlichkeit haben: Lust statt Frust im Beruf – das Erfolgsgeheimnis schlechthin jeder Arbeit.

Mit ökologischen Direktzahlungen für gesellschaftliche Leistungen im Landschaftsschutz, Gewässerschutz und für Erholungschancen – so wie heute schon in der Schweiz, in Österreich, in Dänemark und Schweden – wird jedem Betrieb ein Mindesteinkommen garantiert werden. Der Biomarkt wächst zurzeit um bis zu 30 Prozent im Jahr.

Die Landwirtschaft insgesamt braucht für diese Wandlung keine höheren Subventionen. Aber falsche umweltfeindliche und gesundheitsschädliche Subventionen sollten abgebaut und ökologische Anreize geschaffen werden.

Die »jüdisch-christliche« Welt ist seit 2 000 Jahren vom alttestamentlichen Naturverständnis »Macht euch die Erde untertan« geprägt. Dieses Wort, um nur zwei Buchstaben verändert, ist eher so zu verstehen: »Macht euch der Erde untertan.« Im Alten Testament ist nämlich von einem ganz anderen Auftrag die Rede: »Bebaut und bewohnt den Garten Eden.«

Wenn sich nachhaltiges Wirtschaften als Haupttrend durchsetzen soll, sind politische Maßnahmen nötig, die ökologisches Wirtschaften rentabler machen als nichtökologisches. Ein Wirtschaften mit Ehrfurcht gegenüber allem Leben. Konkret: Die Zahl der Tiere soll an die Größe der Fläche angepasst werden. Subventionen gibt es nur noch gegen ökologische Gegenleistung. Kleinbäuerliche Strukturen müssen gefördert werden – wie auch die unabhängige Forschung über die Qualität unserer Lebensmittel.

Eine Greenpeace-Studie ergab, dass artgerechte Tierhaltung und eine umweltfreundlichere konventionelle Landwirtschaft bei 30 Prozent biologischer Landwirtschaft Deutschland gut ernähren könnten, wenn sich Fleischverzehr und Lebensmittelverschwendung halbieren würden. Dadurch ließ sich auch bis 2050 der Treibhausgas-Ausstoß um 50 Prozent halbieren.

Öko geht nicht? Das höre ich immer, wenn es um etwas Neues geht. Bis dann einer kommt, der nicht weiß, dass es nicht geht und es deshalb einfach macht. Und dann geht es doch.

Doch alle Landwirte, ob ökologisch oder konventionell, bekommen künftig ein zusätzliches Problem: Bisher war der Klimawandel weit weg. Doch jetzt werden die Folgen des Klimawandels auch in Europa und Deutschland immer mehr sichtbar. Extremwetter nehmen zu: Forstschäden bei der Obstblüte und beim Weinbau, Starkregen und Überschwemmungen, die Hagelschäden haben sich seit 1980 verdreifacht. Hitzewellen und anhaltende Trockenheit suchen Süddeutschland heim. Vom Wetter und den Launen der Natur sind die Landwirte am meisten betroffen – künftig noch weit mehr als bisher. »Die Temperaturen steigen, und damit wächst das Potenzial für Starkregen und Dürren«, sagt Christoph Gornott, Agrarexperte beim Potsdam-Institut für Klimafolgenforschung.

Hungerkrisen sind dennoch vermeidbar – allerdings nicht, solange die Politik nur das tut, was die Wirtschaft erlaubt. Solange Finanzspekulanten einen noch größeren Einfluss auf die Politik haben als die herkömmlichen Bauernverbände, wird sich das Hungerproblem nicht lösen lassen. Und solange der Politik das Wohlergehen von Konzernen wie Monsanto wichtiger ist als die Gesundheit und die Umwelt, wird es kein komplettes Verbot von Glyphosat geben können. In Argentinien zum Beispiel, wo dieses Pflanzengift noch großflächiger als in Europa auf Felder verteilt wird, leiden Anwohner häufiger an Krebs. Dort gibt es auch viele Fehlgeburten.

Nachhaltige landwirtschaftliche Methoden sind am besten geeignet, die Folgen des Klimawandels abzumildern und damit die Nahrungszukunft zu sichern. Wir entscheiden bei jedem Einkauf, ob sich nachhaltige Landwirtschaft lohnt oder nicht. Wenn wir fragen, wie und wo Obst und Gemüse, Eier und Milch produziert wurden, und uns dann für saisonale, regionale und nachhaltig angebaute Lebensmittel entscheiden, werden solche Produkte schließlich vermehrt produziert. Bewusstes Konsumverhalten ist ein ganz entscheidender Beitrag zum Klimaschutz.

VI.

LUST AUF WASSERWENDE

1. Ohne Wasser kein Leben

Wasser ist Leben, und Wasser hat Kraft. »Nichts auf der Welt ist weicher als Wasser. Aber im Besiegen des Harten kommt ihm nichts gleich«, sagt Laotse.

Nach den Erkenntnissen der Evolutionsbiologen kommt Leben aus dem Wasser. Damit ist das Wasser nicht nur in aller Munde, sondern auch in unser aller Mark und Bein und Fleisch und Blut. In allen heiligen Schriften schwebt der Geist Gottes von Anfang an über den Wassern. In allen Religionen und Kulturen spielt Wasser eine zentrale Rolle: Bei den Fruchtbarkeits- und Einweihungsriten der antiken Mysterienkulte und ebenso beim indoiranischen Mithras – und beim ägyptischen Isis-Kult, aber auch beim frühgriechischen Demeter-Kult und bei allen Hindukulturen. Im Judentum gab es den Taufritus, dem sich auch Jesus am Jordan stellte und dabei seine spirituelle Berufung erfuhr.

Der Meister aus Nazareth erwartete von seinen Nachfolgern, dass sie »Quellen lebendigen Wassers« seien. Im Essener-Evangelium tritt ein »Engel des Wassers« in Erscheinung. Die Taufe mit Wasser ist immer ein Symbol der Wandlung. Wasser hat schon immer eine spirituelle und eine materielle Dimension.

Die Transformation des Wassers ist enorm: Wolke und Schnee, Nebel und Hagel, Regen und Gletscher. Wasser lässt frisches Grün zur Ernte reifen und trägt alles Leben. Wasser ist Teil von Gottes Wort: »Es werde.« Es ist Lebensquell und Energie. Wasser lehrt uns das Leben und ist ein Segen für alles Leben. Es durchströmt unseren Körper wie unseren Planeten. Beide bestehen zu 71 Prozent aus Wasser.

»Wasser ist heilig«, sagen die Ureinwohner bis heute. Was ist uns heute noch heilig?

Mangel an Wasser bedeutet Tod. Überfluss an Wasser bringt Leben, Wohlstand und Reichtum. Dank Wasser hat das Leben einen unendlichen Formenreichtum entwickelt: Wasser fließt und stürzt, es tobt und sprudelt, es versiegt und steigt auf. Das Fließen des Wassers ändert sich auf der ganzen Welt so wenig wie die Wege der Liebe.

Ich hatte das Glück, als Fernsehreporter die Wasserreserven in all ihren Formen und Farben auf der ganzen Welt zu erleben: Im Atlantik und Pazifik, in der Arktis und Antarktis, im Grönland-Eis und im Himalaya-Schnee, in der Nordsee und an der Ostsee, am Bering-Meer zwischen Alaska und Sibirien, am Naturparadies des Nicaragua-Sees, in der Karibik, an den Küsten des Mittelmeeres und am Golf von Bengalen, am Polarkreis, am Suez-Kanal und am Panama-Kanal, an den Reislandschaften Indonesiens und am Ganges-Ufer in Nordindien, am fruchtbaren Niltal in Ägypten und an den tiefen Schluchten des Jangtsekiang in Südchina, von dessen Wasser eine viertel Milliarde Menschen leben und am Kap der Guten Hoffnung in Südafrika.

2018 steht die südafrikanische Millionen-Metropole Kapstadt nach verheerenden Dürrejahren vor einer Wasserkatastrophe. Die Staudämme sind fast leer, aber die Reichen baden noch immer in ihren Swimmingpools, während die Armen in Schlangen um ihr tägliches Wasser anstehen. Für das Jahr 2019 ist der Wassernotstand ausgerufen. Dann soll jeder Bewohner von Kapstadt täglich noch 25 Liter Wasser zugeteilt bekommen. Das wichtigste Lebensmittel wird aber weltweit knapp. Seit Mitte des 20. Jahrhunderts hat sich die Weltbevölkerung verdreifacht und der Wasserverbrauch versechsfacht. Die Kapstädter haben bereits aus der bevorstehenden Katastrophe gelernt. Sie konnten den Wasserverbrauch innerhalb von sechs Monaten halbieren.

»Wasserdiebstahl« ist in Kapstadt bereits ein schweres Vergehen und wird heftig bestraft. Vier Millionen Menschen rüsten sich bereits für einen großen Verteilungskampf. Wenn dieses Buch gedruckt wird, ist dieser archaische Kampf in Südafrika noch eine Trockenübung, aber wenn Sie es lesen, kann es schon ein Überlebenskampf sein. Seit drei Jahren hat es kaum geregnet am Kap von Afrika.

In Deutschland gibt es kaum ein besser kontrolliertes Lebensmittel als Wasser aus dem Wasserhahn. Wir haben hierzulande einen sagenhaften Reichtum an gutem und frischem Wasser. Die Stiftung Warentest kommt immer wieder zum gleichen Ergebnis: Leitungswasser aus deutschen Wasserhähnen ist sauber. Wer hierzulande Durst hat, muss nur den Wasserhahn aufdrehen.

Doch statt es dankbar zu trinken, zahlen wir lieber 300-mal mehr für Mineralwasser, das oft weniger sauber ist und schleppen Kisten und Kästen voller Wasser in Plastikflaschen aus dem Supermarkt zuerst in unsere Autos und dann in unsere Wohnungen. Es ist eine irrsinnige Angewohnheit, lieber kistenweise teures Wasser zu schleppen, als gesundes Wasser einfach aus dem Hahn zu trinken.

Was ist die Ursache dieses reinen Wahnsinns? Die Werbung der Mineralwasserindustrie, die uns kirre macht oder besser: mit der wir uns kirre machen lassen. Einige Zahlen zur Absurdität dieses Wassergeschäfts: Im Jahr 2 000 trank die Weltbevölkerung »nur« 100 Milliarden Liter Mineralwasser, 2014 waren es bereits 288 Milliarden Liter und 2020 sollen es etwa 600 Milliarden Liter sein. So werden wir von Großkonzernen für deren Milliardenprofite manipuliert.

Das französische Onlinemagazin »reporterre« hat errechnet, dass das Geschäft mit Mineralwasser jedes Jahr 150 Milliarden Euro abwirft. Und viele von uns füttern freiwillig diesen Industriemoloch. Zwischenfrage: Wer kauft beim Bäcker Brötchen für das dreihundertfache des Normalpreises?

Doch die Werbung der Wasserindustrie gaukelt uns vor, dass abgepacktes Mineralwasser gesünder sei und besser schmecke. Dabei ergaben verschiedene Tests exakt das Gegenteil: Konsumenten, die mit verbundenen Augen abgepacktes Wasser einiger Marken sowie ein Glas Leitungswasser trinken mussten, meinten, dass Leitungswasser besser schmecke. Zum Thema Gesundheit meinte die Stiftung Warentest 2016: »Mineralstoffe im Mineralwasser sind ein Mythos«.

Eine wissenschaftliche Studie in der Schweiz ergab, dass für Mineralwasser 1 000-mal so viel Erdölverbrauch anfällt wie für Wasser aus dem Hahn – hauptsächlich für den Transport, die Verpackung und die Kühlung. Die gesamte Umweltbelastung eines Liters Mineralwasser ist ebenfalls um bis zu 1 000-mal höher als die Umweltbelastung bei Leitungswasser. Ein Großteil der leeren Wasserflaschen landet im Müll und wird verbrannt. Dabei entstehen toxische Abgase. Bleiben die Flaschen in der Umwelt, sind sie erst nach 1 000 Jahren biologisch vollständig abgebaut. Dabei entweichen giftige Stoffe, die sich im Boden festsetzen.

Jeden Tag landen 22 000 Tonnen Plastik, nicht nur als Flaschen, im Ozean. 90 Prozent der Meeresvögel haben bereits Plastik gegessen. Prognosen gehen davon aus, dass im Jahr 2050 mehr Plastikteile im Meer schwimmen werden als Fische, wenn wir den Wahnsinn nicht stoppen. Positive Beispiele: Die französische Bioprodukt-Kette »biocoop« hat seit Januar 2017 keine Plastikflaschen mehr im Sortiment. In San Francisco ist der Verkauf von Plastikflaschen auf öffentlichem Boden verboten. Das Londoner Startup »Skipping Rocks Lab« hat eine Verkaufsverpackung entwickelt, die man essen kann.

Dass Wasser aus dem Hahn nicht nur gesund, sondern auch ein Genuss ist, will uns Deutschen einfach nicht in den Kopf. Andere Länder sind da weiter. In Frankreich, Italien, Spanien, Portugal, USA, Japan oder Griechenland bekommt der Gast zum Essen meist ein Glas Leitungswasser – kostenlos. In vielen Nachbarländern kommt zuerst mal

– noch vor dem Bestellen – eine Karaffe Wasser auf den Tisch. Das gehört zur Tischkultur. Frisches, klares Leitungswasser schmeckt einfach wunderbar. Doch in Deutschland wird es geradezu verachtet. 1970 trank jeder Bundesbürger im Schnitt pro Jahr 14,5 Liter Mineralwasser, heute sind es 175 Liter. Wenn ich im Restaurant heute Leitungswasser bestelle, kommt es beinahe zum Streit, zumindest aber zu mitleidsvollen, schrägen Blicken. Man gilt sofort als Geizhals. Dass Geschmack und Umweltbewusstsein das Hauptmotiv für das Bestellen von Leitungswasser sein kann, glaubt fast niemand.

In der Schweiz macht zurzeit eine Bewegung »Wasser für Wasser« von sich reden. Sie setzt sich bei Gastwirten dafür ein, Leitungswasser als leckeres Lebensmittel auszuschenken und dafür einen ordentlichen Preis zu verlangen. Das Geld fließt in Projekte im wasserarmen Sambia, wo Wasser eine echte Kostbarkeit ist. So soll ein kleiner gerechter Ausgleich geschaffen werden zwischen Arm und Reich, und uns soll zugleich bewusst werden, was wir dem reinen Trinkwasser bei uns verdanken.

Nicht nur der Prophet gilt nichts im eigenen Land, sondern auch das Wasser in der eigenen Wohnung, für das wir aufwendig Leitungen haben legen lassen, die wir dann zu wenig nutzen – schließlich haben wir ja Autos.

Dass Wasser auch eine zerstörerische Kraft haben kann, erlebte ich am zweiten Weihnachtstag 2004 in Südindien. Ein Tsunami hat 230 000 Menschen rund um den Indischen Ozean das Leben gekostet. Als ich damals in meinen Filmen für die ARD auch menschliche Leichen zeigte, wurde ich heftig kritisiert, weil diese Ergebnisse des Wassers Fernsehzuschauern in Deutschland »nicht zumutbar« seien. Doch wir werden wegen des Klimawandels durch vermehrte Stürme, Hurrikans und Überschwemmungen in den nächsten Jahrzehnten noch viel deutlicher die zerstörerische

Kraft des Wassers spüren lernen und entsprechende Bilder »verkraften« müssen. Wir haben diesen Klimawandel und damit die totale Veränderung der Wasserkreisläufe selbst produziert.

2. Wasser: weich, aber stark!

Im ältesten Weisheitsbuch der Menschheit, dem »I Ging«, sagt Laotse schon vor 5 000 Jahren: »Nichts auf der Welt ist nachgiebiger und schwächer als Wasser, doch es gibt nichts Besseres, um das Feste und Starke anzugreifen. In der Tat, es gibt nichts, das seinen Platz einnehmen könnte.«

Wasser war schon immer ein ganz besonderer Stoff. Doch zur Wassernutzung gehört immer mehr auch Wasserverschmutzung. Im Mittelalter stand auf Brunnenvergiftung die Todesstrafe. Die kollektive Brunnenvergiftung, die heute die Chemiekonzerne und die Chemielandwirtschaft betreiben, wird allerdings so gut wie nie bestraft. Sie gehört sozusagen zu unserer Zivilisation und gilt allenfalls als Kavaliersdelikt. Dass die christlichen Kirchen mit ihrem spirituellen Bezug zu diesem Element diesem ökologischen Sündenfall nahezu gleichgültig gegenüberstanden, ist unverständlich. Erst Papst Franziskus hat in seiner großartigen Ökoenzyklika wieder von der Politik und der Wirtschaft und von jedem Einzelnen eine Wasserethik eingefordert.

In vielen Regionen Deutschlands wird das Wasser wegen der intensiven Tierhaltung durch Stickstoff aus Gülle und Mist belastet. Nur mit einer deutlich reduzierten Tierhaltung kann die Landwirtschaft hierzulande zum Klimaschutz und Gewässerschutz beitragen. Weltweit werden 70 Prozent allen Wassers in der Landwirtschaft verbraucht. Der Anbau von Erdbeeren im wasserarmen Spanien ist sehr wasseraufwendig. Doch das Gros dieser Erdbeeren wird ins wasserreiche Deutschland exportiert. Deutsche Konsumenten, die spanische Erdbeeren kaufen, tragen dazu bei, dass sich die Wasserprobleme in Spanien verschärfen. Ob Sie es glauben oder nicht, liebe Leserin, lieber Leser: In einer Erdbeere verbergen sich sieben Liter Wasser. Ohne es zu wollen, graben wir anderen Ländern das Wasser ab.

Durch den Welthandel und die globalisierte Landwirtschaft werden gewaltige Mengen virtuellen Wassers (verborgener Wasserverbrauch) um den Erdball geleitet. Würde dieses Wasser in die umgekehrte Richtung gelenkt, könnte die Not des wasserarmen Spanien gemildert werden. Zum Herstellen eines Glases Wein werden 109 Liter Wasser verbraucht, für eine Tasse Kaffee 130 Liter, für ein Frühstücksei 200 Liter, für einen Liter Milch schon 1 020 Liter Wasser, für 100 Gramm Schokolade 1 700 Liter, für ein Kilogramm Hühnerfleisch 4 325 Liter, für ein Kilo Mandeln 8 047 Liter Wasser und für ein Kilo Rindfleisch 15 500 Liter Wasser. Unser tägliches Wasser! Wir »essen« also viel mehr Wasser, als wir trinken. Zur Produktion eines Kilogramms Kartoffeln werden nur 287 Liter Wasser verbraucht.

So fördert der globalisierte Agrarhandel den weltweiten Kampf ums Wasser. Wir konsumieren das Wasser anderer Kontinente. Importiertes Wasser steckt auch in unserer Kleidung: Für ein Kilogramm geernteter Baumwolle werden ca. 8 000 Liter Wasser verbraucht. Dass nahezu die Hälfte aller Lebensmittel bei uns weggeworfen wird, bedeutet ebenfalls eine gigantische Wasserverschwendung.

Wenn wir unser Wasser, das Lebensmittel Nummer eins, besser schützen wollen, muss die Gülle-Verschmutzung gestoppt werden. Das heißt: Die Milliardensubventionen für die großindustrielle Agrarwirtschaft müssen zugunsten einer gewässer- und umweltverträglichen Bewirtschaftung der Flächen umgeschichtet werden. Klimaschutz, Bodenschutz, Tierschutz und Wasserschutz hängen eng zusammen. Papst Franziskus nennt dieses neue Denken in Zusammenhängen die »Schönheit der Herausforderung«. Sie soll Mut und Lust auf eine nachhaltige Politik und Lust auf die notwendige Wasserwende wecken.

Rein quantitativ hat Deutschland in den letzten Jahrzehnten in seiner Wasserpolitik Fortschritte erzielt. 1963 verbrauchte jeder Bundesdeutsche 171 Liter Wasser am Tag, 1991 waren es 144 Liter, und heute sind es noch 120. Aber Wasser in Deutschland hilft Afrika nicht in seiner Wassernot.

3. Die globale Wasserkrise

Wasser ist die Grundlage allen Lebens. Ohne Wasser kein Leben – keine Menschen, keine Bäume, keine Pflanzen, keine Tiere. In vielen Ländern versiegen heute Flüsse, Seen trocknen aus, und das Grundwasser zieht sich zurück. Gesundheit und Welternährung sind bedroht. Eine gerechtere Wasserverteilung ist eine der Schlüsselaufgaben des 21. Jahrhunderts.

Die globale Wasserkrise hat sich in den letzten Jahren erheblich verschärft. Heute haben über eine Milliarde Menschen keinen Zugang zu sauberem Wasser. Die UNO schätzt, dass es in wenigen Jahrzehnten drei Milliarden sein werden. Die Zahl der Hungernden ist von 2015 auf 2016 erstmals wieder gewachsen – auf über 800 Millionen Menschen. Schuld daran ist auch der globale Wassermangel. Dürreperioden, Wüstenausbreitung, Klimawandel, Verschmutzung und gigantische Eingriffe in die Natur sind die Hauptursachen. Durch den Klimawandel verändern sich Verdunstung, Niederschlag und Verfügbarkeit regional und quantitativ.

Die Zahlen sprengen unser Vorstellungsvermögen: Über eine Milliarde Menschen haben keine sichere Trinkwasserversorgung, die Abwässer von 2,6 Milliarden Menschen werden nicht geklärt, täglich sterben 5 000 Kinder infolge von Wassermangel an Diarrhö und anderen Krankheiten elend.

Der gesamte asiatisch-pazifische Raum beherbergt zwei Drittel der Weltbevölkerung, nimmt aber nur ein Drittel der Wasserressourcen in Anspruch. Die nördlichen Länder unseres schönen, blauen Planeten haben heute zweifellos noch genügend Wasser, das trifft aber auf die armen, südlichen Länder unserer Hemisphäre nicht zu. Nahezu jeder zweite Bewohner der sogenannten Dritten Welt leidet an Krankheiten, die durch verseuchtes Trinkwasser hervorgerufen worden sind.

Auch im noch wasserreichen Mitteleuropa steuern wir langfristig auf einen Wassernotstand zu. Unser Wasser wird benutzt, verschmutzt, verschwendet. Und Wasser ist auf diesem Planeten himmelschreiend ungerecht verteilt. Trotz aller Kontrollen: Gifte im Wasser, Pestizide im Boden, Chemiemüll, Düngemittel und Luftverschmutzung bedrohen unser wichtigstes Lebensmittel. Wir müssen unsere Gesetze denen der Natur anpassen, weil es umgekehrt nicht geht.

Im Juli 2010 erklärten die Vereinten Nationen den Zugang zu Wasser als Menschenrecht und prophezeiten, dass die Wasserkrise zum größten Problem des 21. Jahrhunderts werden könnte. »Wasser ist wertvoller als Gold« hat die UNO schon vor Jahren in einem Memorandum festgestellt. Wie aber finden wir Wege zu einer nachhaltigen und gerechten Wasserpolitik, und wie vermeiden wir künftig Kriege um Wasser? Indem wir den Zugang zu Wasser konsequent als Menschenrecht behandeln. Das möchte ich im Folgenden erläutern.

Wir Deutsche verbrauchen heute – ohne das »virtuelle« Wasser aus dem Ausland einzubeziehen – 120 Liter Trinkwasser am Tag: Wasser, das so rein ist, dass man es trinken kann. Doch fürs Kochen und Trinken benötigen wir nur drei Liter Wasser pro Tag. 40 Liter Trinkwasser spülen wir täglich pro Kopf die Toilette hinunter, 52 Liter Trinkwasser brauchen wir fürs Baden und Duschen, fürs Waschen und Spülen noch einmal 25 Liter Trinkwasser. Amerikaner verbrauchen jeden Tag 400 Liter Wasser, auch sie das meiste für die Toilettenspülung und fürs Autowaschen.

In den 80er Jahren hat Englands Premierministerin Thatcher die Wasserversorgung privatisiert. Die Konzerne ließen die Wasserleitungen so verkommen, dass bald 40 Prozent des Trinkwassers in London versickerte und das Wasser nicht mehr schmeckte. Es gab kaum staatliche Wasserkontrolle. Dennoch stiegen die Preise. Auf der ganzen Welt sollte damals infolge des neoliberalen Zeitgeistes das Wasser privatisiert werden. Doch überall wehrten sich die Bürgerinnen und Bürger: Von Lateinamerika, den USA und Afrika, über Südasien bis Europa kam es zu »Wasserschlachten« – in einigen Fällen mit Toten.

Millionen Menschen kämpften für »ihr« Wasser als soziales und kulturelles Gut, das geschützt werden muss. Es gibt ein Menschenrecht auf ungehinderten Zugang zu sauberem Trinkwasser und zu einer funktionierenden Abwasserentsorgung. Die Frage hieß: Was ist wichtiger – Profit mit Wasser oder Vollversorgung mit Wasser? Es war schnell klargeworden, dass den Konzernen ihre Gewinne wichtiger waren als die allgemeine Versorgung mit dem Lebensmittel Nummer eins. Und wichtiger als die Qualität des Wassers. »Wasser für alle« kann nur auf nichtkommerzielle Art sichergestellt werden.

Vom Deutschen Städtetag über den Verband kommunaler Unternehmen bis zur Gewerkschaft Verdi gab es auch in Deutschland erfolgreiche Proteste gegen die Privatisierung der Wasserwirtschaft. Es kam zu einer »Renaissance der Wasserwerke«. Sie sind wieder ein Kernbereich der öffentlichen Daseinsvorsorge.

Wasser ist keine Ware wie jede andere. Es ist eine unverzichtbare Voraussetzung jeden Lebens. Wenn Wassermangel zum Alltag und Durst zur Gewohnheit wird, lässt sich kein würdevolles Leben mehr führen. Deshalb hat die UN-Vollversammlung wie erwähnt am 28. Juli 2010 auf Initiative von Bolivien und durch jahrelangen Druck von Menschenrechtsorganisationen ohne Gegenstimme das »Menschenrecht auf Wasser« international anerkannt.

Die praktische Bedeutung solcher Beschlüsse zeigt sich in Südafrika. Dort ist dieses Menschenrecht auf Wasser schon länger in der Verfassung verankert. Die Regierung ist auf die Forderung der Bevölkerung eingegangen: Jede Familie erhält pro Monat kostenlos 6 000 Liter Trinkwasser. Es wird noch Jahre dauern, bis dieses Recht auch konkret und praktisch und völkerrechtlich in der ganzen Welt umgesetzt und einklagbar ist. Dies geht nicht ohne Geld. Die wasserreichen wohlhabenden Industriestaaten, die durch ihre Krisen wie Klimakrise, Finanzkrise, Ressourcenkrise und Schuldenkrise die Lebensbedingungen in vielen Entwicklungsländern verschlechtert haben, dürfen nicht länger zusehen, dass täglich 5 000 Kinder an verunreinigtem Wasser sterben. Es gibt in Afrika keine größere Stadt, in der nicht 50 Prozent des gesamten Wassers im maroden Verteilungsnetz verloren gehen. Da müssen wir zuerst helfen.

Es gibt ein Menschenrecht auf Wasser, aber es gibt kein Menschenrecht auf ein Auto oder auf billige Flugreisen zulasten künftiger Generationen. Da der westliche Pro-Kopf-Ressourcenverbrauch rein physikalisch weltweit untragbar ist, muss die gerechte Verteilung der vorhandenen und begrenzten Ressourcen zur Basis einer ökologischen Zivilisation werden. Jared Diamond schreibt in seinem Buch »Kollaps«, dass frühere Gesellschaften deshalb untergegangen sind, weil sie zu sehr an alten Glaubensweisheiten festgehalten haben. Diesmal droht erstmals ein globaler Kollaps.

Die gewinnfixierten Wasser-Konzerne wie Veolia, Suez und Thames Water mussten in den letzten Jahren schließlich ihre Anteile an der Wasserversorgung wieder zurückgeben. Allein in Frankreich haben 40 Städte und Gemeinden die Wasserversorgung wieder selbst übernommen, aber auch in Berlin, Thessaloniki, Manila, Buenos Aires, Daressalam oder Atlanta. Heute wird auf der ganzen Welt immer häufiger verstanden, dass das Recht auf Wasser ein von Menschen erkämpftes Menschenrecht ist.

Vorbildlich waren auch hier die Stadtwerke München: Sie investieren in langfristigen Gewässerschutz, indem sie im Mangfalltal Bauern bei der Umstellung zur Biolandwirtschaft unterstützen. So entstanden mehr als 100 Biobetriebe, die zugleich das Wasser schützen. Sie kommen ohne Kunstdünger und Pflanzenschutzmittel aus. Der Nitratgehalt ist spürbar gesunken, und Münchens Wasserqualität zählt zu den besten der Republik. Das Zukunftsmodell rechnet sich ökologisch und ökonomisch. Die Menschen bleiben gesund, weil das Wasser sauber ist und dazu preiswert. München kann überall werden. Das 2,5 Millionen Einwohner zählende Paris hat die Wasserpolitik der 1,5 Millionen zählenden bayerischen Hauptstadt München bereits nachgemacht.

Die Grundsatzfrage an die Politik heißt: Ist es vertretbar, ein Gut, das jeder zum Leben braucht, zu kommerzialisieren? Geht Wasserverbrauch auch intelligenter als heute?

Weltweit träumen Küstenbewohner davon, Meerwasser in Trinkwasser verwandeln zu können. Schließlich sind 97,5 Prozent des natürlichen Wassers auf unserem Planeten salzig. Aber erst 0,4 Prozent unseres planetaren Wasserverbrauchs wird mit entsalztem Wasser gedeckt. Doch diese Entsalzungsprozedur ist aufwendig, teuer und energieintensiv.

Im Prinzip regeneriert sich Trinkwasser von selbst. Die Regeneration braucht freilich ihre Zeit. Dennoch ist Wassernutzung eng verbunden mit Wasserverschmutzung und Wasserverschwendung.

4. O du wunderschöner deutscher Rhein!

Wenn Wasser verbraucht wird, wird es zu Abwasser. Wasserverschmutzung gehört zu den Schattenseiten der Industrialisierung. Zu den größten Kloaken Europas gehörte noch vor 40 Jahren der Rhein. Mit 1 300 Kilometern Länge ist er von seiner Quelle in der Schweiz, über Österreich, Deutschland und die Niederlande der größte Nordseezufluss Europas. Noch bis 1865 gab es sensible Fische wie den Lachs in großen Mengen im Rhein, weil sein Wasser klar und rein war. Bis zu 85 000 Tonnen Lachs wurden jedes Jahr im Rhein gefangen. Sogar die Diener sollen sich damals beschwert haben darüber, dass sie jeden Tag Lachs essen mussten. Heute wünschen sich viele diesen Zustand zurück.

Ab etwa 1880 begann die Verschmutzung des Rheins durch Städte, chemische Verunreinigung und Industrie. Der Rhein wurde Transportweg, Wasserquelle für Produktion und Kühlung sowie eine schnelle Entsorgungsmöglichkeit für giftige Substanzen. Lachse wurden jetzt kaum noch gesichtet. Dann kam das Wirtschaftswunder, das den Menschen guttat, nicht aber dem Fluss. Intensive Landwirtschaft, Industrialisierung und wachsende Bevölkerung machten den Rhein zur »Größten Kloake Europas« – wenig passend zur deutschen Rheinromantik. Die Konzentration von Kadmium stieg um das 27-fache, die von Kupfer um das Siebenfache zwischen 1900 und 1977. Phosphor und Stickstoffe kamen hinzu. Sportangler warfen oft ihren ohnehin seltenen Fang wieder zurück. Rheinfische hatten die zugelassene Höchstgrenze an PCB um das 400-fache überschritten.

Erst das Sandoz-Unglück 1986 hatte eine großangelegte Rhein-Sanierung zur Folge. Ab 2000 wurden wieder Fische im europäischen Schicksalsfluss gefangen. Der Anfang ist immerhin gemacht.

Die Landwirtschaft mit ihrem unstillbaren Wasserdurst bleibt – wie schon beschrieben – das Problemkind Nummer eins einer Politik der Wassersanierung. In Trockengebieten Intensiv-Landwirtschaft (gar für den Export) zu betreiben ist keine kluge Idee. Aber: Deutschland importiert Reis aus dem wasserarmen Indien, Zuckerrohr aus dem wasserarmen Pakistan und Bohnen aus dem wasserarmen Peru. Und verschärft damit die Wasserprobleme in den armen Ländern. Dabei ist in Mittel- und Nordeuropa genügend Land und Wasser vorhanden, um hier anzubauen, was hier verzehrt wird. Unseren Wasser-Fußabdruck hinterlassen wir in den Ländern der Dritten Welt. Oder in Australien: Der trockenste Kontinent unseres Planeten exportiert Wein, Obst und Fleisch in großen Mengen. So verbrauchen wir vordergründig betrachtet zwar hierzulande nur 120 Liter Wasser pro Kopf am Tag – insgesamt sind es jedoch 5 200 Liter – hauptsächlich über importierte Lebensmittel.

5. Erste Vision: Wasser 2020

Alles, was den Klimawandel verlangsamt, trägt dazu bei, den Wassernotstand zu entschärfen. Wenn der Deutsche Bundestag ein Wassergesetz beschließt, das Bauherren vorschreibt, sparsame Armaturen zu installieren, private Nachrüstungen wie Sparduschen, Wasserspartoiletten, Wasserspar-Waschmaschinen und Wasserspar-Spülmaschinen fördert und Großverbrauchern einen Wasser-Cent abverlangt, dann werden wir bald nur noch halb so viel Wasser verbrauchen wie heute.

Jedes Jahr könnten so 25 000 Liter Wasser pro Kopf eingespart werden. In zehn Jahren also 250 000 Liter. Das wären bei einer vierköpfigen Familie eine Million Liter Wasserersparnis ohne Einschränkung des Komforts.

In wenigen Jahren könnten Grauwasserfilter in großem Stil das Wasser aus Dusche und Waschmaschine wieder reinigen. In jedem Mietshaus können solche Grauwasserfilter eingebaut werden. Statt Trinkwasser fließt dann Grauwasser durch die Toilette. Auch Regenwasser kann fürs WC genutzt werden. Unser Regenwassertank im Garten erspart uns jedes Jahr etwa 400 000 Liter Wasser. Damit wird auch Geld gespart.

Die Industrie wird – durch politische Bestimmungen – lernen, Wasser zu recyceln. Gebrauchtes Wasser kann zehnmal und öfter verwendet werden. Wir brauchen sparsame Wasserkreisläufe, wie sie die Bahn heute in den meisten Zügen installiert hat. Die Landwirtschaft könnte – mit schon lange verfügbarer Technik, wie zum Beispiel unterirdischer, gezielter Tröpfchen-Bewässerung, – ihren Wasserverbrauch halbieren, die Industrie gar um 90 Prozent senken. Abwasser muss nur als Ressource erkannt werden, die sich produktiv und sparsam einsetzen lässt. Wir müssen die törichte Unterscheidung zwischen Wasser und Abwasser aufheben. Es gibt nur *ein* Wasser.

Vor allem müssen wir lernen, Abwasser als wertvolle Ressource zu nutzen. In der Wiederverwendung von Wasser liegen riesige Potenziale, die aber noch kaum genutzt werden. Für Gartenpflege, das Autowaschen oder für die Toilettenspülung kann das Wasser zwei- oder auch dreimal und öfter genutzt werden. Abwasser kann, wenn es aufbereitet ist, nicht nur in Haushalten, sondern auch in der Industrie mehrmals gebraucht werden.

Israel macht es vor: Kein anderes Land recycelt so viel Abwasser, um es in der Landwirtschaft wieder einzusetzen.

Die Recyclingquote liegt im Staat Israel bei 86 Prozent, in Spanien bei 17 Prozent, in den USA bei einem Prozent. Die unterirdische Tröpfchenbewässerung, bei der das Wasser durch Leitungen direkt zu den Wurzeln der Pflanzen geführt wird, wurde in Israel erfunden. Die Wasserleitungen werden digital überwacht. Meerwasser wird nirgendwo so energiesparend entsalzt wie in Israel. Wenn das Land lernt, sein Wasser gerechter mit seinen Nachbarn zu teilen, kann Wasser auch ein Mittel für den Frieden werden. Heute erfreut sich Israel an seinem Wasserwunder, aber im palästinensischen Westjordanland gibt es nur einmal pro Woche Wasser.

Bewusstes Einkaufen und bewusstes Essen vermindern unsere Wasserverbräuche ganz entscheidend. Ausgerechnet mit unserem riesigen »virtuellen« Wasserverbrauch in unseren exotischen Lebensmitteln aus Übersee, in Obst, Kaffee und Milchprodukten, beschäftigen wir uns am wenigsten. Dieser »virtuelle« Wasserverbrauch macht 97 Prozent aus.

Die Chemiewerke werden bald nur noch Stoffe einsetzen, die sie in ihren Klärwerken abbauen können. Chlor ist in unserem Zukunftsmodell verboten. Durch Kreislaufsysteme wird der Wasserverbrauch bei der Produktion eines Kilogramms Papier auf ein Zehntel gegenüber heute reduziert. Das Kühlwasser der Großkraftwerke darf keine Schwermetalle mehr enthalten. Dezentrale und umweltfreundliche Energieformen sorgen dafür, dass die wasserschluckenden Großkraftwerke überflüssig werden.

6. Zweite Vision: Wasser 2030

Landwirte verwenden gezielt Wirtschaftsdünger wie Gülle, Jauche und Stallmist. Wird Gülle nicht mehr wie früher verspritzt, sondern direkt über dünne Schläuche in den

Boden eingebracht, kann der Wind das giftige Ammoniak nicht mehr auf Meere und Wälder tragen. Nitrat kann nicht mehr in Boden und Grundwasser gelangen, wenn der Dünger sparsam dosiert wird. Den Dünger liefern übrigens in 12 Jahren nicht mehr die Chemiekonzerne, sondern die eigenen Kühe, wenn sie noch vorhanden sind.

Eine Wasserschutzpolitik wird im Jahr 2030 dafür sorgen, dass nur noch Stoffe produziert werden dürfen, die biologisch abbaubar sind oder in die Produktion neu integriert werden können. Wasserkreisläufe müssen sich schließen. Die Zukunftsfähigkeit der gesamten Wirtschaft hängt davon ab, ob sie lernt, in Kreisläufen zu produzieren. »From Cradle to Cradle«, »von der Wiege bis zur Wiege«, heißt dieser Prozess, den Professor Michael Braungart Produkt um Produkt erfolgreich entwickelt.

Wenn diese alternative Wasserpolitik konsequent umgesetzt wird, dann ist die Wasserwende bis 2030 oder 2040 vollendet. Diese Wasserpolitik ist keine weltfremde Utopie, sondern eine realisierbare Vision. Alle Technologien hierfür sind bereits vorhanden und erprobt. Weltfremd und naturfremd ist die Vorstellung, dass wir einfach so weitermachen könnten wie bisher.

Was fehlt, ist ein neues Wasserbewusstsein von unten und eine entsprechend verantwortbare neue Wasserpolitik von oben.

Früheren Kulturen war Wasser heilig, und heiliges Wasser war sauberes Wasser. Wasser ist mehr als H_2O. Diese neue, uralte Erkenntnis ist die Basis einer neuen Wasserethik. Das Rezept heißt: sparen, schützen, sanieren. Es geht um das Wasser des Lebens. »Stirbt der Fluss, stirbt das Volk«, sagt ein brasilianisches Sprichwort. Genauso gilt aber auch: Lebt der Fluss, lebt das Volk. Wir haben die Wahl.

VII.

LUST AUF WALDWENDE

1. Die grüne Klimamaschine

In Zeiten des Klimawandels spielen Wälder als grüne Klimamaschine eine zentrale Rolle für das Wohlergehen allen Lebens. Ein starker, gesunder Baum kann bis zu 40 000 Kubikmeter Luft täglich reinigen. Auch unsere Städte profitieren von Bepflanzung: von grünen Dächern und Fassaden, von Parks, Wiesen und Gärten mit möglichst vielen Bäumen. Grüne Städte beeinflussen das Mikroklima. Auch Bäume in der Stadt wirken wie ein Schadstofffilter. Ihre Blätter absorbieren gesundheitsgefährdende Gase wie Ozon, Stickoxide, Schwefeldioxide und Feinstaub.

Die effektivste Sonnenmaschine, die wir kennen, ist ein Baum oder eine Pflanze. Sie ...

- schafft gesunde Böden und verhindern Erosion,
- »entsorgt« sich selbst,
- reinigt Wasser gratis,
- ist eine lebende und atmende Klimaanlage,
- funktioniert mit kostenloser Sonnenenergie.

Die »Wundermaschine« funktioniert als eines der ältesten Naturprodukte seit Milliarden Jahren und tut es wohl noch eine Weile. Wälder sind Orte voller Wildnis und Leben. Nirgendwo begegnen wir der Fülle des Lebens so intensiv wie im Wald. Schatten wandern, Lichtstrahlen blenden, Vögel flattern, Äste knacken, Blätter rauschen und Blumenduft steigt in die Nase. Wälder bieten einer erstaunlichen Vielfalt von Lebewesen Heimat: Tieren und Pflanzen, Pilzen und Flechten, Moosen und Mooren, Tausenden von Spezies, die miteinander kommunizieren und auf beinahe magische Art miteinander verbunden sind.

Der Wald tut uns Menschen vor allem durch seine Vielfalt gut – optisch, ästhetisch und vor allem gesundheitlich. Jeder

Waldspaziergang stärkt unser Immunsystem – vor allem durch die Lebensvielfalt im Wald. Biologen kennen inzwischen über 60 000 Baum-Spezies. Das Ökosystem Wald erbringt Leistungen, die aber in keiner Bilanz auftauchen.

Ich bin besonders gern gegen Abend im Wald, wenn die Dämmerung langsam hereinbricht. Der Dachs traut sich dann aus seiner Höhle, Fledermäuse flattern durchs Geäst und Siebenschäfer verlassen ihr Nest. Im Wald kommt das Leben nie zur Ruhe, dafür – scheinbar widersprüchlich – umso mehr der Mensch. Die Ruhe des Waldes ist ein kostbares Gut. Täglich eine Zeit der Stille und Ruhe zu verbringen tut uns gut. Denn nur in der Stille oder in unseren Träumen vermögen wir den Inspirationen aus der geistigen Welt zu lauschen. Im Wald spricht die Stille zu uns. Stille ist nicht Einsamkeit, Stille ist auch Dialog mit uns selbst. Oder: Begegnung mit dem Göttlichen. Und hier findet eigentliche Veränderung statt.

Dabei spiegelt der Wald die pralle Vielfalt des Lebens. Wenn Wald auf Wasser trifft, bilden sich besonders artenreiche Lebensgemeinschaften. Der Waldboden reinigt das Wasser und speichert Wasser. Jeder Hektar Waldboden kann bis zu drei Millionen Liter Wasser speichern. Grundwasser aus dem Wald ist besonders sauber. Wälder bereiten unser Trinkwasser auf und schützen uns vor Überschwemmungen.

Im Frühjahr grünt der Wald aufs Neue, und es beginnt der Kreislauf des Lebens mit Werden, Wachsen, Reifen und Vergehen. Es keimt im Frühjahr, es wuchert im Sommer, es welkt im Herbst und es modert im Winter.

In Deutschland stehen und wachsen rund 90 Milliarden Bäume, mehr als tausend kommen auf jeden Deutschen. Bäume benötigen zum Wachsen Kohlendioxid. Sie entlasten das Klima jedes Jahr hierzulande um 52 Millionen Tonnen CO_2. Auch deshalb wurde 2011 die »Bonn Challenge« –

die wichtigste internationale Aktionsplattform zum Wiederaufbau von Wäldern gegründet. Eine immer größer werdende Länder-Gruppe mit Norwegen, Indonesien, Costa Rica, China, Brasilien, El Salvador, Ruanda, Südkorea, Deutschland sowie engagierte Unternehmen arbeiten zusammen, um bis 2020 150 Millionen Hektar Wald aufzuforsten. Wenn wir den CO_2-Ausstoß nicht stark reduzieren, könnte auch ein Großteil der Wälder verschwinden. Heute ist etwa ein Drittel der Fläche Deutschlands mit Wald bedeckt.

2. Was sind Wälder wert?

Der wirtschaftliche Wert des Waldes ist in Zahlen kaum messbar. Jüngste Untersuchungen ergeben die Zahl von 26,2 Billionen US-Dollar im Jahr. Der Wert von Feuchtgebieten wird mit 26,4 Billionen angegeben. Das ist zusammen mehr als die Hälfte des Bruttosozialprodukts der gesamten Menschheit. Das ist auch weit mehr als der Wert der Holzressourcen.

Bäume bilden ein eigenes kleines Ökosystem mit einer Vielzahl anderer Arten – mit Moosen und Pilzen, mit Fliegen und Wespen, mit Käfern und Vögeln, die in den Höhlen der morschen Stämme ihre Jungen großziehen. Bäume beeinflussen und prägen das Wetter und üben eine positive Wirkung auf Umwelt und auf die Luftqualität aus.

In heißen Sommern, wenn die warme Stadtluft aufsteigt, strömt uns aus dem Gehölz des Waldes eine angenehm kühle Brise entgegen.

Durch den Sturm »Lothar« an Weihnachten 1999 haben die Förster bei uns im Schwarzwald endgültig gelernt, dass vielfältiger Mischwald den Stürmen des Klimawandels eher standhält als die früheren Monokulturen.

Greenpeace hat 1990 in der Schweiz die Umweltorganisation »Bergwaldprojekt« gegründet, drei Jahre später auch in Deutschland. Allein die deutsche Sektion hat bisher über 2,5 Millionen Bäume gepflanzt. Tausende Menschen forsten in ihrer Freizeit den Wald auf. Das lohnt sich aus vielerlei Gründen:

1. Die Bäume sind ein genialer Wasserspeicher; sie halten, filtern und generieren Wasser. Wo Fichten stehen, 30 Liter Wasser pro Quadratmeter und Jahr – wo Buchen stehen, sogar 200 Liter pro Quadratmeter. Außerdem kommt es zu Humus-Aufbau.
2. Die Artenvielfalt wird geschützt. Die Artenvielfalt ist das Immunsystem unseres Planeten. Bäume filtern Schwermetalle und Stickoxide.
3. Der Wald liefert uns Holz als Papier, Brennstoff, Baumaterial und viele andere Rohstoffe. Wir sitzen, arbeiten und schreiben auf Holz.
4. Der Wald kann Körper und Seele heilen: Er ist ein Biotop für Tiere und ein Psychotop für uns Menschen. Viele wissenschaftliche Studien beweisen die Heilkraft des Waldes. Japanische Mediziner schicken seit Jahrzehnten gestresste Menschen zum »Waldbaden«. »Waldmedizin« ist an japanischen Universitäten ein seit Langem anerkanntes Forschungsgebiet. Schon 40 Minuten Aufenthalt im Wald verbessern Puls, Blutdruck, Atmung und Immunsystem. Jeder weiß: Ein Waldspaziergang entstresst, ein Stadtspaziergang stresst. Nicht in Wochenend-Schnellkursen, sondern eher in der Ruhe des Waldes entstehen neue Zukunftsbilder, Utopien und Visionen für ein besseres Leben oder eine bessere Welt.

Auch die Maximilian-Universität in München bildet »Waldtherapeuten« aus und kommt zum Schluss, dass Waldbaden Stress vermindert und verhindert, zu einem gesünderen Schlaf führt und zu einem besseren Gedächtnis. Wir kommen ja ursprünglich aus dem Busch, von den Küsten, von der Savanne und aus dem Wald. Im Wald sind wir wieder zurück in unserer Ur-Heimat. Ein Waldspaziergang kann wie ein Heimkommen sein. Viele Menschen lernen wieder träumen unter Bäumen.

Wir wissen heute zwar, was wir der Umwelt antun, aber wir tun nicht, was wir wissen. Warum ist das so? Es mangelt uns an Selbsterkenntnis. Der Grund unserer aktuellen Leiden ist unsere seelische Unfruchtbarkeit. Wirkliches Bewusstsein und wirklicher Fortschritt sind nur über seelisches Wachstum möglich. Die einzig wirkliche Großmacht auf diesem Planeten ist die menschliche Seele, erkannte der große Schweizer Seelenforscher Carl Gustav Jung.

Als Pilger auf dem Olavsweg in Norwegen habe ich diese Zusammenhänge neu verstanden und begriffen, wie heute alles mit allem zusammenhängt: Die Energiekrise und die Umweltkrise mit der Flüchtlingskrise und unserer fehlenden Achtsamkeit gegenüber uns selbst, gegenüber der Natur und den uns nachfolgenden Generationen.

Achtsamkeit kann ich nur lernen, wenn ich mir dafür Zeit nehme. Zum Beispiel über die Schulung des Geistes durch Gebet und Meditation oder durch die Analyse unserer Träume. Träume sind wie eine vom Schöpfer in uns eingebaute Hausapotheke, die wir Nacht für Nacht kostenlos nutzen können. Nur so können wir verlässliche Orientierung finden bei der Suche nach Wohlbefinden als Voraussetzung eines gelingenden Lebens – für uns und andere.

Um glücklich zu werden, müssen wir lernfähig bleiben und veränderungsbereit sein. Wenn ich bei meinem täglichen Waldspaziergang mein »Waldbad« nehme, werden die Ruhe der Landschaft und die Schönheit der Natur übergangslos eins mit dem Frieden in mir. Wenn ich am Abend die Käuzchen rufen höre, die Spechte klopfen und manchmal sogar ein Wildschwein im Unterholz grunzt, wenn ich frisch geschlagenes Holz, Sägemehl und Rinde rieche, dann bin ich weit weg von den aktuellen Aufregungen meines journalistischen Berufs und von der Arbeit am Schreibtisch, an dem 50 Bücher und über 300 Fernsehfilme entstanden. Die Seele pilgert besonders gern zu Fuß und erlebt, dass die Schönheit der Schöpfung göttlich ist, gewissermaßen das Gewand Gottes selbst.

3. Dr. Wald macht gesund und glücklich

Eine Langzeitstudie mit 30 000 Bürgern ergab: Mit der Nähe zur nächsten Grünanlage wächst die Zufriedenheit in Deutschland. Titel der Studie: »The Greener the Happier?« Die Frage wird am Schluss bejaht. Kein Wunder, dass uns die Natur fasziniert – wir sind schließlich ein Teil von ihr. Kein Zweifel mehr: Wälder sind therapeutische Landschaften – auch weil sie unvorstellbar abwechslungsreich sind. Oder haben Sie je zwei identische Blätter, zwei gleiche Bäume, zwei ähnliche Wälder gesehen? Oder nur zwei absolut gleiche Schneeflocken?

Biologische Vielfalt ist elementar für unser Leben. Im vielfältigen wilden Wald können Menschen – auch und gerade in und nach Krisen – zu sich selbst finden und sich weiterentwickeln. Wo sich die Natur immer wieder erneuert, können sich auch Menschen immer wieder erneuern. Erneuerbar bleiben – das lehrt uns Dr. Wald.

Bewohner in grünen Umgebungen entwickeln weniger Ängste, haben eine größere Lebenszufriedenheit, leiden weniger an Depressionen, Fettleibigkeit, Herz- und Atemwegsbeschwerden.

Walderfahrungen schenken uns die notwendige Demut, um Dankbarkeit gegenüber der Natur zu lernen. Frühjahrsspaziergänge im Wald schenken ein Gefühl des Neuanfangs. Dutzende Vogelarten zwitschern, und ein Laubfrosch zirpt. Der Zauber der Mai-Sonne erinnert daran, dass ihre Photonen 150 Millionen Kilometer zurücklegen mussten, um uns diese Wunder erleben zu lassen. Ohne Sonne kein Leben. Wenn der Blütenrausch des Frühlings und Sommers vorbei ist, beginnen sich im Herbst die letzten Blätter zu färben und zu fallen, und der Wald dämmert seinem Winterschlaf entgegen. Doch tief im Waldboden geht das Leben weiter wie immer. Im Dezember-Mondschein empfinde ich ein besonderes Wald-Glücksgefühl. Mein Schwarzwald ist ein Schöpfungsschaufenster voller Schönheit und Heilkraft.

Ich sehe auch umgestürzte Bäume zuhauf. In der Fachsprache werden sie »Totholz« genannt. In Wahrheit sind sie jedoch das Lebenselixier der Waldbiologie. Dabei vergesse ich nicht, dass die globale Klimaerhitzung die Wasserkreisläufe des gesamten Globus katastrophal verändern und die Vielfalt des Lebens auch in unseren mitteleuropäischen Wäldern stark reduzieren kann.

Dass der Wald uns existenziell guttut, spürt jede und jeder selbst. Der österreichische Biologe Clemens Arvay hat aufgezeigt, dass Bäume und Pflanzen mit unserem Immunsystem kommunizieren und dabei unsere Widerstandskräfte stärken, ja, sogar, dass Bäume unsichtbare Substanzen absondern, die gegen Krebs wirken. Selbst Zimmerpflanzen können unsere Heilungsprozesse beschleunigen und den Einsatz von Schmerzmitteln unnötig machen. Schon vor 900 Jahren hatte die Heilige Hildegard von Bingen ähnliche Erkenntnisse, als sie von der »Grün-Kraft« als Medizin sprach: »Es gibt eine Kraft aus der Ewigkeit, und diese ist grün.« Die heutige Wissenschaft sagt uns, dass die »Grün-Kraft« des Waldes Stresshormone senkt und Depressionen, Angst- und Panikstörungen wie auch Erschöpfungszustände lindert. Dr. Wald, ich danke dir für deine Heilkraft!

Der Wald ist auch in Deutschland weit weniger robust, als es oft auf den ersten Blick scheint. Der Waldzustandsbericht 2017 meldet: Ein Drittel der Bäume ist sehr krank, ein Drittel krank, und nur ein Drittel wird als gesund eingestuft. Der Klimawandel setzt auch dem Wald zu. Seinen Gefahren ist er nur sehr bedingt gewachsen. Es bleibt nicht ohne Folgen, wenn es in ganz Deutschland um einige Grad wärmer wird und vor allem in Westdeutschland im Sommer entschieden trockener als bisher. Herbst, Winter und Frühjahr sollen den Klimamodellen zufolge bald feuchter werden. Die Bäume können sich weniger schnell den Klimaveränderungen anpassen als andere Lebewesen.

Häufigere Waldbrände könnte es künftig nicht nur in Südeuropa geben, sondern auch bei uns in Mitteleuropa.

4. 1 000 Milliarden Bäume für das Klima

Halten Sie es, liebe Leserin und lieber Leser, für möglich, dass Kinder auf der ganzen Welt in den nächsten Jahren 1 000 Milliarden Bäume für den Klimaschutz pflanzen und dass die Idee dazu einem neunjährigen Jungen aus Bayern kam?

Der damals neunjährige Felix Finkbeiner sollte im Jahr 2007 in Starnberg vor seiner Klasse einen Vortrag zum Klimaschutz halten. Beim Recherchieren stieß er auf die Friedensnobelpreisträgerin Wangari Maathai aus Kenia, die mit Frauen ihres Landes in 30 Jahren 30 Millionen Bäume gepflanzt hatte. Diese Geschichte erzählte er in seinem Referat und hatte am Schluss spontan die Idee, dass Kinder in jedem Land unserer Erde eine Million Bäume pflanzen könnten. Dieser Vorschlag sprach sich im Lehrerkollegium seiner Schule herum. Und am 28. März 2007 wurde in Felix' Schule der erste Baum für den Klimaschutz gepflanzt. Einige Schulen übernahmen die Idee – auch in anderen Ländern. Vier Jahre später wurde Felix eingeladen, seine Idee vor der UNO in New York vorzustellen. Jetzt machen Schulen und Kinder aus der ganzen Welt mit. Heute sind bereits 14 Milliarden Bäume gepflanzt und 15,5 weitere Milliarden sind schon fest zugesagt.

36 000 Kinder in 48 Ländern beteiligen sich, Hunderte Unternehmen unterstützen die Aktion – ebenso Städte und Regierungen auf der ganzen Welt sowie die UNO in New York. In der Aktion »Plant-for-the-Planet« bilden Kinder andere Kinder zu Baum-Botschaftern aus und arbeiten global mit Förstern zusammen. In den »Plant-for-the-Planet«-Akademien lernen Tausende Kinder, wie man einen Vortrag zum Thema »Klimaschutz und Bäume« hält, wie man Erwachsene für die Idee gewinnt und wie und wo weitere Bäume gepflanzt werden können. Klaus Töpfer, der frühere deutsche Umweltminister und Umweltchef der UNO, hat die Schirmherrschaft übernommen.

Die Kinder erklären, dass jeder Baum jedes Jahr 10 Kilogramm CO_2 speichert, dass Bäume kinderleicht gepflanzt werden können und dass sich jeder und jede engagieren und etwas ganz Konkretes gegen den Klimawandel tun kann. Ziel der Initiative ist: 1 000 Milliarden Bäume pflanzen. Ich war bei einigen Aktionen dabei und habe Felix, inzwischen ein 20-jähriger Student in London, mehrmals getroffen. »Plant-for-the-Planet« wird sein Ziel erreichen. Felix sagt heute: »Wir sind die erste und zugleich letzte Generation, die die Klimakrise lösen kann. Ob wir es wollen oder nicht, wir müssen groß denken, denn die Herausforderungen, die vor uns liegen, sind groß. Durch die Klimakrise steht uns die größte Völkerwanderung der Menschheit bevor.«

In Mexiko pflanzen 32 Waldarbeiter das ganze Jahr über Bäume im abgeholzten Regenwald und betreuen Baumschulen mit 300 000 Setzlingen. Für 20 Euro werden 20 Bäume gepflanzt. Mehr Infos unter: www.plant-for-the-planet.org/de.

VIII.

LUST AUF ARBEITSWENDE

1. Deutschland fehlen Arbeitskräfte – auch in Zukunft

Die Lage am deutschen Arbeitsmarkt sieht, während ich dieses Buch schreibe, relativ positiv aus. Die Arbeitsmarktreformen der letzten Jahre haben sich gelohnt. Es gibt heute in Deutschland mehr sozialversicherungspflichtige Arbeitsplätze als je zuvor seit 1990. Aber auch wir haben offiziell noch immer über fünf Prozent Arbeitslose, und sehr viele Menschen haben prekäre, befristete Verträge und einen geringen Stundenlohn. Etwa eine Million Arbeitslose tauchen in der Nürnberger Statistik gar nicht auf. Im Jahr 2016 erhielten 2,7 Millionen Menschen nicht mal den gesetzlich vorgeschriebenen Mindestlohn. Sie wurden von ihren Chefs schlicht betrogen.

Durch die Digitalisierung erleben wir in diesen Jahren den Abschied vom klassischen Arbeitsbegriff. Hunderte Berufe werden aussterben. Millionen werden arbeitslos, wenn sie nicht umlernen oder dazulernen. Es entstehen jedoch Millionen neue Arbeitsstellen.

Allein in Deutschland fehlen zurzeit über 50 000 IT-Spezialisten und Fachkräfte in allen digitalen Branchen. Die Deutsche Bahn zum Beispiel will 2018 rund 19 000 neue Mitarbeiter einstellen. Hauptgrund: Der digitale Ausbau des Unternehmens. Damit kann die Bahn 20 Prozent mehr Züge als bisher fahren lassen. Bis 2025 werden allein an deutschen Grundschulen 35 000 Lehrer verzweifelt gesucht. Gemessen an den steigenden Schülerzahlen gibt es auch an Ganztagsschulen viel zu wenig Lehrer. Bis 2030 fehlen hierzulande etwa 300 000 Pflegekräfte. Die Arbeitsproduktivität in vielen Industriebranchen kann weiter gesteigert werden, in der Pflege jedoch kaum. Es ist undenkbar, dass ein Orchester durch doppelt so schnelles Spielen Zeit und Geld sparen kann.

Zwei Problemstellungen werden unsere Zukunft prägen:

erstens die Zukunft der Arbeitswelt in Zeiten des digitalen Wandels und zweitens die Endlichkeit der natürlichen Ressourcen. Beides ergibt die neue soziale Frage des 21. Jahrhunderts.

Heute arbeiten in Deutschland fünf Millionen Menschen mehr als noch im Jahr 1990 – davon viele in Teilzeit. Die digitale Arbeitswelt der Zukunft wird noch vielschichtiger werden. Die Arbeitnehmer werden mehr berufliche Flexibilität fordern – auch um das Ausprobieren von Neuem zu ermöglichen. Das Problem wird sein, dass diejenigen, die ohne Job dastehen, die Qualifikation für die neuen Jobs nicht haben werden.

Der Gesetzgeber darf den Beschäftigten durchaus mehr Flexibilität zutrauen. So kann dann auch eine neue Balance zwischen Schutz vor Ausbeutung und Flexibilität gelingen. Arbeit wird attraktiver, wenn sie mehr Eigenverantwortung und eine bessere Vereinbarkeit von Berufs- und Privatleben ermöglicht. Nicht ein für alle Mal festgelegte Arbeitszeiten werden die Zukunft der Arbeit bestimmen, sondern Arbeitszeiten, die zum Leben passen. Die beiden Zauberworte heißen: Selbstbestimmung und Flexibilität. Vielleicht werden wir dann nicht mehr, aber besser arbeiten. Durch die Digitalisierung werden wir künftig pro Kopf weniger, aber pro Haushalt mehr arbeiten. Moderne Paare werden sich die Arbeit anders einteilen als früher. Es wird mehr Experimente am Arbeitsplatz geben. Das Homeoffice wird zur neuen Normalität werden.

In einem Land mit großer Liebe zur Pünktlichkeit wie Deutschland wäre das mal was Neues. Mehr Arbeitszeit bedeutet nicht unbedingt mehr Leistung. Doch hierzulande ist Arbeiten ohne festgelegte Zeitfenster noch immer eine gewagte Überlegung. Dabei ist Arbeit wohl jener Bereich unseres Lebens, der die meiste Zeit beansprucht – nach dem Schlafen.

Vor 50 Jahren sagte mein erster Intendant: »Ich erwarte von Ihnen gute Filme und gute Moderationen. Wie lange Sie dafür brauchen, ist ausschließlich Ihre Sache. Sie können gerne auch im Schwimmbad arbeiten und dabei in der Sonne liegen.« Ein kluger Chef. Ich hatte Glück und wurde glücklich mit diesem Journalisten-Beruf, bei dem das Wort Rente ein Fremdwort ist. Ich verstehe mich auch mit 80 als Festangestellter des Lebens. Arbeit ist unser Ausdruck, in der Welt zu sein. Wir sind hier, um das zu tun, was wir wirklich lieben. Und im digitalen Zeitalter ist mein Büro immer dort, wo ich gerade bin.

Wir werden in den nächsten Jahren Arbeit neu denken. Später kommen, früher gehen, mehr Zeit für Kinder und mehr Rücksicht auf die Arbeitszeiten des Partners oder der Partnerin nehmen. Und, ja: In der schwedischen Stadt Göteborg wurde dieser Traum bereits Realität. In einem Arbeitszeitexperiment wird der Sechs-Stunden-Arbeitstag erprobt. Ergebnis: Die ArbeitnehmerInnen sind leistungsfähiger, zufriedener und seltener krank. Ergebnis: Mit diesem innovativen Zeitmodell wird jetzt auch anderswo in Schweden experimentiert. Die IG Metall will auch in Deutschland erproben, ob mehr Zeit ihren Mitgliedern wichtiger ist als mehr Lohn. Vor allem Männer haben in den letzten Jahrzehnten einen größeren zeitlichen Spielraum für mehr Präsenz in ihrer Familie benutzt.

Was kommt mit der Digitalisierung auf uns zu? Fabriken ohne Arbeiter? Kaufhäuser ohne Verkäufer? Supermärkte ohne Kassiererinnen? Busse, Bahnen und Taxen ohne Fahrer? Wollen wir das auch?

2018 hat in Seattle/USA der erste kassenlose Supermarkt eröffnet. Die Kunden werden am Eingang per Kamera registriert, nehmen aus den Regalen, was sie brauchen und gehen wieder. Kameras an den Decken erkennen den Käufer oder die Käuferin und zeichnen jeden Griff zu einer Ware auf. Die Rechnung kommt automatisch aufs Handy. Keine Schlange mehr an der Kasse. Wollen wir das, oder fehlt uns ein Minimum an Kommunikation? Dieses Kaufhaus kann von selbstfahrenden LKW beliefert werden, Roboter können die Waren entladen und einsortieren und Putzautomaten für Sauberkeit sorgen.

Was wird aus den Verkäuferinnen? Wer baut die Roboter? Wer organisiert die Software? Wer bezahlt die Umschulung? Niemand kennt die Antwort. Wir wissen allerdings vom Übergang in die erste industrielle Revolution, dass die größten Chancen auf Jobs hat, wer beim Übergang in die digitale Berufswelt flexibel ist und willig zur Ausbildung.

Die Zukunft von Taxifahrern, Lokführern, Bus- und LKW-Fahrern ist unsicher, aber wir wissen auch: Als vor 120 Jahren die Landwirtschaft viele Arbeitsplätze verlor, weil das Zeitalter der Pferdekutschen zu Ende ging, entstanden Millionen neue Arbeitsplätze in der Autoindustrie. Wir dürfen nicht vergessen, dass wir auch einen Jobboom zu erwarten haben.

Deutschland erlebte in den letzten Jahren eine Lohnflaute. Der Anteil des Lohneinkommens am gesamten Volkseinkommen ist über Jahrzehnte gesunken. Im Jahr 1974 betrug der Anteil an Löhnen und Gehältern 55 Prozent des gesamten Volkseinkommens, 2017 nur noch 50 Prozent. Betroffen sind vor allem die Bezieher niedriger und mittlerer Einkommen. In den USA wurde der Abstand zwischen unten und oben noch größer. In derselben Zeit ist der Anteil des Kapitaleinkommens entsprechend gewachsen. Das ist einer der Gründe für das Erstarken der extrem linken und rechten Parteien bei Wahlen. Ohne höhere Löhne wird es keine politische Stabilität geben. Die Lohnschwäche bedroht den sozialen Zusammenhalt. Das gilt vor allem für die hohe Jugendarbeitslosigkeit in den südeuropäischen Ländern. Weltweit haben wir gar etwa eine Milliarde Arbeitslose.

2. Die Digitalisierung der Arbeit: Fluch oder Segen?

Der Arbeitsmarkt wird sich auch in Deutschland in den nächsten Jahren rasant ändern – allein durch die nicht aufzuhaltende Digitalisierung und Robotisierung. Die Digitalisierung durchdringt die gesamte Arbeitswelt. Es begann bei Reisebüros und Buchhandlungen, bei Banken und Medien, es folgten Einzelhandel, Maschinenbau und die Autoindustrie. Viele monotone Aufgaben übernehmen jetzt bereits Roboter. Obwohl in Deutschland noch viel digitaler Analphabetismus herrscht – hauptsächlich die deutsche Bürokratie hat die digitale Revolution bisher weitgehend verschlafen. An vielen Orten wiehert noch immer der analoge Amtsschimmel. Dennoch oder gerade deshalb ergeben sich diese Fragen:

- Wie gestalten wir die notwendige Anpassung an den technischen Wandel und die demografische Entwicklung?
- Wie finanzieren wir die notwendigen Investitionen in Bildung, Umschulung und Weiterbildung?
- Wie integrieren wir Menschen, die aus anderen Ländern zu uns kommen, in unser Bildungs- und Ausbildungssystem?
- Wie schaffen die Abgehängten den Anschluss?
- Wo entstehen neue Arbeitsplätze, die durch Innovation und Neustruktur verloren gehen?
- Wird die Niedriglohn-Armee der Postboten, Putzleute und Pfleger weiter wachsen?
- Was heißt das alles für die künftigen Arbeitszeiten?

Verändert hat sich in den letzten zwei Jahrzehnten zum Beispiel die Druckindustrie. Meine Zeitungskollegen klagen fast alle über Rückgänge der gedruckten Zeitungen. Gleichzeitig aber bauen sie die Digitalisierung ihrer Arbeit aus. So sagt Sven Steffen von Steffen Media in Friedland, dass er innerhalb von zehn Jahren sein Druckhaus in ein Medienhaus umgebaut habe. 2001 hatte er 30 Mitarbeiter, davon waren neun Offsetdrucker und einer war Programmierer. Heute hat er 57 Mitarbeiter, darunter fünf Drucker und neun Mitarbeiter fürs Digitale. Der Wandel hat sich gelohnt. Der Umsatz von Steffen Media hat sich seit 2007 vervierfacht.

Die Digital-Botschafterin der Bundesregierung, Professorin Gesche Joost, sagt: »Wir erwarten bis zum Jahr 2020 eine Million offene Stellen im IT-Bereich.« Über ihre persönliche Mobilität sagt Frau Joost: »Ohne Netz läuft gar nichts. Ich käme kaum durch die Stadt ohne digitale Kenntnisse. Ich habe kein Auto und fahre immer mit Mietfahrrädern, mit DriveNow oder Car2Go. Meine ganze Mobilität funktioniert ad hoc übers Smartphone.« Auch das ist ein Beleg dafür, dass es Bedarf an neuen Jobs gibt: Frau Joosts Mobilität wäre ohne die Entwickler der Mobilitäts-App nicht möglich.

3. Die Arbeit der Zukunft: weiblicher, älter, flexibler und digital

In Universitätsstädten sind die Hochschulen oft die Treiber der Digitalisierung. Der digitale Kapitalismus setzt auf lernfähige Maschinen, welche die Produktion übernehmen und auf Wissen, das körperliche Arbeit übernimmt. Dadurch sollen immer mehr Waren in immer weniger Zeit von immer weniger Menschen produziert werden.

Klar ist, dass ein funktionierender Arbeitsmarkt und eine florierende Wirtschaft die Voraussetzung für den sozialen Frieden in einer modernen Gesellschaft sind. Eine florierende Wirtschaft ist eine ökologisch nachhaltigere und eine gerechtere Wirtschaft als in den letzten Jahrzehnten. Es ist absehbar, dass die Arbeit der Zukunft weiblicher wird, älter, flexibler – und digital. Deshalb müssen digitale Kompetenzen fester Bestandteil unseres Bildungssystems werden.

Da Arbeit heute auf einem stabilen sozialen Fundament ruht, muss der Wandel kein Fluch sein. Wir haben es in der Hand, den Wandel zu gestalten und die Chancen zu nutzen. Schon heute legen immer mehr Menschen ihre Balance zwischen Arbeitszeit und Freizeit selbst fest. Viele werden die Muße wiederentdecken. Das menschliche Gehirn ist geradezu auf Mußestunden angewiesen. Muße braucht Zeit. Müßiggang ist aller Weisheit Anfang.

Dabei kommt der christlichen Sozialethik eine wichtige Bedeutung zu. Sie kann allein mit der Fragestellung, ob der Mensch für die Arbeit oder die Arbeit für den Menschen da ist, der globalisierten Wirtschaft eine globale Ethik zur Seite stellen.

Was macht die Digitalisierung und Automatisierung mit den Arbeitsplätzen? Was passiert, wenn lebendige Arbeitskraft immer mehr ab- und der Anteil der Maschinen zunimmt?

Das McKinsey Global Institute wagt diese Schreckensprognose: »800 Millionen Jobs sollen bis 2030 weltweit durch Automatisierung verloren gehen.« Allerdings wird allerdings gleich wieder eingeschränkt: »Nur 5 Prozent der Berufe können vollständig automatisiert werden.« Und weiter: Arbeit in der Bau-, Wald- oder Landwirtschaft sei digital kaum zu ersetzen. Und noch eine weitere Einschränkung: »Gärtner, Klempner oder Menschen in der Kinder- oder Altenbetreuung« seien überhaupt nicht zu ersetzen. »Die Automatisierung wird geringe Auswirkungen auf Jobs haben, in denen mit Menschen umgegangen, Erfahrung umgesetzt wird und soziale Interaktion wichtig ist.« Maschinen seien oft nicht in der Lage, menschliche Fähigkeiten zu erreichen.

Wer über die Überschrift dieser Studie erschrocken ist, sollte am Ende das Fazit lesen: Mit »ausreichendem wirtschaftlichem Wachstum, Innovation und Investitionen können viele neue Jobs geschaffen werden, um den Einfluss der Automatisierung zu kompensieren, auch wenn in fortgeschrittenen Ökonomien zusätzliche Investitionen benötigt werden, um das Risiko von Arbeitslosigkeit zu reduzieren«. China, Deutschland, Indien, Japan, Mexiko und die USA würden trotz Automatisierung Vollbeschäftigung haben.

4. Geiz ist geil? Geiz macht arm!

Bis in die erste Hälfte des letzten Jahrhunderts war Arbeit überwiegend so definiert: Malochen in der Fabrik und schuften in der Landwirtschaft. Nach 1945 war die Vorstellung von der Arbeit der Zukunft diese: Die anbrechende »Dienstleistungsgesellschaft« werde die Menschen von schwerer und schmutziger Arbeit befreien. Künftig werde weniger mit den Händen, sondern mehr mit dem Kopf und mit Maschinen gearbeitet. Das Ende der knechtischen Arbeit wurde erwartet und diese werde von einer »Weiße-Kragen-Gesellschaft« abgelöst.

Ganz so paradiesisch wurde es dann doch nicht. 70 Jahre später wissen wir, dass nur noch jeder vierte Arbeitnehmer als Industriearbeiter beschäftigt ist. Drei Viertel sind Dienstleister als Verkäuferin, Pfleger oder im Gast- und Hotelgewerbe – im Durchschnitt freilich schlechter bezahlt als Industriearbeiter. Trotz Konjunktur verdienen 2018 sieben Millionen Deutsche weniger als 9,60 Euro in der Stunde.

Viele Servicekräfte haben deutlich geringere Einkommen als die klassischen Industriearbeiter. Und innerhalb der Servicebranche verdienen Banker und Versicherer etwa sechsmal mehr als Verkäuferinnen, Paket-Boten, Putzhilfen oder Pfleger. Wird die kommende Digitalisierung diese Unterschiede noch verstärken?

Köche werden ja auch morgen nicht digital kochen und Altenpfleger nicht digital pflegen. Steigert das die Lohnunterschiede noch mehr?

Die Vision nach dem Zweiten Weltkrieg hieß: Angenehme, erfüllte und gut bezahlte Arbeit für alle! Die Realität brachte für viele Menschen schlecht bezahlte Plackerei und mehr Stress für die meisten. Im Restaurant und beim Friseur, im Kaufhaus und beim Bäcker gilt für die meisten Konsumenten die Devise: Geiz ist geil! Diese Einstellung führt automatisch zu Niedriglohn. Geiz ist geil? Geiz macht arm! Das gilt auch für soziale Berufe.

Erzieherinnen und Krankenpfleger leiden nicht nur unter der Geringschätzung ihrer sozialen Leistung für die Gesellschaft, sie werden in Deutschland auch verdammt schlecht bezahlt. Gerade ihre Dienste als Sozialpädagogen, Pfleger, Erzieherinnen und Krankenschwestern können kaum digitalisiert werden. Weit besser bezahlt als diejenigen, die sich um Menschen kümmern, werden hierzulande diejenigen, die sich um Geld oder Immobilien kümmern, Banker und Makler.

Es ist Aufgabe der Politik, im Sinne des Gemeinwohls für mehr Lohn- und Einkommensgerechtigkeit zu sorgen. Wenn dies im öffentlichen Dienst geschieht, wird die private Wirtschaft nachziehen müssen. Es liegt freilich auch an den Dienstleistern selbst, sich für gerechtere Löhne stärker als bisher in Gewerkschaften zu engagieren. In Industriebetrieben sind etwa 80 Prozent der Mitarbeiter in Gewerkschaften organisiert, im Dienstleistungsbereich nur

14 Prozent. Auch starke Gewerkschaften gehören zu einer menschlichen Zukunft der Arbeit und zur Lust auf Zukunft.

5. Bildungsfähig und bildungswillig?

Eine vorausschauende Qualifikation muss dafür sorgen, dass die Menschen weit über ihre erste Qualifikation hinaus beschäftigungsfähig bleiben. Breite Bildung und Berufsqualifikation ist der Schlüssel für den Erhalt der Anpassungsfähigkeit. Die überwiegende Mehrheit der Menschen ist überall bildungsfähig und bildungswillig. Entscheidend für generellen Fortschritt ist, ob das Bildungssystem auf Chancengleichheit und Chancengerechtigkeit statt auf Elitenbildung ausgerichtet ist und ob ein Bildungssystem nicht nur kognitives Wissen, sondern auch Herzensbildung, also auch emotionales, soziales, ökologisches und ethisches Wissen, vermittelt. Mit dem Verstand allein kommen wir nicht zur Vernunft. Sonst gäbe es keine Atombomben und keine Atomkraftwerke.

Alle Untersuchungen zeigen: Je höher die Qualifikation, desto geringer das Risiko der Arbeitslosigkeit oder, durch digitale Technik ersetzt zu werden. Die Digitalisierung wird – entgegen vieler pessimistischer Prognosen, dass künftig bis zu 50 Prozent aller Jobs wegfallen könnten – nach vielen bisherigen Erfahrungen eher ein Jobveränderer sein als ein Jobkiller: Im besten Fall wird der Roboter eher ein Kollege als ein Konkurrent. Diese Aussicht bestätigt auch das Institut für Arbeitsmarkt- und Berufsforschung der Bundesagentur für Arbeit in Nürnberg durch seinen Direktor Joachim Möller.

Die deutsche Erwerbsbevölkerung wird schrumpfen und altern. Deshalb braucht Deutschland Jahr für Jahr Hunderttausende Zuwanderer, wenn es seine Innovationsfähigkeit und Wirtschaftskraft erhalten und die zunehmenden Rentnerinnen und Rentner finanzieren will. Zuwanderung bleibt auch in Zukunft eine Win-win-Situation, eine Bereicherung für Flüchtlinge und Zuwanderer wie auch für die deutsche Gesellschaft. Nach den Berechnungen des Forschungsinstituts Prognos fehlen in Deutschland bis zum Jahr 2030 rund drei Millionen Fachkräfte.

Der digitale Wandel bietet auch die Chance, die Arbeitswelt humaner zu gestalten. 2018 hat die IG Metall in Baden-Württemberg erstmals den Einstieg in die 28-Stundenwoche durchgesetzt. Das alte Arbeitsgesetz passt nicht mehr in die digitale Arbeitswelt. Es sieht lediglich eine wöchentliche Höchstarbeitszeit von 48 Stunden vor. Arbeitnehmer wollen und müssen flexibler arbeiten können, um etwa das Zusammenleben mit ihren Liebsten in Einklang mit der Arbeit in internationalen Teams zu bringen.

6. Die politische Zeitbombe

Jugendarbeitslosigkeit in Südeuropa: Hier tickt eine politische Zeitbombe für unser demokratisches System und für den Zusammenhalt in der EU. Jugendarbeitslosigkeit kann am besten dadurch überwunden werden, dass junge Menschen die Chance bekommen, sich an nachhaltiger Entwicklung zu beteiligen. Durch millionenfache Nachhaltigkeitsarbeit kann das Zukunftskonzept einer ökologischen Wirtschaft realisiert werden.

Europa kann seiner Jugend viel bieten: Wir müssen und können – wie in diesem Buch schon gezeigt – konsequent innovativ sein, Energie- und materialsparend bauen. Millionen Arbeitsplätze werden durch eine intelligente Energie- und Verkehrswende sowie in einer Wasserwende entstehen, die Wassergewinnungs-, Wasserreinigungs- und Wiederverwendungssysteme organisiert. Für die Steigerung der Ressourcen-Effizienz und durch eine breite Anwendung von nachwachsenden Rohstoffen entstehen weitere Millionen Arbeitsplätze, für die sich junge Menschen begeistern können. Für Betreuungs-, Pflege- und Medizindienstleistungen werden viele und gut ausgebildete junge Menschen benötigt. Es ist längst belegt, dass der Schlüssel zur Bekämpfung der Jugendarbeitslosigkeit im Bildungssystem liegt. Der Berliner Zukunftsforscher Rolf Kreibich meint: »Eine selbstbewusste und zukunftsorientierte Jugend ist die beste Garantie, dass in den nächsten Jahrzehnten negative Zukunftsentwicklungen und Katastrophen verhindert und zukunftsträchtige Zukünfte durch nachhaltige Entwicklungen verwirklicht werden können.«

7. Mensch oder Maschine?

Das Spannungsfeld Mensch–Maschine ist ein zentrales Zukunftsthema. Nehmen uns Computer und Roboter künftig massenhaft die Jobs weg?

Bedroht sind nicht nur Tätigkeiten in den Werkshallen, sondern auch in Büros und Kaufhäusern, bei Banken und Kanzleien, ja, sogar im Operationssaal. Die Digitalisierung unserer gesamten Arbeitswelt elektrisiert die Fantasien vieler Manager weltweit. Die Faustformel vieler Unternehmer lautet »Industrie 4.0«: 50 Mitarbeiter schaffen künftig so viel wie bisher 100. Es ist aber sehr wahrscheinlich, dass in anderen Bereichen mehr Menschen arbeiten als bisher: In der Kinderbetreuung und Erziehung, in der Gesundheits-, Alten- und Krankenpflege, insgesamt in der Sozialarbeit, an den Hochschulen, in der Forschung, in elektronischen Berufen, vor allem in der Bauelektrik.

Die Brookings Institution in den USA, die seit Jahrzehnten den Zusammenhang zwischen Computerisierung und Arbeitsplätzen untersucht, sieht keinen Abstieg an Arbeitsplätzen durch den Aufstieg der Roboter. 2015 wurden in den USA 3,6 Millionen Roboter als Haushaltshilfen verkauft, aber landesweit entstanden zur gleichen Zeit mehr Arbeitsplätze. Auch Roboter müssen von Menschen programmiert werden. Selbst die Produktion von Robotern läuft nicht vollkommen automatisch ab. Eines scheint mir sicher zu sein: Roboter bleiben immer Kinder des menschlichen Geistes, also ohne Seele und folglich ohne Emotionen. Deshalb wird ihr Einsatz begrenzt bleiben.

Ich teile also nicht die Skepsis von Fachleuten, die befürchten, dass uns künstliche Intelligenz arbeitslos macht. Als die ersten Computer auftauchten, haben Fachleute vor Massenarbeitslosigkeit gewarnt. Fakt ist, dass seither die Zahl der Beschäftigten gestiegen ist. Wann lernen wir endlich, Innovationsangst von begründeter Angst zu unterscheiden?

Einer der wichtigsten Rohstoffe der Zukunft ist Empathie. Roboter können Menschen genau dafür Freiraum schaffen. Aber Roboter werden nie menschliche Empathie ersetzen können. Intelligentere Technik kann die Zahl der Verkehrstoten verringern, Krebs früher erkennen, die Arbeit in der Landwirtschaft erleichtern und uns auch mehr Zeit für unsere Liebsten ermöglichen. Es liegt an uns, ob die Digitalisierung ein Fluch oder ein Segen wird. Wir können und müssen die Digitalisierung so gestalten, dass sie die Welt sozialer und grüner – und somit lebenswerter – macht.

Bei einem Empfang wollten die Gastgeber ihre Gäste mit einem Roboter überraschen, der an die anwesenden Damen rote Rosen verteilte. Er erkannte also den Unterschied zwischen Mann und Frau. Die Gäste fanden das ganz lustig, aber ist deshalb ein Roboter schon ein intelligentes Wesen? Auch der »intelligenteste« Computer wird keine Gefühle entwickeln können. Schlaue und gescheite Roboter können uns in Zukunft sicher viel Routinearbeit ersparen, wie zum Beispiel selbstfahrende Autos. Aber deshalb besitzen sie noch keine emotionale Intelligenz, keine Intuition, kein Fingerspitzengefühl und keine tiefe Urteilskraft. Deshalb werden Roboter auch kaum so gut lügen können wie wir Menschen. Computer werden auch künftig nicht die Herrschaft über uns Menschen übernehmen können. Der erste Computerbauer in Deutschland, Konrad Zuse, sagte einmal sinngemäß: »Wenn ein Computer zu frech wird, dann zieh ihm den Stecker raus!« Also: Baut Computer, denen man noch den Stecker rausziehen kann. Und jeden funktionierenden Computer müssen Menschen erst einmal mit Strom versorgen.

Erhabenheit und Schmerz einer Geburt wird ein Computer nie empfinden können, genauso wenig die Schönheit und Eindrücklichkeit eines Sonnenuntergangs über den Vogesen vom Schwarzwald aus. Und das Wunder des Lebens ohnehin nicht. Ob Computer je den Wert von Urwäldern für das Leben und den Mehrwert der Artenvielfalt, von gesunden Böden und reinem Wasser verstehen, wage ich ebenfalls zu bezweifeln.

Und wenn Computer künftig Kriege führen? Als Killerroboter, als Krieger der Zukunft? Schon bewachen solche Killerroboter die Grenze zwischen Nord- und Südkorea. Konstruiert wurden die Maschinen von Samsung. Militärfachleute warnen bereits vor »nimmermüden Kriegsmaschinen, die das Zeug haben, Konflikte in Endloskriege ausarten zu lassen«. So spricht zum Beispiel die UNO-Abrüstungschefin Izumi Nakamitsu.

Kriegsroboter sind wie jedes Kriegsgerät nur gut, wenn sie überflüssig werden, wenn also Menschen sich für den Weg des Friedens entscheiden. Wir dürfen nicht vergessen, dass jede Diskussion über Kriegsgerät eine Diskussion über den Menschen sind. Wichtig ist, was der Mensch tut. Dass er sich seiner Taten und derer Konsequenzen bewusst ist. Wichtig ist, dass wir die Kontrolle über die Maschinen behalten. Doch die Technisierung und Digitalisierung grundsätzlich zu verurteilen wäre falsch. Wie gesagt ist die Digitalisierung mehr ein Jobmotor als ein Jobkiller. Bleiben wir also dabei, die Chancen der Technisierung zu nutzen. Auf die richtige Art und Weise.

Viel wichtiger als eine unreflektierte Technikskepsis sind also diese Fragen: Wer bestimmt das politische, soziale, ethische, militärische und kulturelle Denken: der Mensch oder die Computer? Das Problem der künftigen Arbeitswelt sind nicht Roboter, die Menschen ersetzen, sondern eher Menschen, die zu Robotern werden. Apple-Chef Tim Cook meint: »Ich sorge mich nicht um Maschinen, die denken wie Menschen. Ich sorge mich um Menschen, die denken wie Maschinen«.

8. Die Technisierung: Job-Knüller statt Job-Killer

In Deutschland sind in den letzten Jahren trotz beginnender Digitalisierung immer mehr Erwerbsarbeitsplätze entstanden, heute sind es über 43 Millionen, mehr als je zuvor in der Geschichte der Bundesrepublik. Und schon bisher gab es Jahr für Jahr Effizienzfortschritte. Deutschland hat nach Südkorea und Japan bereits heute die meisten Industrieroboter. Geringere Arbeitszeiten bei höherer Effizienz als heute scheinen mir – zumindest in absehbarer Zeit – eher finanzierbar als ein bedingungsloses Grundeinkommen für alle. Dafür habe ich bisher zumindest noch kein überzeugendes Finanzierungsmodell gesehen, das dem klassischen Sozialmodell in der Bundesrepublik überlegen wäre. Ein bedingungsloses Grundeinkommen klingt gut, beseitigt aber nicht die Armut. Der heutige Sozialstaat kann – zumindest in Deutschland – gerechter entwickelt werden.

Das frühere Mitglied im Vorstand der Bundesagentur für Arbeit, Heinrich Alt, nennt das bedingungslose Grundeinkommen eine »Horrorvision« und »ökonomischen Unsinn, der gegen die Menschenwürde verstößt«. Massenarbeitslosigkeit muss auch in Zeiten der Digitalisierung kein unabwendbares Schicksal sein. »Wahrer Wohlstand bei weniger Arbeit« (Juliet B. Schor) ist eine spannende Chance in der Zukunft.

In den nächsten Jahren werden die Gewerkschaften bei Tarifrunden neben Geld auch kürzere Arbeitszeiten fordern sowie mehr Durchlässigkeit zwischen Voll- und Teilzeitarbeit. Das deutsche Arbeitsrecht kennt zwar den Weg von Vollzeit zu Teilzeit. Ein Rückkehrrecht auf Vollzeit trifft den Nerv der Zeit – besonders bei Frauen. Es geht hier um echten sozialen Fortschritt durch mehr Selbstbestimmung. Dabei dürfen wir freilich die Rechnung nicht ohne diejenigen machen, die Arbeit erst anbieten, die Arbeitgeber. Die fortschreitende Digitalisierung wird den Druck auf mehr Flexibilität am Arbeitsplatz noch erhöhen.

Wenn wir künftig weniger Zeit für die klassische Erwerbsarbeit verwenden, weil uns Computer und Roboter dabei helfen, bleibt uns mehr Zeit für unsere Liebsten, mehr Zeit für soziales Engagement und für Arbeit zum eigenen Bedarf wie Reparaturen, Obst- und Gemüseanbau, geruhsames Reisen und Meditieren oder Beten, sportliche und soziale Aktivitäten, mehr Zeit für die Seele. Das alles täte uns gut. Ein sinnerfüllteres Leben heilt manchen Konsumrausch. Gemeinsames ehrenamtliches Arbeiten kann bereichern. In Deutschland arbeitet schon heute etwa ein Drittel der Bevölkerung ehrenamtlich.

Bei allen technologischen Umbrüchen wurde gefragt, ob der Arbeitsgesellschaft die Arbeit ausgehe. Das prognostizierten Hannah Ahrendt schon 1958 und Ralf Dahrendorf 1982. Doch beide irrten sich. Wir haben immer zuerst gesehen, was wegfällt, konnten uns aber kaum vorstellen, was an Neuem entsteht. Unserer Frage nach der Zukunft der Arbeit lag immer ein Wahrnehmungsdilemma zugrunde. Das gilt auch momentan für die Arbeit 4.0, Industrie 4.0, Energie 4.0 oder die Mobilität 4.0.

Unsere Einstellung zur Arbeit wird sich ändern. Eine der vielen frechen Fragen der Zukunft lautet: Arbeitest du noch oder lebst du schon? Dabei geht es natürlich mehr als nur um mehr Freizeit. Der Preis für mehr Freiheit ist ein höheres Maß an Selbstverantwortung. Und das Resultat der Freiheit ist Glück.

IX.

LUST AUF EINE ZUKUNFT FÜR ALLE

1. Supermacht Seele: Die Wende beginnt in uns

Spätestens im Atomzeitalter sind wir Menschen äußerlich stark wie Riesen geworden – innerlich aber sind wir Zwerge geblieben. Vielleicht liegt in diesem Dilemma die eigentliche Zukunftsgefahr: Die Diskrepanz zwischen außen und innen. Äußerlich waren wir noch nie sie mobil wie heute, seelisch wohl noch nie so immobil.

Eine Gesellschaft, die im Angesicht von drohenden Umweltkatastrophen nicht über ihre Zukunft nachdenkt, kann keine gute Zukunft haben. Wir können ewig darüber streiten, wer die Welt erschaffen hat, doch es ist sehr wahrscheinlich, wer sie vernichten wird, wenn wir so weitermachen wie heute.

Winfried Kretschmann wurde von einem Journalisten gefragt, warum beim Tunnelbau für Stuttgart 21 einige tausend Eidechsen für 15 Millionen Euro umgesiedelt und die Bauzeit um mehrere Monate verlängert werden musste. Seine Antwort: »Ingenieure können Tunnel bauen, aber sie haben noch nie eine Eidechse zum Leben erwecken können.« Für diese Antwort liebe ich ihn.

Auf dem Weg von der Ich-Gesellschaft zur Wir-Gesellschaft müssen wir erkennen, was Gemeinschaftseigentum ist und nicht den Großkonzernen gehört: Die Erde, die Luft, das Wasser, die gesamte Atmosphäre, das Klima. Klimapolitik, Wasserpolitik, Bodenpolitik: Das sind gemeinsame Ziele und Werte, die uns alle betreffen. Theoretisch haben wir zwar alle Zugang zu den Ressourcen, aber nur wenige profitieren davon.

Neben den Menschenrechten gibt es auch Menschenpflichten. Unsere heutige Pflicht ist eigentlich ganz einfach: Solange wir noch etwas ändern können, müssen wir es auch tun. Wir Menschen tragen Verantwortung für alle Spezies und deren Lebensräume. Unser Ziel ist: Ein gutes Leben für alle. Der frühere UN-Generalsekretär Ban Ki-moon: »Wir können die erste Generation sein, der es gelingt, die Armut zu beseitigen, ebenso wie wir die letzte sein könnten, die die Chance hat, unseren Planeten zu retten.«

In vielen Regionen Afrikas, zum Beispiel in Uganda und Burkina Faso, in Ghana und Malawi, ging seit 2012 die Armutsrate um bis zu 90 Prozent zurück. Millionen Menschen haben jetzt Zugang zu sauberem Wasser, zu Alphabetisierung und Bildung, zu medizinischer Grundversorgung, zu Mikrokrediten für Solaranlagen, und sie haben lokale demokratische Strukturen errichtet sowie eine aktive Bürgerschaft organisiert.

Wir leben im Anthropozän, im Menschenzeitalter, angekommen auf einem Scheitelpunkt, an dem wir uns in die Natur einordnen und ihre Gesetze respektieren müssen. Wenn wir uns schon als Krone der Schöpfung verstehen, dann müssen wir auch Verantwortung übernehmen. So zu tun, als gäbe es kein Morgen, ist egoistisch, unmoralisch sowie eines zivilisierten und wirklich aufgeklärten Menschen unwürdig. Die gesamte Wachstumsgeschichte der Menschheit lehrt uns, dass Wachstum langsam geht, aber der Absturz sehr schnell erfolgen kann. Darüber hat uns die Weltwirtschaftskrise 2008 belehrt.

2. Unsere Fragen sind wichtiger als Antworten

Als Journalist habe ich in 50 Jahren gelernt, dass unsere Fragen wichtiger sind als unsere Antworten. Die alles entscheidende Frage an unsere Generation über die Zukunft heißt nicht mehr: Können wir zu 100 Prozent erneuerbar werden? Sie heißt: *Wie* können wir zu 100 Prozent erneuerbar werden? Sie heißt auch nicht mehr: Schaffen wir die Energiewende oder nicht? Sie heißt: *Wie* schaffen wir die

Energie- und Verkehrswende? Sie heißt nicht: Können wir den Atomkrieg verhindern oder nicht? Sie heißt: *Wie* können wir den Atomkrieg verhindern? Sie heißt nicht: Ist Frieden möglich? Sie heißt: *Wie* ist Frieden möglich? Sie heißt nicht: Gibt es mehr Gerechtigkeit? Sie heißt: *Wie* schaffen wir mehr Gerechtigkeit? Sie heißt auch nicht: Gibt es Liebe? Sie heißt: *Wie* werden wir liebesfähiger?

Achtsamkeit und Aufmerksamkeit sind wohl die wichtigsten Ratgeber für den notwendigen Wandel. Achtsamkeit ist die vielleicht bedeutendste Strömung der Gegenwart für eine bessere Zukunft. Peter Spiegel hat das wichtige Buch geschrieben »WeQ is more than IQ – Abschied von der Ich-Kultur«. Gemeinsam statt einsam: von der Eco-nomy zur We-conomy – ins Jahrhundert der Genossenschaften.

Es geht um die Würde *aller* Menschen, nicht nur um meine persönliche Würde. Solange nicht die Würde *aller* Menschen geehrt und geachtet wird, gibt es keine wirkliche Freiheit in unseren Gesellschaften. Meine Würde ist deine Würde, ist unsere Würde. Meine Freiheit ist deine Freiheit, ist unsere Freiheit. Und Freiheit ist das Recht, anderen das zu sagen, was sie nicht gerne hören wollen.

Auch durch die westlichen Gesellschaften geht seit einigen Jahren ein tiefer Riss. Diese Zerrissenheit kann nur durch die Supermacht unserer Seele und durch die Superkraft unserer Liebe überwunden werden. Die zentrale Frage dabei ist: Lassen wir uns von Angst und Hass treiben oder von Liebe und Vertrauen? Wir können Vertrauen haben in das *Gute* in *allen* Menschen. Gemeinsam können wir etwas aufbauen, das besser ist als das, was wir bisher hatten. Das ist *die* große Chance, wenn wir Lust auf Zukunft verspüren.

Wenn wir das Gute und Schöne in der Welt suchen, haben wir beste Voraussetzungen, die Zerrissenheiten und Gebrochenheiten unserer Zeit zu überwinden.

Ein Gesetz der Psychoenergetik sagt: Wenn du umarmt werden willst, dann komme dem anderen mit offenen Armen entgegen. Das haben wahrscheinlich auch Sie schon erlebt. Weltweit sind bereits eine Milliarde Menschen in Genossenschaften organisiert, weil sie diesem Genossenschaftsprinzip, das schon im 19. Jahrhundert von den Sozialreformern Friedrich Wilhelm Raiffeisen und Hermann Schulze-Delitzsch in Zeiten der materiellen Not erfolgreich entwickelt worden war, vertrauen. Hunderttausende Menschen teilen sich allein in Deutschland über Carsharing ein Auto oder auch Werkzeuge. Nur gemeinsam sind wir reich.

Frauen tauschen Kleider, die sie nicht mehr tragen, statt sie wegzuwerfen. Immer mehr Verbraucher gehen vom Kaufen zum Gebrauchen über: Kooperativer Konsum wird eine neue Volksbewegung. Millionen Menschen werden auf gemeinsam bewirtschafteter Fläche Selbstversorger mit Gemüse, Obst und Eiern. Sie sind beseelt von der Idee: Wir haben diese Erde nicht geschaffen, sie gehört uns nicht, sie wurde uns geliehen.

Insgesamt produzieren und haben wir in den Industriegesellschaften zu viel nutzlosen Krempel – wir leben in einer »Zuviel-isation«.

Viele Gemeinschaften schaffen bereits Werte ohne Geld. Wir sind gemeinsame Verwalter, nicht Besitzer. Gemeinsames, ökologisches und nachhaltiges Wirtschaften wird der Leitgedanke für das 21. Jahrhundert werden müssen, wenn wir wollen, dass es auch noch ein 22. Jahrhundert geben soll. Oder wie es Ernst Ulrich von Weizsäcker in einem sehr schönen Buchtitel treffend sagt: Wir brauchen eine »Erdpolitik«. Wichtiger als alle Kritik am Kapitalismus ist eine Aufwertung des Sozialkapitals. Es entstehen dabei Werte wie Vertrauen, Hilfsbereitschaft und Gastfreundschaft.

Doch die Volksparteien in Deutschland verschlafen in einer Großen (Dauer-)Koalition die hier aufgezeigten Zukunftsthemen. Sie sollten jedoch ihre Kernthemen werden. Das Tempo des Wandels wird in den Zeiten der Digitalisierung immer schneller. Wer die Entwicklung des Homo Sapiens in historischen Zusammenhängen sieht, erkennt, dass Menschen lern- und wandlungsfähig sind. Nehmen wir als positives Beispiel in unserer Zeit Wikipedia, das weltbeste Nachschlagewerk, das alle Menschen kostenlos nutzen können und so erstmals in der Weltgeschichte Zugang zu etwas erhalten, das zu Recht als Weltwissen bezeichnet werden darf, weil jeder interessegeleitete Eintrag von den Nutzern selbst korrigiert werden kann.

3. Wirtschaft dient dem Wohl aller

Diese Überzeugung findet sich im Artikel 14 des deutschen Grundgesetzes: »Eigentum verpflichtet«, und sein Gebrauch soll zugleich »dem Wohle der Allgemeinheit dienen«. Noch deutlicher heißt es in der Verfassung des Freistaats Bayern im Artikel 151: »Die gesamte wirtschaftliche Tätigkeit dient dem Gemeinwohl.«

Was ist absehbar? Die Erdbevölkerung wird sich ab etwa dem Jahr 2050 bei 9,5 bis 10 Milliarden Menschen stabilisieren und 50 Jahre später wieder abnehmen – ähnlich wie schon heute in Deutschland und in anderen, reichen Ländern. Vielleicht sind wir Mitte des 23. Jahrtausends wieder drei oder vier Milliarden Menschen.

Wenn die gröbste Armut überwunden ist, bekommen alle Menschen auf der ganzen Welt weniger Kinder. Die Alphabetisierung schreitet voran, ebenso die Gesundheitsvorsorge. Der Anteil der Hungernden geht mittelfristig zurück, und der Wassernotstand kann in vielen

Gegenden durch bessere Management-Methoden allmählich behoben werden. Bei all diesen relativen Fortschritten helfen die schnelle Ausbreitung des Internets, effektive Frühwarnsysteme bei möglichen Katastrophen und neue Kommunikationswege wie die gesamte Digitalisierung. Ein kommendes Solarzeitalter ist in seinen Umrissen bereits weltweit erkennbar. Der Systemwechsel vom fossil-atomaren Zeitalter ins Zeitalter der erneuerbaren Energien ist unumkehrbar.

Sind diese Vorhersagen zu optimistisch? Wahrscheinlich nur für Pessimisten. Eine effizientere Ressourcennutzung als heute ist dabei freilich unabdingbare Voraussetzung. Wir können und müssen dabei um den »Faktor Fünf« – wie von Ernst Ulrich von Weizsäcker beschrieben oder auch um den »Faktor Zehn«, wie von Friedrich Schmidt-Bleek vorgeschlagen – besser werden. Die beiden Wissenschaftler zeigen auf, dass diese Ressourcenproduktivität ohne Wohlstandsverlust möglich ist.

Mehr Wohlstand bei weniger Naturbelastung ist möglich und nötig. Für all diese Notwendigkeiten und Dringlichkeiten muss die Politik den notwendigen Rahmen schaffen. Nur eine ökosoziale Politik kann uns eine gute Zukunft sichern. Indianer-Völker haben die tiefe Wahrheit im Umgang mit der Natur so besungen: »They can't put it back.« Sie wussten schon immer: Zerstörte Natur können wir nicht wieder in ihre ursprüngliche Form zurückversetzen. Vor 150 Jahren hat Werner von Siemens von sich gesagt, dass er für »augenblicklichen Gewinn« nicht »die Zukunft« verkaufe. Wir Heutigen müssen das noch lernen.

Es geht zum Beispiel um

- eine neue Balance zwischen Kurzfristerfolg für uns und Langfristerfolg für künftige Generationen,
- um eine Balance zwischen Ökologie und Ökonomie,

- um eine Balance zwischen Männern und Frauen,
- zwischen Innovation und Bewährtem,
- zwischen Mensch und Natur,
- zwischen Herz und Verstand,
- zwischen Religion und Politik,
- zwischen Öffentlichem und Privatem,
- zwischen Gerechtigkeit und Leistungsanreiz,
- zwischen Freizeit und Arbeitszeit,
- um eine Balance zwischen Gebären und Sterben.

Als die Menschen sesshaft wurden, vor etwa 15 000 Jahren, gab es etwa eine Million unserer Art, zur Zeit Jesu waren wir schon 250 Millionen, vor 200 Jahren etwa eine Milliarde, im Jahr 2000 sechs Milliarden und heute sind wir 7,5 Milliarden.

Gesellschaften, die es gelernt haben, ihre Geburtenrate zu stabilisieren, gehören künftig zu den Gewinnern. Gesellschaften, die das noch nicht gelernt haben, vergrößern ständig ihre Probleme.

Der Philosoph Carl Friedrich von Weizsäcker hat mir mal in einer Fernsehsendung vorgerechnet, wohin das führen kann: Wenn *ein* Mensch etwas begriffen hat und im Laufe eines Jahres einen weiteren für das Umhandeln gewinnt, dann sind es nach einem Jahr zwei. Wenn diese jeweils im nächsten Jahr wieder einen gewinnen und so weiter, dann sind es nach zwei Jahren vier, nach drei Jahren acht, nach vier Jahren 16, nach zehn Jahren 1 000, nach 20 Jahren eine Million und nach dreißig Jahren eine Milliarde. Dieses Tempo reicht für eine bessere Welt.

Der Notwendigkeit eines Wandels stimmt Anfang 2018 sogar der Bundesverband der Deutschen Industrie, BDI, zu: »Klimaschutz eröffnet vielen unserer Unternehmen langfristige Chancen auf dem Weltmarkt. Richtig gemacht, unterstützt er die Modernisierung einer Volkswirtschaft«. Erstmals erkennt auch der BDI, dass erneuerbare Energien, deren Rohstoff nichts kostet, schon mittelfristig gewinnen werden und müssen. Das stimmt optimistisch.

In der Schlusserklärung des G7-Gipfels auf Schloss Elmau 2015 steht: »Der Schutz und die effiziente Nutzung natürlicher Ressourcen sind für die nachhaltige Entwicklung von entscheidender Bedeutung. Wir streben eine Verbesserung der Ressourceneffizienz an, die wir für die Wettbewerbsfähigkeit der Industrie, für Wirtschaftswachstum und Beschäftigung sowie für den Schutz der Umwelt, des Klimas und des Planeten für entscheidend halten.« Das heißt zum Beispiel: Es reicht nicht, je 100 Kilometer Autofahrt etwas weniger Benzin zu verbrauchen. Man muss zu 100 Prozent auf abgasfreie Mobilität umsteigen. Nur so können wir den ungehemmten Verbrauch natürlicher Ressourcen stoppen und eine Wirtschaft organisieren, in der es – wie in der Natur – keinen Abfall mehr gibt.

Von der Modeindustrie über die Bauwirtschaft bis zu Lebensmittelkonzernen wird schon heute mit »Nachhaltigkeit« geworben. Doch von einer ernsthaften Kreislaufwirtschaft sind wir aber meist noch so weit entfernt wie McDonalds von einem Biohof. Dies wird sich erst ändern, wenn die Nutzung von Natur den wahren Kosten angepasst wird. Nur eine umfassende Ressourcenwende befreit uns von der Zerstörung unserer Lebensgrundlagen.

Ressourcenproduktivität heißt zum Beispiel: Autobauer lernen, Autos zu bauen, die annähernd so viele Kilometer fahren wie Flugzeuge fliegen. Ein heutiges Flugzeug schafft etwa 1 000-mal mehr Kilometer als ein Auto. Über diesen Vorschlag werden die Chefs der heutigen Autobauer nicht sonderlich begeistert sein. Aber nur mit Technologiesprüngen schaffen wir eine »green economy«, die diesen Namen auch verdient.

X.

LUST AUF MUT UND WAGNIS

1. Dem Frieden treu bleiben

Voraussetzung für eine bessere Lebensqualität ist Frieden. Frieden ist zwar nicht alles, aber ohne Frieden ist alles nichts. Das Gebot der Stunde heißt deshalb: Abrüsten statt aufrüsten. Keine Erhöhung des deutschen Rüstungsetats. Und Schluss mit den Waffenexporten.

Der Freiburger Waffenexport-Kritiker Jürgen Grässlin hat aufgezeigt, dass der Export des G3-Gewehrs des Kleinwaffenherstellers Heckler & Koch in den letzten Jahrzehnten zwei Millionen Menschen das Leben gekostet hat. Angesichts dieser Opferzahl ist die Firma aus Oberndorf am Neckar Deutschlands tödlichstes Unternehmen.

Die NATO will, dass Deutschland seine Rüstungsausgaben bis 2024 um etwa 30 Milliarden Euro zusätzlich erhöht. Dieses Geld würde dann aber beim ökologischen Umbau, bei der Konfliktprävention, bei Sozialausgaben und in der Entwicklungspolitik fehlen. Die Alternative zum Wettrüsten heißt: Spannungen abbauen, soziale Sicherheit schaffen, Entspannungspolitik auch mit Russland. Wir brauchen eine große gesellschaftliche Debatte um das Zukunftsthema: »Wie wollen wir leben?« Mit Kriegsvorbereitung, Konfrontation und Sozialabbau oder mit Gerechtigkeit, Selbstgestaltung, Entspannung und Solidarität? Unsere Devise heißt: Wir lieben das Leben und nicht die Vernichtung. Mehr Zukunft wagen heißt auch: abrüsten!

Wir haben mit unserem Protest für eine atomwaffenfreie Welt nichts zu verlieren, aber alles zu gewinnen.

Deshalb müssen alle noch in Büchel/Rheinland-Pfalz gelagerten US-Atombomben weg. In diesem Fliegerhorst bildet die deutsche Luftwaffe noch immer Jagdbomber-Piloten für den Einsatz dieser Massenvernichtungswaffen aus. Die überwiegende Mehrheit der Deutschen will keine Atomwaffen. Frau Bundeskanzlerin, bitte berücksichtigen

Sie diesen Volkswillen! Deutschland ist nicht Nordkorea. Dort muss das Volk die Atombombenpolitik des Diktators unterstützen, aber nicht hier. Frau Merkel, bitte haben Sie den Mut, sich in dieser Überlebensfrage gegen die USA durchzusetzen. Seien Sie so mutig, wie Sie es nach Fukushima waren. Schützen Sie unsere Heimat.

Die Militarisierung der Außenpolitik hat schon immer in die Irre und zum Krieg geführt. Jahrtausende galt der altrömische Grundsatz: »Wer Frieden will, muss den Krieg vorbereiten.« Das Ergebnis: Tausende Kriege und unermessliches menschliches Leid. Spätestens jetzt im Atomzeitalter muss gelten: »Wer Frieden will, muss den Frieden vorbereiten.«

2. Zukunftshunger statt Angst vor dem Tod

Wenn mir jemand sagt: »Eines Tages müssen wir alle sterben«, dann antworte ich: »Ja, aber das heißt doch, dass wir an allen anderen Tagen nicht sterben müssen und die Welt verbessern können.« Zudem könnte es ja sein, dass der Tod die größte Illusion unseres Lebens ist und dass wir gar nicht sterben, sondern in der geistigen Welt neu geboren werden zum eigentlichen Leben – so wie es Millionen Nahtod-Erfahrene schon erlebt haben. Sie wollten nach einem ersten Blick nach »drüben fast alle nicht mehr hierher zurück. So haben es auch Jesus und Buddha erlebt und gelehrt. Wie lange wollen wir noch warten, diese Lehren zu akzeptieren und ernst zu nehmen?

Wahrscheinlich ist der Tod der Höhepunkt unseres irdischen Lebens. Erst wenn wir den Tod aus der Tabu-Ecke herausholen, so wie es die Sterbeforscherin Elisabeth Kübler-Ross getan hat, verlieren wir unsere Angst vor dem Ende des irdischen Lebens und können mit unserer Endlichkeit besser fertig werden. Das Wesenhafte unseres Menschseins ist die Seele. Und die Seele ist das, was bleibt, wenn der Körper verschwindet.

Beim Tod verwandelt sich unser grobstofflicher Körper in feinstoffliche Energie. Körperliche Energie zerfällt, die geistige Energie bleibt. Auf feinstofflicher Ebene leben wir weiter. Unser Geist ist unsterblich. Es gilt der Satz aus der Physik, wonach Energie sich wandelt, aber nicht verschwindet. Ein Naturgesetz. Wer diesem Naturgesetz oder Gott vertraut, muss in Zukunft nichts befürchten. So lehren es alle wirklichen Lebensmeister. Jesus dazu: »Gott ist Geist« (Johannes 4,24). Das bedeutet auch: Geist ist Gott. Und Gott ist gut. Das ist die ganze Botschaft des wunderbaren jungen Mannes aus Nazareth. Gott, ein liebender Vater, unsere innere Quelle, befreit uns von unseren Fehlern und führt uns in sein Reich der Wahrheit.

Lust auf Zukunft heißt: Wir müssen wieder in die Spur der Natur. Die Natur kennt alle Lösungen unserer Probleme – seit Jahrmillionen. Ein arabisches Sprichwort meint: »Die Menschen schlafen, solange sie leben. Erst wenn sie sterben, erwachen sie.« Vielleicht ist der Tod die wichtigste Erfindung des Lebens. Er räumt das Alte weg und macht Platz für das Neue. Was gibt es Größeres, als sich – wie Jesus bei seiner Taufe – als Kind, als geliebtes Kind Gottes zu erkennen? Ich wünsche Ihnen, liebe Leserin, lieber Leser, exakt diese Erkenntnis Jesu sowie ordentlich Lust auf Zukunft und viel Freude beim Zukunftslernen.

3. Für eine Jesus-Renaissance

Wir dürfen lernen für ein langes Leben. Bitten wir den höchsten Gott um Erleuchtung und Weisheit, damit wir die tiefe Wahrheit erkennen, die uns für die Zukunft wirklich frei macht und unsere verdrängten Ängste verarbeitet und überwindet. Dann können wir an einer guten Zukunft für unsere Kinder und Enkel und deren Kinder und Enkel mitarbeiten. Ein gutes Leben in einer guten Zukunft mit Wohlstand und mit Lebensqualität ist ein sinnerfülltes Leben. Lasst uns mit diesem Glücksempfinden die Erde retten. Sie ist der einzige Planet, auf dem es Schokolade gibt. Und noch mehr: Frauen, Rotwein, Blumen und wie gesagt Schokolade sind ohnehin die überzeugendsten, die schönsten und raffiniertesten Gottesbeweise. Überzeugender als die meisten theologischen Theorien über Gott. Ist der vorletzte Satz sexistisch? Nein, es geht um die Schönheit der Frauen, um das Wunder des Lebens und um die Lust an der Zukunft. Frauen sind einfach die Krone der Schöpfung. Was will man (Mann und Frau) mehr?

Um die Erkenntnis von Sinn, so meine Lebenserfahrung, können wir uns bemühen. Jesus: »Wer sucht, der findet.« Oder: »Wer anklopft, dem wir geöffnet.« Oder: »Wer bittet, dem wird gegeben.« Wer nicht sucht, kann nicht finden. Wer krampfhaft sucht, kann auch nicht finden. Wer aber offen ist so weit, wie der Horizont reicht, und empfangsbereit, der wird mit Sicherheit finden, wonach er sucht. Diese Zusage gilt. Der Mann aus Nazareth war und ist nach meiner Meinung und Erfahrung der einzigartigste Mensch aller Zeiten. Ihm zu vertrauen, ist die größte Lebenshilfe, die ich kennengelernt habe. Er garantierte, dass ewige Glückseligkeit uns erwartet, in der wir das Wunder des Seins erleben werden: Deshalb werbe ich in meinen letzten Büchern für eine Jesus-Renaissance.

Worauf warten wir noch? Alles ist da, was wir brauchen. Ich wünsche allen meinen Leserinnen und Lesern viel Lust auf Zukunft.

Deutschland ist technisch sehr zukunftsfähig, aber mental zu wenig zukunftswillig.

Wenn der Wind des Wandels weht, bauen die einen Mauern und die anderen Windräder, sagt ein altes Sprichwort. Der Wind ist eine Geistkraft. Deshalb lässt sich aus Gegenwind auch Rückenwind organisieren. Für die Gewinnung der Energie des Volkes ist eine Mobilisierung der Energien der Völker notwendig.

Lassen Sie uns gerne im Gespräch bleiben, wenn Sie mögen!
Meine Internetseite: www.sonnenseite.com
Meine E-Mail-Adresse: franzalt@sonnenseite.com

Erst die solare Gesellschaft von morgen kann eine solidarische Gesellschaft werden. Alles Gute kommt von oben, von ganz, ganz oben.

Wir sind Bürgerinnen und Bürger dieses Landes und stellen besorgt fest:

Die älteste Übereinkunft der Menschheit ist in Gefahr – der Generationenvertrag.

Vorangegangene Generationen haben immer versucht, ihren Kindern eine bessere und gerechtere Welt zu hinterlassen. Auch deshalb geht es uns heute so gut wie nie zuvor.

Wir, die goldenen Generationen der nach dem Krieg Geborenen, haben dieses urmenschliche Anliegen stillschweigend kassiert und ahnen jetzt, dass wir unseren Kindern eine Fülle von ungelösten Problemen vor die Füße werfen.

Dabei wissen wir längst, dass es jetzt von uns abhängt, ob die Grundlagen für eine lebenswerte Zukunft erhalten bleiben.

Die Lage ist erschreckend. Unsere Leistungsgesellschaft mit ihrem Produktions- und Wachstumswahn ist dabei, die Erde für unsere Nachkommen unwirtlich und unbewohnbar zu machen.

Wir müssen uns deshalb entscheiden, ob wir uns mit diesem kurzfristigen, egozentrischen Denken weiter der

Verantwortung gegenüber zukünftigen Generationen entziehen oder umdenken und mit mutigem Handeln die Chancen künftiger Generationen auf Gesundheit, Erfüllung und Glück wiederherstellen.

Dabei geht es nicht um die isolierte Bekämpfung einzelner Krisen wie Armut, Hunger, Klimawandel oder Migration. Wir leben heute in einer Welt, in der alles mit allem und jeder mit jedem verbunden ist. Alles, was wir tun oder unterlassen, hat eine Wirkung, über Ländergrenzen und Generationen hinweg. Deswegen müssen wir als Gesellschaft gemeinsam handeln und Grundlagen für ganzheitliche Lösungen schaffen.

Wir engagieren uns auf gesellschaftlicher Ebene für einen neuen Generationenvertrag, einen Vertrag, der zum ersten Mal die Bedürfnisse kommender Generationen und deren Herausforderungen wirklich ernst nimmt. Denn sie sind es, die die Folgen unseres Handelns und Nichthandelns einmal tragen werden.

Wir, die Unterzeichner, setzen uns für langfristige, generationenübergreifende Strategien und ganzheitliche Lösungen ein, denn die derzeitige Planung aller großen Parteien bis 2030 ist kein Planungsmaßstab, der die Interessen der nächsten Generationen angemessen berücksichtigt.

Wir fordern die kommende Bundesregierung auf, die folgenden 10 Forderungen in der kommenden Legislaturperiode ins Zentrum ihrer politischen Entscheidungen und Gesetzgebung zu stellen und in den Koalitionsvertrag bzw. ihr Regierungsprogramm aufzunehmen.

WIR FORDERN:

1. Frieden: Eine Zukunft ohne Krieg ist nicht selbstverständlich.
Wir fordern die Bundesregierung auf, sich für eine endgültige Abschaffung aller Atomwaffen einzusetzen und ein Ende des Exports von Kriegswaffen in Spannungsgebiete zu beschließen.

2. Klima: Mit allen Mitteln die Klimakatastrophe abwenden.
Auch in Deutschland müssen wir unsere Anstrengungen im Einklang mit dem Pariser Klimaschutzabkommen massiv erhöhen. Wir fordern die Bundesregierung auf, den Einsatz fossiler Brennstoffe bis 2040 zu beenden sowie ein tragfähiges Konzept für CO_2-Besteuerung bzw. Emissionshandel vorzulegen. Aus den Erträgen soll ein Zukunftsfonds aufgelegt werden, der Innovationen fördert und für künftige Generationen spart.

3. Bildung: Wir werden neue Kompetenzen brauchen.
Unser Bildungskonzept stammt aus einem anderen Jahrhundert. Im digitalen Jahrtausend brauchen wir Interdisziplinarität, die Befähigung zur Selbstbildung, Teamfähigkeit und Medientraining. Wir fordern eine Zukunftskommission, die ein themenorientiertes Lernen und Lehren vom Kindergarten bis zur Universität entwickelt und seine Umsetzung entschlossen einleitet.

4. Armutsbekämpfung: Hunger, Armut und Überbevölkerung beenden.
Wir fordern die Bundesregierung auf, hier entschlossener zu handeln und die bereits gemachten Zusagen einzuhalten. Die Lösung liegt in der Durchsetzung von

fairen Löhnen, einer fairen Arbeitsteilung und fairen Regeln für die Produktion des globalen Konsums. Deutschland soll hier Vorreiter werden.
Die Bildung und Stärkung von Frauen und Kindern in Schwellen- und Entwicklungsländern mithilfe eines internationalen Bildungsprogramms wird zu realistischeren Lebens- und Bleibeperspektiven der dort lebenden Menschen beitragen.

5. Gerechtigkeit: Die wachsende Kluft zwischen Arm und Reich verringern.
Die Altersarmut ist für einen wachsenden Teil der Bevölkerung eine reale Bedrohung. Wir fordern die Bundesregierung auf, unter Berücksichtigung der demografischen Entwicklung, eine Planung für das Renten- und Sozialsystem bis 2050 vorzulegen.
Wir fordern eine Steuerreform für ein gerechtes Steuersystem, mit fairen Vermögens-, Erbschafts- und Finanztransaktionssteuern und der Entlastung kinderreicher Familien, sowie eine ernsthafte Diskussion über das bedingungslose Grundeinkommen.

6. Unternehmenshaftung: Unternehmen und Banken dürfen nicht gegen, sondern müssen für die Menschen arbeiten.
Wir fordern die Einführung und Durchsetzung des Verursacherprinzips und klarer Haftungsregeln auf globaler und nationaler Ebene. Folgekosten von Krisen und Katastrophen müssen von denjenigen getragen werden, die mit hohen Risiken Gewinne erzielen und Probleme auf künftige Generationen abwälzen.
Und wir fordern ernsthafte globale Anstrengungen, damit Unternehmenssteuern in dem Land gezahlt werden, in dem auch die Gewinne erzielt werden.

7. Migration: Menschen werden kommen, sie haben ein Recht darauf.
Unser Egoismus und unsere Profitgier sind mitverantwortlich für die Flüchtlingsströme. Wir müssen hier Verantwortung übernehmen und uns der Situation stellen. Wir fordern einen Gestaltungsplan, der auf internationaler Ebene Vorsorge für die zu erwartenden erheblichen Migrationsströme der Zukunft trifft, und einen Verteilungsplan, der über einen gerechten Schlüssel dafür sorgt, dass diese Menschen aufgenommen und integriert werden können.
Und wir fordern eine konsequente und faire Integration der hier lebenden Flüchtlinge und Migranten sowie die Diskussion über eine globale Green Card.

8. Digitalisierung: Die digitale Revolution birgt Chancen und Risiken.
Die tiefgreifende Veränderung von Wirtschaft und Gesellschaft durch die Digitalisierung verlangt nach klaren Regeln. Wir brauchen eine digitale Charta und eine supranationale Institution, die Regeln setzen und deren Einhaltung durchsetzen kann, das gilt für die Nutzung von persönlichen Daten ebenso wie für die Strafbewehrung von digitalen Verbrechen.
Digitale Geschäftsmodelle müssen in einen global gültigen regulatorischen Rahmen eingebettet werden, der jedem Bürger die Souveränität über seine Daten garantiert und die Gefahr begrenzt, dass sich der Staat zu einem Überwachungsstaat entwickelt, der die Entfaltung der nächsten Generationen behindert.
Wir fordern die Bundesregierung auf, ein Besteuerungsmodell zu entwickeln, das den digitalen Geschäftsmodellen Rechnung trägt, Produktivitäts- und Effizienzgewinne angemessen bei der Besteuerung berücksichtigt

und den Wegfall von sozialversicherungspflichtigen Arbeitsplätzen durch neue Besteuerungsarten ausgleicht.

9. Müll: Abfall darf nicht unser Hauptvermächtnis an künftige Generationen werden.
Inzwischen sind die Ozeane bis in die Tiefsee mit Plastikmüll gefüllt; für den radioaktiven Abfall aus Kernkraftwerken gibt es keine Entsorgungslösung, und Raubbau an den natürlichen Ressourcen hat ganze Regionen verwüstet und verseucht. Wir fordern die künftige Bundesregierung auf, in Zukunft nur noch solche Materialien zuzulassen, die innerhalb einer Generation wieder natürlich abgebaut oder technisch entsorgt werden können.

10. Generationengerechtigkeit: Aufnahme in das Grundgesetz!
Wir brauchen einen neuen Generationenvertrag, der diesen Namen auch verdient.
Wir fordern die kommende Bundesregierung auf, Generationengerechtigkeit in das Grundgesetz aufzunehmen und so sicherzustellen, dass Haftungsforderungen im Namen zukünftiger Generationen eingeklagt werden können.

Selten hatten so viele Menschen Sorge um die Zukunft ihrer Kinder und Enkel. Wir auch!

Wir haben uns deshalb zusammengetan, um hier einen Kurswechsel einzuleiten.

Wir laden alle ein, diesen Weg gemeinsam mit uns zu gehen, zu diskutieren, zu verhandeln und einen entschlossenen und optimistischen Aufbruch zu wagen.

Unsere Generation hat heute das Wissen, um die Probleme der Welt zu lösen.

Menschen landeten auf dem Mond und werden bald auf dem Mars landen. Mit diesem Willen werden wir es auch erreichen, diese Erde wieder lebenswert zu machen für alle Generationen, hier und anderswo, heute und in Zukunft.

Das ist, was wir wollen. Und wir fangen jetzt damit an.

Die Unterzeichner

DANK

Meiner Frau Bigi danke ich für ihre Liebe, ihre Weisheit und ihre Intuitionen, die mich seit mehr als 50 Jahren begleiten, bewegen und beglücken. Vor allem aber für unsere seelische Resonanz.

Herzlichen Dank an Thomas Schmitz, Programmleiter im Gütersloher Verlagshaus, und an meinen Agenten Klaus Altepost für viele bereichernde Anregungen zu diesem Buch und ebenso meinem Lektor Peter Schäfer.

Meine Lebenserfahrung sagt mir, dass die Dankbarkeit die beste, preiswerteste und erfolgreichste Medizin für ein gelingendes und glückliches Leben ist. Ich danke meinen Leserinnen und Lesern und wünsche Ihnen, dass Sie Mitglied in der neu entstehenden Weltgemeinschaft für Dankbarkeit werden.

© Bernd Frank

1500 öffentliche Zaubershows in 25 Ländern gehören zu meinem Leben.

LITERATUR

Alt, Franz: Auf der Sonnenseite. Warum uns die Energiewende zu Gewinnern macht. München: Piper 2013.

Ders.: Der ökologische Jesus. Vertrauen in die Schöpfung. München: Riemann 2002.

Ders.: Die Sonne schickt uns keine Rechnung. Neue Energie, neue Mobilität, neue Arbeit. München: Piper 2009.

Ders.: Was Jesus wirklich gesagt hat. Eine Auferweckung. Gütersloh: Gütersloher Verlagshaus 2015.

Arvay, Clemens: Der Biophilia-Effekt. Wien: edition a 2015.

Cohen, Richard: Die Sonne – der Stern, um den sich alles dreht. Zürich: Arche 2012.

Dalai Lama / Franz Alt: Ethik ist wichtiger als Religion. Wals: Benevento 2015.

Palz, Wolfgang: The Triumph of the sun – The Energy of the new century. Pan Standford Publishing 2018.

Piccard, Bertrand/Borschberg, André: Mit der Sonne um die Welt. Der Jahrhundertflug der Solarimpulse. München: Malik 2017.

Pinker, Steven: Gewalt: Eine Geschichte der Menschheit. Frankfurt a.M.: Fischer 2011.

Scheer, Hermann: Der energetische Imperativ – 100% jetzt. München: Kunstmann 2010.

Spiegel, Peter: WeQ – more than IQ – Abschied von der Ich-Kultur. München: oekom verlag 2015.

Weizsäcker, Ernst Ulrich von/Wijkman, Anders: Wir sind dran. Club of Rome: Der große Bericht. Gütersloh: Gütersloher Verlagshaus 2017.

Yogeshwar, Ranga: Nächste Ausfahrt Zukunft. Geschichten aus einer Welt im Wandel. Köln: Kiepenheuer & Witsch 2017.

Für alle Lebensliebhaber bietet das Gütersloher Verlagshaus Durchblick, Sinn und Zuversicht. Wir verbinden die Freude am Leben mit der Vision einer neuen Welt.

UNSERE VISION EINER NEUEN WELT

Die Welt, in der wir leben, verstehen.

Wir sehen Menschlichkeit als Basis des Miteinanders: Mitgefühl, Fürsorge und Beteiligung lassen niemanden verloren gehen. Wir stehen für gelingende Gemeinschaft statt individueller Glücksmaximierung auf Kosten anderer.

Wir leben in einer neugierigen Welt: Sie sucht ehrgeizig und mitfühlend Lösungen für die Fragen unseres Lebens und unserer Zukunft. Wir fragen nach neuem Wissen und drücken uns nicht vor unbequemen Wahrheiten – auch wenn sie uns etwas kosten.

Wir leben in einer Gesellschaft der offenen Arme: Toleranz und Vielfalt bereichern unser Leben. Wir wissen, wer wir sind und wofür wir stehen. Deshalb haben wir keine Angst vor unterschiedlichen Weltanschauungen.

Das Warum und Wofür unseres Lebens finden.

Erfahren, was uns im Leben trägt und erfreut.

Wir helfen einander, uns selber besser zu verstehen:
Viele Menschen werden sich erst dann in ihrem Leben zuhause fühlen, wenn sie den eigenen Wesenskern entdecken – und Sinn in ihrem Leben finden.

Wir ermutigen Menschen, zu ihrer Lebensgeschichte zu stehen:
In den Stürmen des Alltags geben wir Halt und Orientierung. So können sich Menschen mit ihren Grenzen aussöhnen und zuversichtlich ihr Leben gestalten.

Wir haben den Mut, Vertrautes hinter uns zu lassen:
Neugierde ist die Triebfeder eines gelingenden Lebens. Wir wagen Neues, um reich an Erfahrung zu werden.

Wir glauben an die Vision des Christentums:
Die Seligpreisungen der Bergpredigt lassen uns nach einer neuen Welt streben, in der Vereinsamte Zuwendung, Vertriebene Zuflucht, Trauernde Trost finden – und Gerechtigkeit, Barmherzigkeit und Frieden herrschen.

Wir geben Menschen die Möglichkeit, den Glauben (neu) zu entdecken:
Persönliche Spiritualität gibt Kraft, spendet Trost und fördert die Achtung vor der Schöpfung sowie die Freude am Leben.

Wir stehen mit Respekt vor der Glaubenserfahrung anderer:
Wissen fördert Dialog und Verständnis, schützt vor Fundamentalismus und Hass. Wir wollen die Schätze anderer Religionen kennenlernen, verstehen und respektieren.

GÜTERSDIE
LOHERVISION
VERLAGSEINER
HAUSNEUENWELT

Bibliografische Information der Deutschen Nationalbibliothek
Die Deutsche Nationalbibliothek verzeichnet diese Publikation in der Deutschen Nationalbibliografie; detaillierte bibliografische Daten sind im Internet über https://portal.dnb.de abrufbar.

klimaneutral
powered by ClimatePartner°
Druck | ID 12559-1708-1001

FSC
www.fsc.org
MIX
Papier aus verantwortungsvollen Quellen
FSC® C014496

Verlagsgruppe Random House FSC® N001967

1. Auflage

Textredaktion: Dr. Peter Schäfer, Gütersloh
Umschlaggestaltung: Gute Botschafter GmbH, Haltern am See
Umschlagmotiv: © picture alliance/dpa
Druck und Bindung: GGP Media GmbH, Pößneck
Printed in Germany
ISBN 978-3-579-08707-8

www.gtvh.de

Für

20. Mai 2019.